古代太上天皇の研究

中野渡俊治 著

思文閣出版

〈目　次〉

第二部　奈良時代の太上天皇

第三部　平安時代初期の太上天皇

古代太上天皇の研究

序章　本書の視点

本書は主に八～十世紀の古代天皇制を、太上天皇《だいじょうてんのう》の存在を主軸として考察することにある。太上天皇とは譲位した前天皇のことであり、大宝元年（七〇一）の大宝律令制定に際して、「儀制令《ぎせいりょう》」天子条に「太上天皇。譲位帝所レ称」と条文化された[1]。退位した君主の存在を基本法内に規定し、恒常的な存在を想定したのは、古代日本が規範とした中国にも見られず、日本の特色である。そして王位継承が君主の生前譲位に拠ることも、世界史上において類例は少ない[2]。

そのため奈良時代から平安時代にかけて、前君主である太上天皇と、天皇の間で、その処遇や権限をめぐって問題が発生することとなる。またこのような譲位の慣習は、やがて中世以降の院政という太上天皇と天皇の二重権力状態を生み出す。したがって、太上天皇の存在意義を研究することは、古代日本の天皇制の特色を解明することでもあり、また中世以降の院政との対比を明らかにすることになる。

第一節　八世紀の問題

通常君主が生前に譲位した場合、君主としての権力は放棄される。しかし日本の太上天皇の場合は、譲位しても次期天皇への影響力は保持されることが多い。八世紀の孝謙《こうけん》太上天皇などがその例として挙げられるが、従来こうした事例から、太上天皇は天皇と同等の権能を有する存在であるとの理解が通説化していた(3)。しかし太上天皇が制度的に天皇の権能を有していたことと、実際の状況によって天皇と並ぶ権力を有していたことは区別しなければならない。本書は、この通説に疑問を持つことから始まり、律令条文中に譲位した君主の存在を認めた理由、さらに太上天皇が天皇に対して影響力を行使する背景を検討することによって、古代日本における太上天皇の存在意義を明らかにする。

戦後の古代太上天皇に関する本格的論考は、一九六五年の岸俊男「元明太上天皇の崩御」(『日本古代政治史研究』塙書房、一九六六年所収)に始まる。岸氏は、養老五年(七二一)の元明太上天皇の崩御に際して固関《こげん》が行われた事例から、太上天皇の権力の高さを指摘し、八世紀における太上天皇の地位に着目した。岸氏以前は、太上天皇の存在は中世以降の院政の萌芽形態として理解され(4)、古代国家機構の中に太上天皇を位置づける視点が希薄であった。その点で岸氏の論文は古代太上天皇研究の先鞭ということができる。また一九七八年以降、宮内庁書陵部編『皇室制度史料　太上天皇』が全三巻で刊行され、太上天皇関係の史料を通史的かつ網羅的に見通す環境が整った。

続いて一九九〇年に、春名宏昭氏が「太上天皇制の成立」(『史学雑誌』九九―二、一九九〇年)を発表した。春名氏は「権力」と「権能」の差異に着目して古代国家における太上天皇の位置づけを精緻に検討した。現在の太上天皇に対する理解・議論は、春名氏の論を前提に構成されている。春名氏は唐制の分析から、退位した皇帝には臨時に置かれる「太上皇」と「太上皇帝」の二種類があり、「太上皇帝」の場合に皇帝としての大権を行使できることを明らかにし、日本の場合は恒常的な存在が想定される太上天皇が、天皇大権を掌握する人格であったとした。そして、このような太上天皇のあり方は平城太上天皇の変《へいぜいだいじょうてんのうのへん》(薬子の変《くすこのへん》)によって終焉を迎えたとした。

春名氏の研究は唐制を視野に入れながら、日本の太上天皇制を明らかにしたものであり、制度的側面の論考にも及んだ画期的な論文である。しかし太上天皇を天皇大権を掌握する、天皇と同格の存在とする点には従い難い。春名氏の論に対する批判は本書第二部で詳述するように、唐制の分析結果を日本の制度にそのまま敷延する点に問題があり、太上天皇制導入に対する根本的意義の考察が欠けていると考える。

その後、同じく一九九〇年に仁藤敦史氏が「古代における都城と行幸――「動く王」から「動かない王」への変質――」（『古代王権と都城』吉川弘文館、一九九八年所収）を発表し、続いて一九九〇年の「律令制成立期における太上天皇と天皇」、一九九六年の「太上天皇制の展開」（いずれも『古代王権と官僚制』臨川書店、二〇〇〇年所収）を発表する。ここで仁藤氏は、太上天皇は天皇と同等の政治権力を譲位後も留保するとしつつ、春名氏とは異なり「単に天皇大権を掌握する人格を天皇以外にもう一人作り出すことではない」として、太上天皇と天皇は「権威と権力」の相互補完の関係にあるとした。

また筧敏生氏は一九九一年の「古代王権と律令国家機構の再編――蔵人所成立の意義と前提――」（『古代王権と律令国家』校倉書房、二〇〇二年に改題所収）で、太上天皇の存在を律令国家にとっての「矛盾」と捉えるとともに、太上天皇の天皇的な行為の淵源を律令法ではなく「前天皇であったこと」に求める。

そして齋藤融氏は一九九二年の「太上天皇管見」（黛弘道編『古代国家の歴史と伝承』吉川弘文館、一九九二年所収）で、太上天皇は律令上において、身位は天皇に準ずるものであるが、何らかの権能を保障されたものではないと指摘し、さらに『令集解《りょうのしゅうげ》』古記《こき》に太上天皇に関する記述がまったくないことから「大宝令」における太上天皇規定の存在を疑問視した(5)。

このように、一九九〇年代になって古代における太上天皇の研究は著しく進展した。その後は、これらの研究を基盤としてさらに個別的研究が進められている。石野雅彦「詔勅からみた奈良時代の太上天皇」（『国史学』一

五七、一九九五年）や、山本崇「宇多院宣旨の歴史的前提」（『古文書研究』四八、一九九八年）は文書発給過程から太上天皇の位置づけを論じ、橋本義則「天皇宮・太上天皇宮・皇后宮」（吉川真司・大隅清陽編『展望日本歴史6律令国家』東京堂出版、二〇〇二年所収。初出一九九四年）は発掘調査の成果による太上天皇宮の構造から、天皇と太上天皇の関係を論じている。

これらの研究をふまえつつ、本書はまず、八世紀（奈良時代）全般の太上天皇の存在意義を考察する。手法として奈良時代の諸天皇の譲位・即位宣命《せんみょう》の分析から、[6]太上天皇出現の意義を見出し、また八世紀の皇位継承の基調である草壁皇統《くさかべこうとう》の存在を重視することによって、太上天皇と皇位の正当性の保証という関係を導き出し、九世紀以降の太上天皇の変化との関連を明らかにする。従来は太上天皇の地位の変化は、弘仁元年（八一〇）の平城太上天皇の変（薬子の変）に求めていた。本書は、その変化の画期を桓武天皇の登場に求め、平城太上天皇の変は桓武天皇の出現によって変化した太上天皇の地位の矛盾が顕在化した事例として理解する。また、従来太上天皇が天皇と同等の権能を有する好例とされてきた孝謙太上天皇の事例を、皇帝尊号の意義から考察し、その特殊性を指摘する。

第二節　九世紀以降の問題

九世紀以降の平安期の太上天皇に関しては、平城太上天皇の変（薬子の変）や、嵯峨太上天皇の問題、宇多太上天皇の「院政」、後院《ごいん》の構成など個々の問題に関する論考は多く、いずれも嵯峨太上天皇以来の太上天皇は「天皇家の家父長」であるとの前提がある。[7]しかし平安時代全体を見通した研究は少なく、[8]そのなかにあって春名宏昭氏が「平安期太上天皇の公と私」（『史学雑誌』一〇〇―三、一九九一年）で九世紀から十一世紀までを通して扱っており、また佐藤長門氏が「古代天皇制の構造とその展開」（『日本古代王権の構造と展開』吉川弘文館、二〇〇九年所収。初出二〇〇一年）において、皇太后や幼帝との関係などから、一〇世紀までの展開を見通している。

平安時代の天皇を取り巻く血縁集団の研究は、外戚藤原氏による摂政・関白の職掌の解明に加えて母后《ぼこう》に注目する研究も多く見られるようになり、(9)多角的に捉えられるようになった。その一方平安時代の太上天皇に関しては、平城太上天皇の変（薬子の変）で影響力が後退したとの理解が強く尾を引き、国家機構の中に位置づける研究に乏しい。しかし平城太上天皇の変（薬子の変）によって影響力が後退したとはいえ、太上天皇は天皇経験者にして天皇の父や兄であり、(10)国政や皇位継承に一定の影響力を保ち続けた。従って、平安時代における太上天皇の位置づけを見直すことは必要であり、外戚藤原氏による摂関制との関係と併せて考察する必要がある。

本書第三部では、九世紀前半から始まり、十世紀以降の摂関期にいたる過程を見通すことによって、平安時代の太上天皇の位置づけが父子間の関係に移行し、それが次第に摂関政治に収斂される過程をたどる。本書は、これまで太上天皇としての行動が重視されなかった清和太上天皇の存在に注目して、幼帝・藤原氏と太上天皇との関係を論ずる。また特に上表《じょうひょう》という行為に着目して天皇と太上天皇の関係、そして群臣と天皇・太上天皇との関係を考察する。

これまで上表は、美文を駆使する形式的・儀礼的な行為とされ、その意義を重視する研究は少なかった。しかし、「美文」もまた一定の論理に基づいて作成されるものであり、「儀礼的」行為もまた国家内の秩序に基づいて行われる。したがって上表の内容や儀礼構造を分析することによって、天皇・太上天皇・臣下間の意思確認や合意形成の姿を解明することができるのである。そこで上表を視点に据えた考察の過程において、平安時代の皇位継承に際して見られる公卿上表による即位《そくい》勧進《かんじん》から、群臣の上表と皇位継承の関係を指摘する。そして、十世紀の摂関期以降上表による皇位継承の意義が消滅することを明らかにして、天皇を支える貴族層の性格の変容を明らかにする。

日本の歴史の特色の一つに、いかに天皇家の権力が弱体化したとしても、天皇の存在を根本から否定する勢力が発生しなかったことがある。当初から日本は中国的な易姓革命《えきせいかくめい》思想を継受しなかったとはいえ、世界史的に見てもこれは異例なことである。君主が正当性を持つためには、自らその理論付けをするとともに、それを支える臣下からの承認を必要とする。本書は、古代における天皇の「正当性」の問題、人々は天皇という存在のどこに価値を認めて、王（天皇）として服属したのかという最終的な問題解明の起点となるものである。

なお本書で使用する史料の出典は、各章の註で特に断らない限り、巻末に一括して掲示する。

（1） 大宝儀制令の天子条は『令集解』古記などから復元することはできず、「太上天皇」の存在は確認できない。しかし本書では、大宝令段階から天子条に「太上天皇」は存在していたとする。

（2） 東アジア世界では、時代が降ると十二世紀南宋の高宗のように、皇帝が自発的に退位した事例や、十三世紀の陳朝《ちんちょう》大越国《だいえつこく》（現在のベトナム）のように皇帝が退位することを制度化した事例がある（桃木至朗「「ベトナム史」の確立」『岩波講座東南アジア史2　東南アジア古代国家の成立と展開』岩波書店、二〇〇一年所収参照）。古代東アジア世界で君主が退位することを恒常化したのは日本だけであるが、時代が降ると東アジア文化圏の中には同様の体制をとる国家が見られる。

（3） 春名宏昭氏は「太上天皇制の成立」で岸氏の説に批判を加え、太上天皇が制度的に有する権能と、個々の事例で異なる権力の違いを指摘した。この視点は受け継ぐべきである。しかしそうであればこそ、太上天皇の行動をすべて太上天皇が有する権能に因るものとして説明せず、一般例として説明できることと、特殊例とすべきこととを峻別して考えるべきであろう。

（4） 吉村茂樹『日本歴史新書　院政』（至文堂、一九六六年）など。

（5） 一九九〇年代までの研究史は、筧敏生氏も「古代太上天皇研究の現状と課題」（『古代王権と律令国家』校倉書房、二〇〇二年所収。初出一九九二年）にまとめている。

（6）早川庄八「律令国家・王朝国家における天皇」（『日本の社会史第3巻　権威と支配』岩波書店、一九八七年所収）に依るところが大きい。
（7）目崎徳衛「政治史上の嵯峨上皇」（『貴族社会と古典文化』吉川弘文館、一九九五年。初出一九六九年）など。
（8）吉村前掲註（4）『院政』のように、院政の前提としてのみ捉えられる傾向がある。
（9）西野悠紀子「九世紀の天皇と母后」（『古代史研究』一六、一九九九年）、末松剛「即位式における摂関と母后の登壇」（『日本史研究』四四七、一九九九年）参照。
（10）九世紀以降は、皇位継承はかなり直系継承が行われるようになり、太上天皇と天皇が父子関係であることが多くなる。

第一部　天智天皇と不改常典

第一章　奈良時代の天智天皇観——皇統の問題から——

はじめに

八世紀、奈良時代前後の文武《もんむ》天皇から称徳《しょうとく》天皇までの皇統に関しては、一般に壬申の乱によって、天智天皇の子である大友皇子を倒して即位した天武天皇の系統という理解が多く(1)、またこれをさらに限定して天武—草壁系の皇統という見方がされている。この系統は、宝亀《ほうき》元年（七七〇）に草壁皇統の最後の継承者であった称徳天皇が歿したことにより天智天皇の孫の光仁《こうにん》天皇の系統に代わる。そして光仁天皇の子である桓武《かんむ》天皇は、自らの皇統の始祖を光仁天皇とし(2)、即位の正当性を「天智天皇の定めた法」（掛畏近江大津乃宮尓御宇之天皇乃勅賜比定賜部留法）(3)に求めた(4)。このことから天武系から天智系への皇統の交替という図式が想定されるのである。

確かに桓武天皇は天武系皇統の否定を行い、天智系新皇統の成立を強調する(5)。これには桓武天皇が施基《しき》親王、光仁天皇を通じて天智天皇の子孫であり、かつ母は渡来人系の高野新笠《たかののにいがさ》であるというように、草壁《くさかべ》皇子の血統とは何ら繋がりがないことが背景にあろう。また桓武天皇以降の平安時代の天皇や諸貴族にもこの交替は意識されたようであり、以後天智天皇の存在は永く記憶される一方で、天武天皇は無視されるかのような扱いとなった(6)。

しかし、逆に奈良時代において、天智天皇の存在が無視されていたかといえば、決してそうではない。むしろ天武天皇と並んで画期となる存在として扱われていたのである。壬申の乱を経験した天武系の諸天皇にとって

「前王朝」の天皇であるべき天智天皇は、奈良時代にも特別な位置を占めていたのである。このことは、桓武天皇以後の天武系天皇に対する否定的評価と比べるといささか対応が異っている。これはどういったことが背景にあるのであろうか。ここでは、奈良時代における天智天皇の位置付けを考察し、さらに天武―草壁系とされる奈良時代の皇統の内容に関しても、「天武系」とだけいえるのか、天智天皇の存在という面から改めて見ていくこととしたい(7)。

第一節　奈良時代における天智天皇の位置

朱鳥元年（六八六）に天武天皇が歿した後、本来は天武天皇と皇后である持統天皇との間の子である、草壁皇子が即位する予定であった(8)。しかし草壁皇子は、持統天皇三年（六八九）四月に未即位のまま急逝した。それを承けて母である持統天皇が即位し、さらに譲位という手段によって、草壁皇子の遺児軽《かる》皇子に確実に皇位が伝えられた。これによって、以後奈良時代の天皇は文武天皇以降元明・元正の両女帝を経ながら、草壁―文武―聖武―孝謙と嫡系継承《ちゃっけいけいしょう》に固執する形で皇位継承が行われた。こうした天武―草壁の直系原理が皇位継承に作用していた時期、「前王朝」であるはずの天智天皇はどのように意識されていたのだろうか。

『続日本紀《しょくにほんぎ》』大宝二年（七〇二）十二月甲午（二日）条には「勅曰、九月九日、十二月三日、先帝忌日也。諸司当㆓是日㆒、宜㆑為㆓廃務㆒焉」とある。ここで挙げられている「先帝忌日」のうち、九月九日は天武天皇の忌日であるが、十二月三日は天智天皇の忌日である(9)。国忌《こき》は「儀制令《ぎせいりょう》」太陽虧《たいようき》条に「国忌日。謂。先皇崩日。依㆓別式㆒合㆓廃務㆒者」とあるように、天皇の命日で、政務を廃するべきものをいう。この大宝二年の国忌に関する勅では、天武天皇と天智天皇が並べて扱われているのである。この後も各天皇は、歿後は国忌の対象とされ（ただし淳仁《じゅんにん》天皇―淡路廃帝《あわじはいてい》―は対象外）、その他にも称徳天皇の時代までに、草壁皇子、藤原宮子《みやこ》、光明《こうみょう》皇后もそれぞれ国忌の対象とされた(10)。この国忌の対象者を見ると、天武系統の天皇と、草壁皇子、聖武天皇の母と皇后というように、極めて限定された範囲で設定されていることがわかる。その中にあって天智天皇だけが、これまでの理解から見ると系統を異にしながら国忌の対象とされているのである。このような天智天皇に対する扱いは、他に山陵奉幣《さんりょうほうへい》の場合にも表れている。

例えば『続日本紀』天平勝宝四年（七五二）閏《うるう》三月乙亥条には「遣二使於大内・山科・恵我・直山等陵一、以告二新羅王子来朝之状一」とあり、大内《おおうち》（天武・持統天皇陵）・山科《やましな》（天智天皇陵）・恵我《えが》（応神天皇陵）・直山《なおやま》（元明、元正天皇陵）の各陵に新羅の王子が来朝したことを報告している。ここで大内・直山陵と並んで恵我・山科陵が特筆されている背景としては、恵我陵は応神天皇時代の新羅との関係の伝説によるものであり、山科陵も白村江の戦いの記憶によることが指摘されている(11)。また天智天皇の場合は、『続日本紀』天平勝宝六年三月丙午条に「遣レ使、奉二唐国信物於山科陵一」とあるように、唐との関わりも重視されていた。従って、両条とも外交上の画期としての面から山科陵に使者が派遣されたと考えることができる。しかし、天智天皇はこのような面だけから重視されていたのではない。応神天皇のようにこのような場合だけ登場するのならば、新羅・唐との関係の記憶から特に派遣されたとも考えられるが、天智天皇に関してはさらに別の事例が見られる。

『続日本紀』天平勝宝七歳十月丙午条には「勅曰、此日之間、太上天皇、枕席不レ安、寝膳乖レ宜。（中略）遣二使於山科・大内東西・安古・真弓・奈保山東西等山陵及太政大臣墓一、奉レ幣以祈請焉」とある。これは聖武太上天皇の病状悪化に際して、中略した部分で大赦《たいしゃ》、賑給《しんごう》、殺生禁断を行い、さらに七陵一墓に奉幣をした記事である。この七陵は、天武・持統（大内東西）—草壁（真弓《まゆみ》）—文武（安古《あこ》）—元明・元正（奈保山《なほやま》東西）というこの時点での国忌の対象者、すなわち天武系の諸天皇に天智天皇を加えた構成になっている（一墓は藤原《ふじわらの》不比等《ふひと》）。この七陵に関しては、当条の記事から後の『儀式』「奉山陵幣儀」などに見える荷前《のさき》の「別貢幣《べつこうへい》」の儀のもととなるものが成立していたのではないかと推定され、また天平二年（七三〇）九月丙子条の「山陵六所」と「故太政大臣藤原朝臣墓」も、この時点で存命していた元正《げんしょう》太上天皇を除く天智、天武、持統、草壁、文武、元明の各天皇と藤原不比等の陵墓を指すものと考えられている。(12)

平安時代になると、毎年十二月の荷前に際して、諸陵寮《しょりょうりょう》が諸山陵に対して常幣《じょうへい》を奉り、さらにそれとは別に天皇臨席のもとで、天皇の近親山陵に対して別貢幣を奉る。そして近親者以外の別貢幣対象の例として、「王朝」の創始者の陵たる山科陵、すなわち天智天皇陵や柏原《かしわばら》陵（桓武天皇陵）などが不廃のものとして位置付けられていた。平安時代に天智天皇の陵が重視されるのは、「はじめに」で触れた桓武天皇の方針からも理解できるとはいえ、奈良時代において天武系の天皇とともに、天智天皇が特別扱いされるのはどのように理解できるであろうか。

先の天平勝宝年間の例に見るような、奈良時代までの七〜八世紀の山陵祭祀の目的としては、王権・皇位に直接関連することに限定されており、その対象となる皇祖の諸霊は王権を強化し、皇統を永続させる霊威を保持するとされる。(13)こうした祭祀の概念と、八世紀以降定着しつつあった、別貢幣に見られるような家の始祖を祀る形式の祭祀の双方の面から見て、(14)天智天皇は奈良時代にあっても、天武天皇と同様に天武系の天皇たちにとって皇統を保持する霊威を持ち、また天武と並んで草壁系の始祖的存在としての位置にあったのである。

第二節　皇位継承と天智天皇

こうした天智天皇の特殊性は、奈良時代に、天智天皇が日本の法典整備の点においても画期とみなされていたことからもいえる。『続日本紀』養老三年（七一九）十月辛丑条には、舎人《とねり》親王と新田部《にいたべ》親王に皇太子の補佐を命ずる、元正天皇の詔がある。

詔曰、開闢已来、法令尚矣。君臣定レ位、運有レ所レ属。洎二于中古一、雖二由行一、未レ彰二綱目一。降至二近江之世一、弛張悉備。迄二於藤原之朝一、頗有二増損一、由行無レ改。以為二恒法一。由レ是、稽二遠祖之正典一、考二列代之皇綱一、承二纂洪緒一、此皇太子也。（後略）

とある。この記事は後略した部分で、舎人親王と新田部親王に皇太子首《おびと》親王の補佐を命じており、日本の法典は「近江之世」になってことごとく備わり、その後「藤原之朝」までに整備されたとする。そして、その法には皇太子に関すること、すなわち皇位の継承に関わることも含まれるとされる。ここで浄御原令《きよみはらりょう》への言及がないのは、青木和夫氏によれば「大宝律令に吸収代表されている」ためとされる(15)。こうした皇位の継承に関わる問題で「近江之世」が画期とされているのは注目できる。近江朝が皇位継承の画期とされていることに関しては、すでに「不改常典《ふかいじょうてん》」の問題から指摘されており、天武系の天皇の即位宣命でも、即位の根拠となる「不改常典」は、天智天皇に帰せられているのである。しかも「不改常典」の初出記事である『続日本紀』慶雲四年（七〇七）七月壬子条の元明天皇即位宣命では、

関母威岐藤原宮御宇倭根子天皇、丁酉八月尓、此食国天下之業乎、日並所知皇太子之嫡子、今御宇豆留天皇尓授賜而、並坐而此天下乎治賜比諧賜岐。是者関母威岐近江大津宮御宇大倭根子天皇乃、与二天地一共長与二日月一共遠不レ改常典止立賜比敷賜覇留法乎、受被レ賜坐而行賜事止衆受被レ賜而、恐美仕奉利豆羅久止

とある。これは「持統天皇（藤原宮御宇倭根子天皇）は、天下の業を草壁皇子（日並所知皇太子）の嫡子である文武天皇（今御宇豆留天皇）に伝え、並んで天下を治めた。これは天智天皇（近江大津宮御宇大倭根子天皇）の不改常典を受けて行うことだと衆は受け取って奉仕した」という内容である。

不改常典とは、奈良時代以降の諸天皇の即位宣命に現れる語であり、天智天皇が定めた法であるとされる。不改常典に関する研究は膨大で、今にわかに整理しがたいが、従来嫡子継承の法であるとか、皇位継承を天武系の

皇子に限るものであるなどとされてきた(16)。しかし、この不改常典がどのような場で初めて現れたかに着目すると、元明天皇が早世した文武天皇の後を受けて、明言はしていないものの聖《しょう》武《む》天皇即位に向けての、中継ぎとして即位したときの宣命が初出である。しかもそのときには「不改常典」は、持統天皇が草壁皇子の嫡子である文武天皇に、皇位を伝える根拠であるともされている。このような点、そして天智天皇が天武系天皇の時代にあってもなお画期とされるだけではなく、天武天皇とともに崇敬の対象になっていたことをあわせて考えると、「不改常典」には嫡子継承というだけではなく、皇位は天武天皇と天智天皇の共通の子孫、すなわち天武天皇と、天智天皇の娘である持統天皇の子である草壁皇子の子孫が継承すべきものという観念も込められていたのではないだろうか(17)。

　このことは、草壁皇子が天武天皇の流れを汲むということよりも、持統天皇の後継者であることが強調されていることからもいえよう。また天武天皇の子孫でも、舎人親王の子である淳仁天皇の即位宣命には、前天皇（孝謙天皇）の譲りによることは明言されていても、天智天皇の不改常典によるということは述べられていない。このように考えると、草壁系統の皇位継承に際してしばしば天智天皇が引き合いに出されることや、その根拠となるべき皇位継承の法典整備の画期として天智天皇が登場することも説明できる。

　正倉院宝物に「赤漆文欟木厨子《せきしつぶんかんぼくのずし》」がある。これは「東大寺献物帳《とうだいじけんもつちょう》」（『国家珍宝帳《こっかちんぽうちょう》』、『大日本古文書　編年文書之四』所収）に

厨子壹口　赤漆文欟木古様作金銅作鉸具
　右件厨子、是飛鳥浄原宮御宇
　天皇傳㆓賜藤原宮御宇
太上天皇㆒、天皇傳㆓賜藤原宮御宇

太行天皇一、天皇傳二賜平城宮御宇
中太上天皇一、天皇七月七日傳二賜平城宮御宇
後太上天皇一、天皇傳二賜
今上一、今上謹献二
盧舎那仏一（以下略）

とあるように、天武天皇（浄原宮御宇天皇）―持統天皇（藤原宮御宇太上天皇）―文武天皇（藤原宮御宇太行天皇）―元正天皇（平城宮御宇中太上天皇）―聖武天皇（平城宮御宇後太上天皇）―孝謙天皇（今上）と伝えられた。この伝来過程や、相伝者から元明がはずれていることに注目した後藤四郎氏は、相伝の方針を「天武・持統系の皇統に伝えることを内容としたものであろう」と推定し、それは持統天皇の意志であろうとした[18]。

この指摘は単に奈良時代の皇位継承を天武―草壁系とせず、持統天皇を考えに入れた点で興味深いものがある。後藤氏の指摘と、これまで考察した奈良時代における天智天皇の扱いを考えると、従来単に天武―草壁系とされてきた皇統は、むしろ天武・天智系統と考えるべきである。このことは、母を通じて天智天皇につながり、草壁皇子と元明天皇の娘である吉備《きび》内親王を妻に迎えていた長屋《ながや》王が親王としてみなされるなど厚遇されていたことや、孝謙天皇の後継者として当初の道祖《ふなど》王を廃して、天智天皇の娘を祖母に持つ大炊《おおい》王が迎えられたことにも関係する。後述するように、光仁・桓武天皇の即位が画期だったのは、律令制度形成に大きな役割を果した天智・天武両天皇の血を引く皇統から、天武天皇の系統を欠く系統が即位した点にある。そして光仁天皇の場合は、聖武天皇の娘である井上《いのえ》内親王を皇后とし、その子他戸《おさべ》親王を皇太子とすることで、将来的には天智・天武両方の系統を併せ持つ皇統の回復が期待されるものとして即位したが[19]、渡来人系の高野新笠を母に持ち、天武系の血統を全く持たない桓武天皇は、ことさらに「天智天皇の法」の強調と、天智系であることの意識の強化と、そし

て天武系の否定を行ったのである。

第三節　天智天皇と藤原氏

奈良時代以降の日本の歴史を考える上で見落とせない存在として、藤原氏の存在がある。起点となったのは藤原鎌足であり、その子不比等もまた重要である。藤原氏は鎌足の歿後不比等が幼なかったので、すぐには鎌足の後継者とはならなかった。また同族の中臣金《なかとみのかね》は壬申の乱の結果斬られており、不比等は天武天皇期においては、厚遇されていなかったようである。それが持統天皇期になってから、にわかに不比等の存在が目につくようになる。不比等が登場する背景としては、大宝律令制定に際しての律令知識によるものがあり(20)、また持統天皇や文武天皇との関係が挙げられる。

まず持統天皇との関係は、倉本一宏氏が指摘したように、持統天皇が皇位継承権を持たない皇統の後見人として、藤原不比等をはじめとする藤原氏を優遇したと思われる背景があり（これには文武天皇夫人《ぶにん》にして、将来の皇位継承者たる聖武の生母である藤原宮子の存在が見落とせない）(21)、また「東大寺献物帳」には、すでに現物は失われたものの「黒作懸佩刀《くろつくりかけはきのたち》一口」の記載がある。その由緒を簡潔に記すと、草壁皇子—藤原不比等—文武天皇—藤原不比等—聖武天皇と伝来されたとある。この意義については薗田香融氏が指摘したことをもとにすれば、草壁系の天皇の不比等への信任と、不比等からの臣従の誓いのしるし、そして「皇位継承への協力のクレジット」であるといえる(22)。

このような持統天皇たちの藤原不比等への信頼はどこに根差していたのであろうか。さきに述べたように、持統天皇は天武天皇の皇后であり、かつ一方で天智天皇の娘でもあった。持統天皇が天智天皇のことを冷遇していないことは、前述の『続日本紀』大宝二年十二月甲午条で、天武天皇と並んで天智天皇も国忌の対象にされていることにその一端を窺うことができる。この詔は文武天皇の詔であるが、まだ持統天皇は太上天皇として存命であり（死の二十日前）、その意志が反映されたとも考えられる。また不比等の父は鎌足であり、いうまでもなく天智天皇とともに大化改新以降の中心人物である。不比等は、藤原鎌足の子孫という点で天智天皇の記憶につながる存在であった。

『続日本紀』文武天皇二年（六九八）八月丙午条に「詔曰、藤原朝臣所レ賜之姓、宜レ令二其子不比等承一レ之。但意美麻呂等者、縁レ供二神事一、宜レ復二旧姓一焉」とある。すなわち、最初の天武天皇と天智天皇の両方の血を継いだ天皇となった文武天皇の即位の翌年には、藤原姓を鎌足の子孫に限定する詔が出されて鎌足の子孫の特別化が始まった。また、文武天皇の最後の年、慶雲四年四月壬午条では孝徳《こうとく》天皇（難波大宮御宇掛母畏支天皇命）以来仕えた鎌足の功績を賞して藤原不比等に賜封《しふう》を行っている（宣命第二詔）。不比等は実務的な面で律令制定に功績があり、鎌足もまたその基盤を作った一人であった[23]。こうした点、すなわち天智天皇に直接つながる存在、そして天智天皇とともに律令制定に貢献した点が、天智天皇の娘であり、かつ律令制定に執着を示した持統天皇の姿勢に合致し、不比等への優遇につながったのではないだろうか。

天智天皇と藤原鎌足による律令整備という意識は、後に藤原仲麻呂の時代になって維摩会《ゆいまえ》の復興を願う『続日本紀』天平宝字元年（七五七）閏八月壬戌条に見える。

紫微内相藤原朝臣仲麻呂等言、臣聞、旌二功不朽一、有レ国之通規、思二孝無窮一、承レ家之大業。緬尋二古記一、淡海大津宮御宇皇帝、天縦聖君、聡明睿主。考二正制度一、創二立章程一。（後略）

ここでは、藤原氏と関係の深い維摩会の起こりを説く際にも、天智天皇の時代に「章程を創立」した、すなわち（律）令を整備したとして、浄御原令制定のもととなった天武天皇よりも重視されている。

こうした意識は、平安時代になり天智天皇の存在がより強調されるようになると、弘仁十一年（八二〇）撰進の『弘仁格式《こうにんきゃくしき》』序にも現れる。

暨二乎推古天皇十二年一。上宮太子親作二憲法十七條一。国家制法自レ茲始焉。降至二天智天皇元年一。制二令廿二巻一。世人所謂近江朝庭之令也。爰逮二文武天皇大宝元年一。贈太政大臣正一位藤原朝臣不比等奉レ勅撰二律六巻。令十一巻一。養老二年。復同大臣不比等奉レ勅更撰二律令一。各為二十巻一。今行二於世一律令是也。

ここでは、日本の律令制定が聖徳太子―天智天皇―文武天皇（藤原不比等）という系統で考えられるようになっている。藤原氏の発展の契機には、奈良時代における天智天皇の位置も影響していたのである。

おわりに

これまで見てきたように、奈良時代も天智天皇は壬申の乱で否定されたはずの前王朝の中心人物でありながら、終始画期となる存在として生き続けた。この背景には、天武天皇の皇后でありながら天智天皇の娘でもあった持統天皇の存在が大きい。これまでしばしば「天武系」として語られてきた奈良時代の皇統は、むしろ天武・天智系というべき存在であり、壬申の乱に勝利を収め、「大王《おおきみ》は神にしませば」といわれた天武天皇と、大化改新を始めとする律令国家形成の画期の象徴としての天智天皇との、両者の統合体としての理念が込められていた。これによって、奈良時代にあっても皇位継承などの重要な時点で天智天皇が、場合によっては天武天皇以上に重視されることも理解でき、また藤原氏は新興勢力でありながら天智天皇・藤原鎌足の理念の継承を表明することで、朝廷内に勢力を伸ばすことを可能としたとする論も生きてくる(24)。

この後、天武・天智皇統は孝謙天皇の登場によって途絶えることが現実化し、淳仁天皇という新しい皇統を形成しようとしたものの成功しなかった。孝謙太上天皇は自らが重祚《ちょうそ》することによって解決を先伸ばしにし、そのまま世を去った。その後登場した光仁天皇は天智天皇の孫であり、天武天皇の血は引いていない。光仁天皇の登場の画期性は、それまで傍系とされていた系統が即位したことに求められ、また単に天智天皇の血を引いているというものではなく、むしろ天智天皇だけの血を引いていることにある。もっとも、光仁天皇は聖武天皇の娘である井上内親王を妃として、他戸親王を得ていた。そしてこの画期は、渡来人系の生母を持つ桓武天皇の出現によって一層強調される。光仁天皇は井上内親王を通じて天武系ともつながりがあったが、桓武天皇は天武系とのつながりはまったく持たず、自らの存在根拠は天智天皇のみに求めなければならなかった。ここが、天智天皇の血も引き、何かあるときは天智天皇の存在による守護をも期待できた奈良時代の「天武系」諸天皇との相違点である。

従って桓武天皇はことさらに天智天皇の存在を強調せざるを得なかった。奈良時代と平安時代の間には多くの面で断絶があり、その背景には桓武天皇の出現が考えられる。その背景に関しては、こうした血統の問題があった。それは天智、天武両天皇を受け継ぐ血統に正当性を求める奈良時代の天皇のあり方との違いと、それに頼ることができないがために「天智天皇の定めた法」（しかも奈良時代とは違い「不改常典」という表現ではない）のみに依拠する天皇のあり方を生み出すもととなったのである。

奈良時代の天皇を理解する際には、単に天武天皇の子孫の時代といった認識ではなく、こうしたより広い皇統の問題から、天智天皇との関係も見ていくべきであろう。それがかえって片方の血筋しか持たない桓武天皇の強烈な天武系否定の理解にもつながり、奈良時代との平安時代の差異の理解の一助にもなるのではないだろうか。

（1）通史の多く、例えば吉田孝『大系日本の歴史3　古代国家の歩み』（小学館、一九八八年）や、栄原永遠男『集英社版日本の歴史4　天平の時代』（集英社、一九九一年）など。

（2）『続日本紀』延暦六年十一月甲寅条に、桓武天皇が交野《かたの》で天神を祀った記事がある。これは『続日本紀』延暦四年十一月壬寅条の「祀二天神於交野柏原一。賽二宿禱一」に続く郊天祭祀《こうてんさいし》であり、祭文中に「高紹天皇配神作主」とあるように、昊天上帝《こうてんじょうてい》と並んで高紹《たかつがす》天皇（光仁天皇）を配している。これは桓武天皇の皇統の初代を光仁天皇とすることを意味する。桓武天皇の郊天祭祀と光仁天皇の位置付けは、瀧川政次郎「革命思想と長岡遷都」（『京制並に都城制の研究』角川書店、一九六七年所収）四八八頁参照。

(3) 桓武天皇の即位宣命（『続日本紀』天応元年四月癸卯条）の表現。

(4) 早川庄八「律令国家・王朝国家における天皇」（『日本の社会史第3巻　権威と支配』岩波書店、一九八七年所収）七五頁。

(5) 天武系の否定という点では長岡遷都や、延暦元年の氷上川継《ひかみのかわつぐ》の変の処置が挙げられ、新皇統成立の意識という点は註(2)に見る通りである。

(6) 早川前掲註(4)論文に見るように天智天皇の存在は、平安時代以後も定型化した姿ではあるが即位宣命の中や、国忌の対象として生き続けたが、天武天皇の存在は、その国忌が延暦十年の国忌整理の対象になったと思われて（中村一郎「国忌の廃置について」『書陵部紀要』二、一九五二年所収。五頁）以降等閑視されている。

(7) 以下、天皇号成立前の大王に関しても、便宜上天皇号を用いる。

(8) 『日本書紀』天武天皇十年二月甲子条に「是日、立二草壁皇子尊一、為二皇太子一。因以令レ摂二万機一」とあり、朱鳥元年七月癸丑条には「勅曰、天下之事、不レ問二大小一、悉啓二于皇后及皇太子一」とあるように天武天皇の後継者と目されていた。

(9) 『日本書紀』天智天皇十年十二月癸亥朔乙丑（三日）条に「天皇崩二于近江宮一」とあり、朱鳥元年九月丙午（九日）条に「天皇病遂不レ差、崩二于正宮一」とある。

(10) 設置されたのは、草壁皇子が慶雲四年四月甲辰、藤原宮子と光明皇后は天平宝字四年十二月戊辰である。

(11) 新日本古典文学大系『続日本紀　三』（岩波書店、一九九二年）四九七頁の当条の補注。

(12) 服藤早苗「山陵祭祀より見た家の成立過程――天皇家の成立をめぐって――」（『家成立史の研究――祖先祭祀・女・子ども』校倉書房、一九九一年。初出一九八七年）五〇頁。

(13) 熊谷公男「古代王権とタマ（霊）――「天皇霊」を中心にして」（『日本史研究』三〇八、一九八八年）一〇頁。

(14) 服藤前掲註(12)論文五八頁。

(15)　青木和夫「律令論」(『日本律令国家論攷』岩波書店、一九九二年所収。初出一九五六年)二二七頁。
(16)　不改常典に関しては、本書第二章で論じている。
(17)　その他の天皇の場合、元明、聖武、孝謙の即位に際しては「不改常典」が登場する。しかし元正天皇の場合は登場しないどころか、宣命体ではなく、漢文詔となっている。この特殊性に関しては、天智・天武系でありながら、初の非皇后、未婚の女帝である点、首親王(聖武天皇)が、文武天皇の例から考えれば即位可能な年齢であるにもかかわらず、もう一度「中継ぎ」を立てなければならなかった点などから考察する必要があり、今後の課題とするところである。
(18)　後藤四郎「国家珍宝帳に関する若干の考察」(『日本歴史』三九八、一九八一年)八頁。
(19)　光仁天皇の即位の根拠は、宝亀元年八月癸巳条の称徳天皇の「遺宣」にある「白壁王波諸王能中仁年歯毛長利奈。又先帝能功毛在故仁、太子止定テ」というものであり、皇族のなかでの年長者であるということと、先帝(天智天皇)の功績によるものである。もちろん井上内親王の存在などは欠かせないものの、光仁自身が選ばれた根拠には天智天皇の「功」が含まれていた。
(20)　文武天皇四年六月甲午条の律令選定の記事では不比等は刑部《おさかべ》親王に次いで第二位の地位にあり、また『法曹類林《ほっそうるいりん》』公務五の中で「令官」として表されるなど、律令に関する知識は、実務的なものであったようである。
(21)　倉本一宏「議政官組織の構成原理」(『日本古代国家成立期の政権構造』吉川弘文館、一九九七年。初出一九八七年)三三五三頁。
(22)　薗田香融「護り刀考」(『日本古代の貴族と地方豪族』塙書房、一九九二年所収。初出一九六四年)一〇頁。
(23)　吉川真司「天皇家と藤原氏」(『岩波講座日本通史5　古代4』岩波書店、一九九五年所収)八八頁。ここで吉川氏は近江令《おうみりょう》肯定の立場から論を述べている。近江令存在の当否についてここでは明言できないが、近江令が成立していなかったとしても、大化改新以降の律令制形成に鎌足が寄与したことは、疑わなくともよいであろう。
(24)　吉川前掲註(23)論文八九頁。

[付記]　本章は、一九九七年十二月に『教育・研究』第一一号に掲載した論文がもとになっている。奈良時代の天智天皇に関しては、本章初出後まもなく、藤堂かほる氏が「律令国家の国忌と廃務――八世紀の先帝意識と天智の位置づけ――」

（『日本史研究』四三〇、一九九八年六月）・「天智陵の営造と律令国家の先帝意識——山科陵の位置と文武三年の修陵をめぐって」（『日本歴史』六三〇、一九九八年一一月）を公表した。

藤堂氏は、天智天皇山科陵と藤原宮との位置関係の検討や、奈良時代の国忌廃務の実施状況の分析から、天智天皇を一つの画期とみなす先帝意識は、律令国家段階における天皇制成立と共に形成されたものであり、天智天皇は律令国家の初代皇帝として遇されていたとした。この指摘は、現在おおむね受け入れられているものである。

奈良時代における天智天皇の存在の重要性を指摘した点において、本章は藤堂氏の論考と重なるものがある。しかし、本章は藤堂氏とは異なり、皇位継承の視点に関連させて、奈良時代の山陵奉幣や、藤原氏との関係から論じている。またわずかに藤堂氏よりも先に公表したことや、一般の目に触れることが少ない高等学校の紀要に掲載したという事情もあり、本書収録にあたって、表記の修正・統一、誤植の訂正以外は、敢えてそのまま収録している。

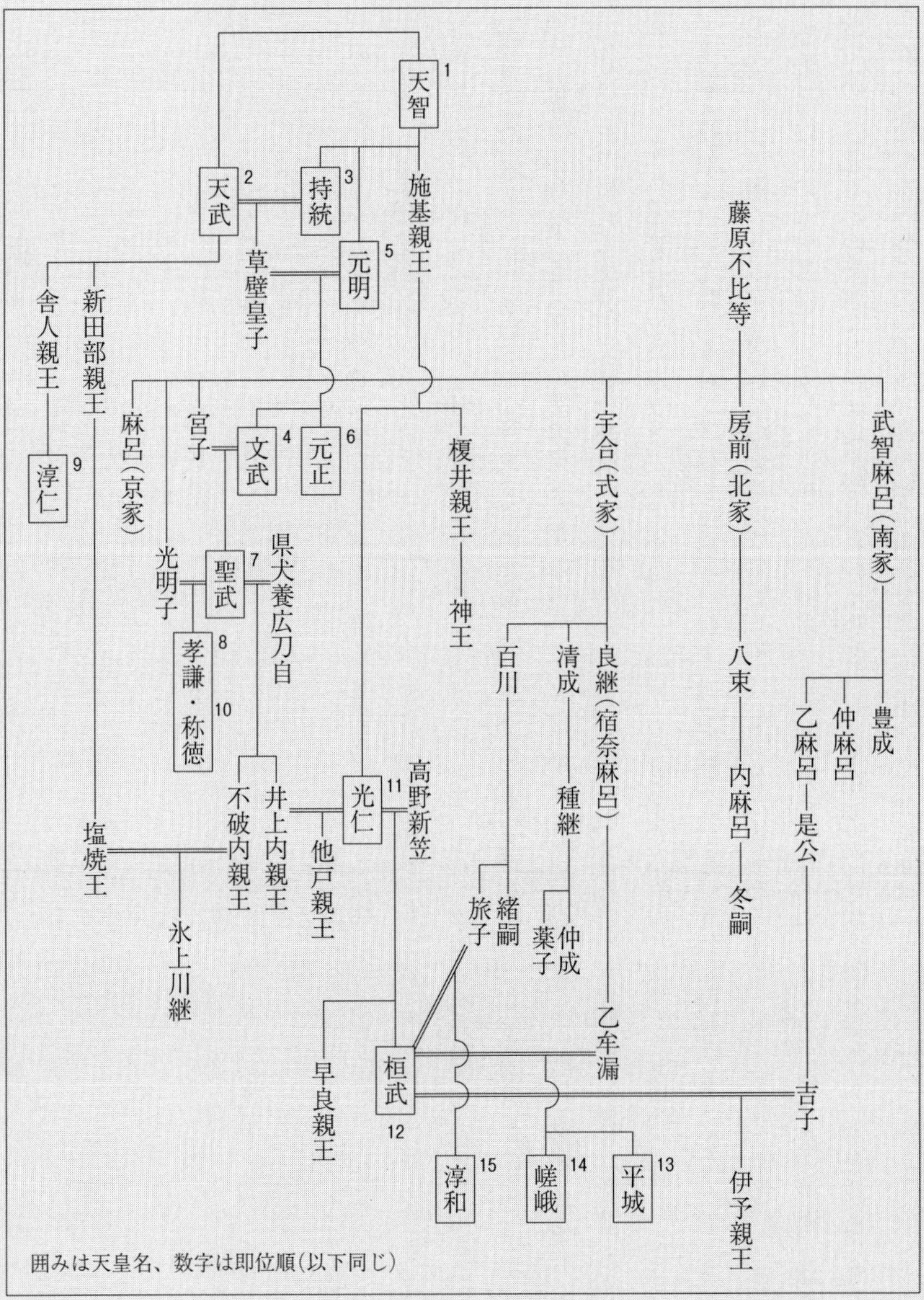

系図１　天皇家・藤原氏系図１
（川尻秋生『シリーズ日本古代史５　平安京遷都』（岩波書店、2011年）の系図を一部改変した。）

第二章　不改常典試論

はじめに

不改常典とは、八世紀以降の天皇の即位宣命に現れる語句であり、天智天皇が「不改常典」（改むるましじき常の典）として定めた法であるとされる。元明天皇の即位宣命に初めて現れて以降、不改常典は即位の正当性の根拠として用いられた。しかし『日本書紀《にほんしょき》』などには天智天皇がこうした「不改常典の法」を定めたことは見えず、『続日本紀』慶雲四年（七〇七）七月壬子条の元明天皇即位宣命が初見である。ここで不改常典の法[1]は、文武天皇即位の経緯と持統太上天皇との関係を説明するものとして登場し、続いて聖武天皇の即位宣命と譲位宣命《じょういせんみょう》にも現れる。また桓武天皇の即位宣命からは、表現を変えて「天智天皇が定めた法」（掛《か》けまくも畏《かしこ》き近江《おうみ》の大津《おおつ》の宮に御宇《あめのしたしろしめし》し天皇の初め賜ひ定め賜へる法《のり》）[2]として現れ、以後十九世紀まで定型化しながらも用いられた。[3]

天智天皇歿後三十年以上を経て即位宣命に現れた不改常典に関しては、即位に関係する「不改」の「常典」であるという表現から、制定者・その具体的な内容をめぐって、多くの研究がある。制定者については、天智天皇制定説のほかに、後世に天智天皇に仮託したとの説があり、また内容についても、皇位継承との関連、藤原氏との関連、近江令との関連などの諸説が積み重ねられている。現在は皇位継承に関する法であるとの説が有力であるが、具体的な内容については、嫡系継承法説や直系継承法説など解釈は一定しない。

不改常典に関する論点は先学によって言い尽くされた感もあり、そのような中で不改常典を論ずることは屋上屋を架すことになろう。しかし本章では、不改常典以外の天智天皇の「発言」や不改常典の「発言者」に注目しつつ、不改常典の問題に対して検討を加えてみたい。

なお『続日本紀』所載宣命の訓読は、新日本古典文学大系本に拠った。また即位宣命など、史料は全文を挙げない場合がある。

第一節　不改常典研究の論点

不改常典の研究史は、近年では藤堂かほる氏(4)や長田圭介氏(5)の論考で詳細にまとめられている。また、諸説の論点と問題点は、関晃氏が完結ながら要点をまとめている(6)。本章ではそれを繰り返すことをせず、これらの研究史整理に従いたい。

まず、「不改常典」は即位宣命中に現れるものの、「天智天皇が定めた不改常典の法」として見え、その具体的な内容は明確ではない。不改常典が何を規定する法であるかということに関しては、前述の通り多くの研究がある。長田圭介氏の整理によると、大きく分けて以下のようになる。

A皇位継承法説

a天智天皇制定説……直系・嫡系皇位継承法。皇太子制。

b天智天皇仮託説……直系・嫡系皇位継承法。譲位制。幼少天皇或いは女性天皇の即位を可能とするための便宜的特例法。

B近江令説

近江令全体を指すもの・近江令継嗣令に限定したもの。

Cその他の諸説

天皇と藤原氏の共同執政説、天皇大権、律令的専制君主像、皇統君臨の大原則、律令法典に基づく新国家統治体系。

不改常典の内容の研究は、古くは十八世紀、本居宣長が不改常典とは大化改新の諸法令を指すとしたことに始まる。[7] その後二十世紀になって、三浦周行・瀧川政次郎両氏が不改常典は近江令であるとした。[8] いずれも、史料上に見える天智天皇の事績に求めたのである。

不改常典研究の画期となったのは、岩橋小彌太氏の「天智天皇の立て給ひし常の典」[9]である。ここで岩橋氏は近江令説を否定し、直系皇位継承法であるとした。[10] そして、不改常典という表現から、「天智天皇の御遺誡を朝廷では特に重んじて、御代々談り伝へられたのである」[11]とし、これを「不磨の法典」[12]と評した。不改常典を、天智天皇が定めた皇位継承に関する法であるとする考えは、その後「直系」ではなく「嫡系」継承を定めたとする井上光貞氏[13]や藤堂かほる氏[14]などが継承しながら、有力となっている。

その一方で、不改常典を天智天皇が実際に定めたものとせず、天智天皇に仮託したとする説もある。[15]「はじめに」で述べたように、不改常典は『日本書紀』などには現れず、天智天皇歿後三十五年を経た元明天皇即位宣命で初めて現れることから、天智天皇が実際に述べたものではないとするのである。

またほかに皇位継承に関わる法とする理解として、皇太子制説（若井敏明氏）や大友皇子と五大官誓約時の天智天皇詔説（北山茂夫氏）があり、皇位継承に関する法とする以外には、藤原氏との共同統治を定めた法とする説（田村圓澄氏）や、隋・唐的専制君主像を目指すとする説（水野柳太郎氏）、『日本書紀』神代巻に見える天照大神の「天壌《てんじょう》無窮《むきゅう》の神勅《しんちょく》」であるとする説（田中卓氏・長田圭介氏）などがある。

なお早川庄八氏は、奈良時代の「不改常典」と桓武天皇以降の即位宣命に見える「天智天皇の始めたまひ定めたまへる法」は異なる内容であるとし、桓武天皇以降の「法」は桓武天皇以降持ち上げられるようになった、近江令を指すとする(16)。また関晃氏も、平安時代以降の「法」は不改常典ではなく、天智天皇が定めた律令法典であるとする(17)。

このように諸説が提示されているものの、本章では一つ一つの説に対しては言及しないことを、あらかじめお断りしておきたい。

第二節　不改常典の用例と発言者

不改常典の具体的内容を求める場合、奈良時代の「天智天皇の不改常典」と平安時代以降の「天智天皇が定めた法」を同一のものとして、共通の法則を求めようとする考えがある。しかし、桓武天皇以降ほぼ全ての即位宣命に現れる「天智天皇が定めた法」とは異なり、奈良時代の不改常典は限られた場合に用いられている（文武―元明―元正―聖武―孝謙―淳仁―称徳―光仁―桓武のうち、元明即位、聖武即位・譲位、桓武即位の各宣命）。また先に述べたように、桓武天皇の即位宣命に範をとって文体が定型化した平安時代以降とは異なり、奈良時代の即位宣命は、天皇ごとに具体的に即位に至る事情を述べて、即位を正当化しているのである。

ここでは奈良時代の各天皇の即位を、不改常典が用いられる場合と用いられない場合に分けて、事例を確認していきたい。

（一）不改常典を用いる即位

①元明天皇即位宣命

「不改常典」が現れる最初の即位宣命は、慶雲四年七月壬子条の元明天皇即位宣命である。元明天皇（阿閇《あへ》皇女）の即位は通常の継承からすると異例であり、子である文武天皇から、母への継承であった。元明天皇は天智天皇の娘であり、草壁皇子の妃となったのち、持統天皇からその孫である文武天皇への継承を経て即位した。『続日本紀』慶雲《けいうん》四年（七〇七）六月辛巳（十五日）条に「天皇崩。遺詔。挙哀三日。凶服一月」とあり、遺詔の内容は『扶桑略記《ふそうりゃっき》』文武天皇慶雲四年六月十五日条に「遺詔云。挙哀三日。凶服一月。朕之母儀。阿閇皇女。宜下摂二万機一。嗣中天皇位上矣」とあり、歿後の挙哀《こあい》・凶服《きょうふく》の指示のほかに、母である阿閇皇女への皇位継承を指示したことがわかる。これを承けて阿閇皇女は、六月二十四日に群臣を前に文武天皇の遺詔により万機を摂《と》ることを告げ(18)、七月十七日に大極殿《だいごくでん》で即位した。ここで不改常典が現れるのである(19)。まずこのときの元明天皇の即位宣命を挙げる。

現神八洲御宇倭根子天皇詔旨勅命。親王・諸王・諸臣・百官人等、天下公民、衆聞宣。ⓐ関母威岐藤原宮御宇倭根子天皇、丁酉八月尓、此食国天下之業乎、日並所知皇太子之嫡子、今御宇豆留天皇尓授賜而、並坐而此天下乎治賜比諧賜岐。ⓑ是者関母威岐近江大津宮御宇大倭根子天皇乃、与二天地一共長与二日月一共遠不レ改常典止立賜比敷賜覇留法乎、受被レ賜坐而行賜事止衆受被レ賜而、恐美仕奉利豆羅久止詔命乎衆聞宣。ⓒ如レ是仕奉侍尓、去年十一月尓、威加母我王朕子天皇乃詔豆羅久、朕御身労坐故、暇間得而御病欲レ治。此乃天豆日嗣之位者、大命尓坐世大坐々而治可レ賜止譲賜命乎、受被賜坐而答曰豆羅久、ⓓ朕者不レ堪止辞白而受不レ坐在間尓、遍多久日重而譲賜倍婆、労美威美、今年六月十五日尓、詔命者受賜止白奈賀羅、此重位尓継坐事乎奈母天地心乎労美重美畏坐左久止詔命衆聞宣。ⓔ故、是以、親王始而。王臣・百官人等乃、浄明心以而弥務尓弥結尓阿奈々比奉輔佐奉牟事尓依而志、此食国天下之政事者、平長将在止奈母所念坐。又天地之共長遠不レ改常典止立賜覇留食国法母、傾事無久動事無久渡将去止奈母所念行左久止詔命衆聞宣。（後略）

この宣命の内容を整理すると、以下のようになる。

ⓐ持統天皇は、「食国天下《おすくにあめのした》之《の》業《わざ》」を草壁皇子の子、文武天皇に皇位を譲り、ともに天下を治めてきた。

ⓑこのことは、天智天皇が不改常典として立てた法（関母威岐近江大津宮御宇大倭根子天皇乃与㆓天地㆒共長与㆓日月㆒共遠不㆑改常典止立賜比敷賜覇留法）を受けて行うことであると、みなが承ってきたことである。

ⓒしかし、昨年十一月以来文武天皇は病となり、自分（元明天皇）への譲位の意向を示した。

ⓓ自分はそれを辞退してきたが、今年の六月十五日になって皇位を継承した。

ⓔ親王以下の臣下が自分に奉仕をしてくれることにより、この国の政事は保たれる。また不改常典として立てる食国《おすくに》法も、傾くことなく動くことなく続いていくのである。

ここで元明天皇は、文武天皇から譲位された過程を詳細に述べるとともに、文武天皇の即位の事情にも言及している。ここで、草壁皇子の子（日並所知皇太子之嫡子）である文武天皇が、持統天皇から譲位されたことを指して、これは天智天皇が不改常典として立てた法のままに行ったことであるとしている。つまり、文武天皇が持統天皇から譲位されて天下を治めたことの根拠として、天智天皇の「不改常典の法」が用いられるのである。

なお、元明天皇の即位宣命には「また天地と共に長く遠く改るましじき常の典（不改常典）と立て賜へる食国《おすくに》の法《のり》も、傾く事無く動く事無く渡り去《ゆ》かむとなも念《おもお》し行《め》さくと詔《の》りたまふ命を衆《もろもろ》聞きたまへと宣《の》る」ともあり、もう一つ「不改常典」が登場する。この二つの「不改常典」を同じ内容であるとする考えもあるが、藤堂かほる氏が指摘するように、後者の表現を取る「不改常典」は元明天皇即位宣命のみに現れ、天智天皇が定めたという言葉はつかない。この「不改常典」は、前者とは違うことを述べているとするべきであろう[20]。

②聖武天皇即位宣命

元明天皇から元正天皇への譲位は、譲位詔・即位詔ともに宣命ではなく、異例の漢文詔であり、また不改常典に類する表現もない。次に不改常典が登場するのは、元正天皇から皇太子首親王（聖武天皇）への譲位に際してである。

『続日本紀』神亀元年（七二四）二月甲午条に聖武天皇の即位記事と、即位宣命が載せられている。この宣命も、元正天皇から皇位を譲られた事情を詳細に述べており、その中に不改常典が現れる。

詔曰、現神大八洲所知倭根子天皇詔旨止勅大命乎親王・諸王・諸臣・百官人等、天下公民、衆聞食宣。ⓐ高天原尓神留坐皇親神魯岐・神魯美命、吾孫将知食国天下止、与佐斯奉志麻尓麻尓、高天原尓事波自米而、四方食国天下乃政乎、弥高弥広尓天日嗣止高御座尓坐而、大八嶋国所知倭根子天皇乃大命尓坐詔久、此食国天下者、掛畏岐藤原宮尓天下所知、美麻斯乃父止坐天皇乃、美麻斯尓賜志天下之業止、詔大命乎、聞食恐美受賜懼理坐事乎、衆聞食宣。ⓑ可久賜時尓、美麻斯親王乃齢乃弱尓、荷重波不レ堪自加止、所念坐而、皇祖母坐志々、掛畏岐我皇天皇尓授奉岐。依レ此而是平城大宮尓現御神止坐而、大八嶋国所知而、霊亀元年尓、此乃天日嗣高御座之業食国天下之政乎、朕尓授賜譲賜而、教賜詔賜都良久、ⓒ挂畏淡海大津宮御宇倭根子天皇乃、万世尓不レ改常典止、立賜敷賜閇魯随レ法、後遂者我子尓、佐太加尓牟倶佐加尓、無二過事一授賜止、負賜詔賜比志尓、坐間尓去年九月、天地貺大瑞物顕来理。又四方食国乃年実豊尓、牟倶佐加尓得在止見賜而、随レ神母所念行尓、于都斯久母皇朕賀御世当、顕見魯物尓者不レ在。今将嗣坐御世名乎記而、応来顕来留物尓在良志止所念坐而、今神亀二字御世乃年名止定氐、改二養老八年一為二神亀元年一而、天日嗣高御座食国天下之業乎、吾子美麻斯王尓、授賜譲賜止詔天皇大命乎、頂受賜恐美持而、辞啓者天皇大命恐、被レ賜仕奉者拙久劣而無レ所レ知。進母不レ知退母不レ知、天地之心母労久重、百官之情母辱愧美奈母、随レ神所念坐。故親王等始而王臣汝等、清支明支正支直支心以、皇朝乎穴比扶奉而、天下公民乎奏賜止詔命、衆聞食宣。（辞別以下は略）

この宣命の内容を整理すると、以下のようになる。

ⓐ元正天皇から聖武天皇への発言として、「此の食国天下は、あなたの父である文武天皇が、あなたに賜った

ものである」とする。

ⓑ再び元正天皇の発言として、「しかし、あなたがまだ幼かったので、祖母である元明天皇が皇位を継いだ。そして元明天皇は、霊亀元年になって皇位とこの国の統治（天日嗣高御座之業食国天下之政）を自分（元正天皇）に授けた。

ⓒそのとき、元明天皇は自分に詔して「天智天皇の不改常典の法のままに（挂畏淡海大津宮御宇倭根子天皇乃万世尓不レ改常典止立賜敷賜閇留随法）、最後には、聖武天皇に確実に（佐太加尓牟倶佐加尓無二過事一）伝えるように」と命じた。

とある。ここでは聖武天皇即位の根拠として、皇位が文武―元明―元正と継承された経緯を述べ、元明天皇が元正天皇に譲位した際、ゆくゆくは「不改常典の法」にしたがって、聖武天皇に確実に皇位を伝えよと述べたとする。そして、これによって元正天皇が皇位を継いでいると祥瑞《しょうずい》が現れたので、(21)神亀と改元して聖武天皇に皇位を譲るとする。即位宣命はこれに続いて、この元正天皇の命により即位することを述べた後、大赦、叙位などの辞別《ことわけ》となって終わる。

ここでの不改常典は、聖武天皇の即位宣命でありながら、元正天皇の発言を引用する形で登場し、また元正天皇から譲位される根拠ではなく、元明天皇が元正天皇に譲位した際の事情を語るものとして現れる。

③聖武天皇譲位宣命

次に不改常典が現れるのは、『続日本紀』天平勝宝元年（七四九）七月甲午条の聖武天皇から皇太子阿倍《あべ》内親王（孝謙天皇）への譲位宣命である。この宣命は、はじめに聖武天皇の譲位宣命があり、それに孝謙天皇の即位宣命が続く構成となっている。

（聖武天皇譲位宣命）

現神止御宇倭根子天皇可御命良麻止宣御命乎、衆聞食宣。高天原神積坐皇親神魯棄・神魯美命以、吾孫乃命乃将知食国天下止言依奉乃随、遠皇祖御世始而天皇御世御世聞看来食国天ッ日嗣高御座乃業止奈母随レ神所念行佐久止勅天皇我御命乎衆聞食勅。平城乃宮尓御宇之天皇乃詔之久、挂畏近江大津乃宮尓御宇之天皇乃不レ改自常典等初賜比定賜都流法随、斯天ッ日嗣高御座乃業者、御命尓坐世、伊夜嗣尓奈賀御命聞看止勅夫御命乎畏自物受賜理坐天、食国天下乎恵賜比治賜布間尓、万機密久多久志天御身不二敢賜一有礼、随レ法天川日嗣高御座乃業者、朕子王尓授賜止勅天皇御命乎、親王等・王・臣等・百官人等、天下乃公民、衆聞食宣。

（孝謙天皇即位宣命）

又天皇御命良末止勅命乎、衆聞食宣。挂畏我皇天皇、斯天川日嗣高御座乃業乎受賜弖仕奉止負賜閇、頂尓受賜理恐末里、進毛不レ知、退毛不レ知尓、恐美坐久止宣天皇御命乎、衆聞食勅。故是以、御命坐、勅久、朕者、拙劣雖レ在、親王等乎始而王等・臣等、諸天皇朝庭立賜部留食国乃政乎戴持而、明浄心以誤落言無助仕奉尓依弖之、天下者平久安久、治賜比恵賜布閇支物尓有止奈毛、神随所念坐久止勅天皇御命乎、衆聞食宣。

ここでは、まず聖武天皇が、自らの即位の根拠として「元正天皇が、不改常典の法（挂畏近江大津乃宮尓御宇之天皇乃不改自伎常典等初賜比定賜部流法）により即位せよと命じたので即位した」と述べる。しかし、近年病身となったので、「法《のり》の随《まにまに》」天皇位を我が子（阿倍内親王）に授ける（法の随に天つ日嗣高御座の業は朕が子王に授け賜ふ）とする。これに続く孝謙天皇即位宣命には「不改常典」は登場せず、聖武天皇の命で即位したことを述べるのみである。

ここでも不改常典は、聖武天皇の即位の根拠として、元正天皇の言葉として現れるのであり、聖武天皇自身の発言ではない。ただし一つ問題となるのは、孝謙天皇への譲位を指して「随法（ノリノマニマニ）」とする箇所である。この「法」をどのように捉えるべきであろうか。藤堂氏は「随法」の法は一般的には漠然とした、守るべき規範の意味で用いられるとしつつも、聖武天皇の譲位宣命の前段で、すでに「天智天皇の不改常典」という表現がされているので、この「法」もそれを引き継いで天智天皇の不改常典を指すとする[22]。

しかしこのときの不改常典は、聖武天皇の譲位宣命のみに見え、元正天皇の発言として用いられていること、皇位を承けた孝謙天皇の即位宣命では、聖武天皇からの譲りによって即位するということしか述べられていないことに注意したい。

(二) 不改常典を用いない即位

①淳仁天皇即位宣命

孝謙天皇は、天平宝字二年（七五八）八月に皇太子大炊王に譲位した。淳仁天皇である。『続日本紀』天平宝字二年八月庚子朔条に、孝謙天皇の譲位宣命と淳仁天皇の即位宣命がある。孝謙天皇の譲位宣命は、母光明皇太后への孝養を尽くすために譲位することを述べるのみであり、淳仁天皇の即位宣命も孝謙天皇の命により即位すると述べ、天智天皇の不改常典の法は見られない。

②光仁天皇即位宣命

淳仁天皇を廃して重祚した称徳天皇は、即位儀を行わなかったので即位宣命はない。またその称徳天皇は神護《じんご》景雲《けいうん》四年（宝亀元年、七七〇）八月に歿し、遺宣により白壁《しらかべ》王が皇太子となった。『続日本紀』宝亀元年十月己丑朔条に、皇太子白壁王の即位記事と即位宣命がある。この即位宣命では、称徳天皇から天下の政を賜ったことを述べ、皇位（天日嗣高御坐之業《あまつひつぎたかみくらのわざ》）は天神・地神（地祇）の扶《たす》けと臣下の存在によって保たれるとするが、不改常典により即位するということは見られない。

（三）桓武天皇以降の「天智天皇の法」

光仁天皇から譲位された皇太子山部《やまべ》親王は、天応元年（七八一）四月に即位した。『続日本紀』天応元年四月癸卯条に即位記事と即位宣命がある。ここで桓武天皇は、光仁天皇から「掛けまくも畏き近江大津宮に御宇し天皇の勅《の》り賜ひ定め賜へる法の随に」（掛畏近江大津乃宮尓御宇之天皇乃勅賜比定賜部流法随尓）即位せよと命じられたとする。ここで、再び「天智天皇の法」が現れるのである。以後この桓武天皇の即位宣命の文体は、代々の天皇の即位宣命に受け継がれる。

この桓武天皇以降の「天智天皇の法」を、奈良時代の「天智天皇の不改常典」と同一のものとする説がある。「不改常典」という表現は消えたものの、即位宣命において天智天皇が定めた法として現れるので、同じものを指すというのである。これについて早川庄八氏は、『日本三代実録』元慶八年（八八四）二月二十三日条にみえる光孝天皇即位宣命の文法が、通例と異なることに着目し、「天智天皇の不改常典」と桓武天皇以降の「天智天皇の始めたまひ定めたまへる法」は同一のものではないとし、桓武天皇以降の「法」は桓武天皇以降持ち出されるようになった、近江令を指すとした[23]。律令法典と即位に関する法を関連づけることには問題があるものの、奈良時代の不改常典と平安時代以降の天智天皇が定めた法を、一貫したものとしない視点は継承するべきである。

（四）不改常典の「発言者」

これまで見たように、奈良時代の即位宣命において不改常典は、即位する当の天皇自身ではなく、特定の人物から発せられている傾向が見て取れる。

①元明天皇即位宣命……発言者は元明天皇（持統天皇から文武天皇への譲位と、共同統治を説明）
②聖武天皇即位宣命……発言者は元明天皇（元正天皇の言葉内での引用、聖武天皇の即位根拠を説明）

③聖武天皇譲位宣命……発言者は元正天皇（聖武天皇の即位根拠を説明。なお、聖武天皇の発言として「法のままに」孝謙の即位を命ずる）

すなわち、発言者は元明天皇・元正天皇に限定され、元明天皇より前には遡らない。また、元明天皇即位宣命で、不改常典の法により即位したとされる文武天皇の場合、その即位宣命は、持統天皇から皇位を授けられたことを述べるのみであり、天智天皇には言及していない(24)。

一方桓武天皇以降の即位宣命では、「天智天皇の定めた法」により即位を命じるのは前天皇とされるものの、それは譲位の場合でも歿後即位の場合でも表現は変わらず(25)、奈良時代の即位宣命の表現とは様相が異なるのである。

第三節　聖武天皇と天智天皇

これまで見てきたように、奈良時代の即位宣命に現れる「不改常典の法」は、天智天皇の発言として登場する。近年の研究は、奈良時代における天智天皇は「律令国家」の創始者として重要視されていたこと(26)、天武天皇と並んで皇統の祖として扱われていたことを指摘している(27)。

前章で述べたように、奈良時代の天智天皇は、天武天皇と同様に重視される存在であり、奈良時代の天皇の直系、草壁皇子―文武天皇―聖武天皇―孝謙（称徳）天皇は、天武天皇皇后の持統天皇、草壁皇子妃の元明天皇を介して、天武天皇と天智天皇の双方の子孫となっていた。

また天智天皇は、即位宣命の不改常典以外にも、皇位に関する場面で登場することがある。『続日本紀』養老三年（七一九）十月辛丑条には、舎人親王と新田部親王に皇太子首親王の補佐を命じる元正天皇の詔が見える。この詔の前半を引用する。

詔曰、開闢已来、法令尚矣。君臣定レ位、運有レ所レ属。洎二于中古一、雖二由行一、未レ彰二綱目一。降至二近江之世一、弛張悉備。迄二於藤原之朝一、頗有二増損一、由行無レ改。以為二恒法一。由レ是、稽二遠祖之正典一、考二列代之皇綱一、承二纂洪緒一、此皇太子也。（後略）

ここでは、この国では「近江之世」に至って法令が備わり、「藤原之朝」までに整備されて恒法となった。古来からの皇位継承のあり方を見ると、皇太子が皇位を継承するのが「遠祖の正典」であるとする。皇太子首親王が皇位継承の適任者であることを述べるにあたって、天智天皇（「近江之世」）と持統天皇（「藤原之朝」）の時代が法令整備の画期であるとするのである。

この養老三年は、『続日本紀』養老三年正月辛卯条に「天皇御二大極殿一受レ朝。従四位上藤原朝臣武智麻呂、従四位下多治比真人県守二人、賛二引皇太子一也」とあり、皇太子首親王が、藤原武智麻呂《むちまろ》と多治比県守《たぢひのあがたもり》に先導されて朝賀に参列している。また同年六月丁卯条に「皇太子始聴二朝政一焉」とあるように、「年歯幼稚」（『続日本紀』霊亀元年九月庚辰条）として即位が引き延ばされていた皇太子首親王が、政務に関わり始めた年でもある。舎人親王と新田部親王の補佐もこれに関わるものであり、皇太子首親王の地位を固める詔において、天智天皇の時代を、法令整備の画期としているのである。

聖武天皇に関して、天智天皇が登場するのはもう一例ある。『続日本紀』天平勝宝元年（七四九）四月甲午朔条には、陸奥国からの黄金産出を喜び、天平二十一年を天平感宝元年と改元する長大な宣命がある。この宣命の後段、諸王と大臣の子孫に恩典を与えることを述べた箇所で、皇位は代々の天皇から天皇の地位を受け継いできたものであり、また聖武天皇は母藤原宮子の名のお蔭《かげ》も受けて、天下を統治したと述べるに続いて、以下のように大臣たちの奉仕を求めている。

加以、挂畏近江大津宮大八嶋国所知之天皇大命止之弖、奈良宮大八洲国所知自我皇天皇止御世重弖朕宣久、大臣乃御世重天明浄心以弖仕奉事尓依弖奈母天日嗣波平安久聞召来流。此辞忘給奈。弃給奈止宣比之大命乎受賜利恐麻利、汝多知乎恵賜比治賜久止宣大命、衆聞食宣。

ここで聖武天皇は、大臣が代々奉仕を重ねることによって皇位は安定するということは、天智天皇の発言として代々伝えられ、元正天皇から「この辞《ことば》、忘れ給ふな、弃《す》て給ふな」と聞かされたというのである。この言葉に対応する天智天皇の発言は、『日本書紀』などには見られない。(28) しかし不改常典同様、天智天皇の言葉として代々の天皇が伝え、それを聖武天皇が聞いたとするのである。

これが聖武天皇の子である孝謙・称徳天皇になると、いささか様子が異なる。孝謙天皇・称徳天皇は、皇位に関する問題に触れるとき、天智天皇の存在には言及せず、父聖武天皇の遺詔を持ち出すのである。よく知られた例として、皇太子道祖王を廃する際は「先帝遺詔」を示し、(29) 淳仁天皇を廃する際には聖武天皇の「王を奴《やっこ》と成すとも、奴を王と云ふとも、汝の為《せ》むまにまに」という発言を「朕また一二の竪子《わらわら》等と侍《はべり》て聞《きき》食《たまい》て在り」と持ち出すのである。(30)

さらに『続日本紀』神護景雲三年（七六九）十月乙未朔条に見える、宇佐八幡託宣事件後に出された宣命においても、元正天皇の「遺詔」と聖武の詔を持ち出して、諸臣の奉仕を求め、皇位を狙う動きを戒める。また皇位についても、天が授けない者に皇位を与えても保つことはできない（此の帝の位と云ふ物は、天の授け給はぬ人に授けては保つことも得ず）などとする。孝謙・称徳天皇は、後継者問題もあって、しばしば皇位継承に関わる宣命を発したが、その時持ち出したのは聖武天皇の「遺詔」であり、聖武天皇のように、天智天皇の存在や「天智天皇の不改常典の法」は用いなかったのである。

第四節　不改常典とは

これまで見てきたことをもとに、筆者の見解をまとめると以下のようになる。

奈良時代の即位宣命に現れる「不改常典の法」は、皇位継承に関する内容を持つ法である。これは岩橋小彌太氏が指摘したように、「不改常典の法のままに即位した」と述べる以上、皇位継承に関する内容であると考えるのが自然である。

ただし、不改常典は永続的な法ではなく、文武天皇歿後の状況の中で、草壁皇子・文武天皇の嫡系である聖武天皇への継承を確実にするという、限定された目的を持って嫡系継承を主張するものであると考える。天武天皇の諸皇子とその子孫が多く存在していた奈良時代初めにおいて、嫡系継承や草壁皇子の系統による継承は、唯一の選択肢ではない[31]。そのため、天武天皇諸皇子たちの継承を排除し、草壁皇子—文武天皇—聖武天皇と続く継承を正当化するために、天智天皇の存在が持ち出されたのである[32]。従って聖武天皇以後、孝謙天皇の段階になると、不改常典を用いる意義は薄れていくのである[33]。

不改常典が、聖武天皇の即位と密接に関わることは、亀井輝一郎氏が「彼（聖武）の即位は不改常典の「法」と極めて深い関係があるとみられるのである」とし[34]、武田佐知子氏が、不改常典は元明天皇・元正天皇により天智天皇に仮託されたとした上で「聖武の即位を以て「不改常典」の意図は貫徹された」とし[35]、また長山泰孝氏が、不改常典は明確な規定ではなく、実態は曖昧であるとした上で、「本来は首皇子への皇位継承を正当化するという限定された役割をもつ[36]」と指摘をしており、筆者は、これらの説と同じ立場を取る。

また、不改常典が聖武天皇即位を目的とした限定的なものであったということから、天智天皇が実際に定めた特定の法ではないと考える。つまり、元明天皇が即位する段階で、新たに持ち出されたものだということである。

不改常典は元明天皇即位宣命で、文武天皇の即位事情を述べる際に初めて用いられた。もし文武天皇の即位を説明しうる、天智天皇が実際に述べた「天地と共に長く日月と共に遠く不改常典の法」ならば、文武天皇の即位宣命から見えてもよいのであるが、文武天皇の即位宣命は、持統天皇からの譲りを述べるのみである。

このような不改常典仮託説に対しては、「皇位を誰が継承するかということは極めて重大な問題」であり、「理念ないし口伝《くでん》ではない」として一定の成文法が存在することを認める批判的見解がある。(37)官人を前にして即位を宣言するのであるから、実体がないことや、ありもしないことを宣言することはなく、宣命を聞く官人を「納得」させることが必要だということである。

これについては、まず天智天皇の不改常典が実際に存在するのならば、それに明確に対応する記事が『日本書紀』に盛り込まれるのではないだろうか。不改常典に対応する天智天皇の詔の類は『日本書紀』には見えない。周知の通り『日本書紀』は養老四年（七二〇）、元明天皇の時代に編纂された。『日本書紀』の編纂には、神武天皇以降に関しては、『日本書紀』の記事として歴史を編纂することで、それを「事実」として認定する意図があったとされる。(38)実際、天平元年（七二九）八月の光明皇后冊立《さくりつ》に際しては、臣下の出である光明子立后の根拠として、仁徳《にんとく》天皇の皇后磐之媛《いわのひめ》の事例を持ち出している。(39)このような政治的目的を持って編纂された史書に、「不改常典」が現れないのは、やはり天智天皇が明確に定めた法ではないことを示しているのではないだろうか。

それでは天智天皇の不改常典の法とは、官人が共有できない、実体がないものかというと、そうではない。天智天皇の事績は、『日本書紀』では大化改新を初めとして、多く載せられており、八世紀初頭には、天智天皇の存在を律令国家建設の起点とする意識が存在していた。(40)また皇位継承に関する事例として、例えば『日本書紀』天智天皇十年（六七一）十月庚辰条に、天智天皇と大海人《おおあま》皇子の間で、後継者をめぐるやりとりがあったことが見える。

　庚辰、天皇疾病弥留。勅喚二東宮一、引二入臥内一、詔曰、朕疾甚。以二後事一属レ汝、云々。於レ是再拝称レ疾固辞、不レ受曰、請奉二洪業一、付二属大后一。令二大友王一、奉二宣諸政一。臣請願、奉二為天皇一、出家修道。天皇許焉。

これは、病が篤くなった天智天皇が東宮（大海人皇子）に後事を託そうとした際、大海人皇子は「大后《おおきさき》（倭姫《やまとひめの》王《おおきみ》）と大友皇子に委ねるのがよい」といい、天智天皇はそれを認めた。という内容である。つまり、天皇の後事は大后と皇太子（実質上も含む）に託するのがよいということであり、しかも大海人皇子（天武天皇）からの奏請によるものである。さらに北山茂夫氏は、天智天皇十年（六七一）十一月丙辰条にある、大友皇子と五重臣の誓約時の天皇詔と不改常典との関係を説いている。(41)

天智天皇の不改常典の法とは、このような『日本書紀』に載せられた、天智天皇の一連の事績であり、天智天皇によって整えられた秩序を指すのではないだろうか。それが天智天皇の娘である持統天皇や元明天皇、また元正天皇の存在や発言により、「天智天皇の不改常典の法」として、草壁皇子の子孫が皇位を継承する根拠として有効化したのである。「法」が、必ずしも特定の成文法のみを意味しないことは、法制史の立場から三浦周行氏が、「「ノリ」といふ語は命令を意味して居つて、漢字の「法」の字が充てられてゐるけれども、一般に頗る広義に用ゐられて居つて必ずしも法律に限られたものではなかつた」としている。(42)

草壁皇子の嫡子である文武天皇が若くして歿した後、すでに成人している諸皇子を排して、幼い首親王に確実に皇位を伝えること、この目的を実現するために持ち出されたのが天智天皇の存在であり、天智天皇の娘である元明天皇が発言することにより、「法」としての説得力と権威を持って説明されるようになるのである。

聖武天皇の即位によって役割を終えた「不改常典の法」は、その後、桓武天皇の即位宣命以降再び現れる。しかし、桓武天皇以降の「天智天皇が定めた法」と、奈良時代の「天智天皇の不改常典の法」との間には、関晃氏や早川庄八氏が指摘するように、断絶があると考える。ただし桓武天皇以降の「天智天皇が定めた法」を、早川氏のように近江令などの律令法を指すかというと問題もあるので、これに関しては稿を改めて論じたい。

おわりに

本章は、これまでの研究の多くが不改常典を実体を持つ法であるとし、永続性を持つものとして捉えてきたのに対し、いささか過小評価を与えることとなるかもしれない。不改常典研究の原点を振り返ると、そもそも本居宣長が大化改新の諸法令という天智天皇の業績に求め、また岩橋小彌太氏が「不磨の法典」と、大日本帝国憲法を思わせる表現[43]で評したことから、揺るぎない法であると見られるようになった。しかし「不改常典」は奈良時代においても限定された条件のもとで用いられており、一貫した法典や規範とはいい難く、奈良時代前半の皇位継承の論理が、強く反映した「法」であるといえるのである。

（1）不改常典は、元明天皇即位宣命中の表記では「関《かけま》くも威《かしこ》き近江大津宮に御宇しし大倭根子天皇の、天地と共に長く日月と共に遠く改るましじき常の典と立て賜ひ敷き賜へる法」となる。以後各天皇の即位宣命で細かい表現の差違がある。

（2）『続日本紀』天応元年四月癸卯条。

（3）『朝野群載《ちょうやぐんさい》』巻十二　内記《ないき》に宣命の様（書式）があり、「掛畏近江乃大津乃宮仁御宇之天皇乃初賜比定賜倍流法」とある。なお桓武天皇以降の「天智天皇が定めた法」については、早川庄八「天智の初め定めた「法」についての覚え書き」（『天皇と古代国家』講談社、二〇〇〇年所収。初出一九八八年）参照。

（4）藤堂かほる「天智の定めた「法」について――宣命からみた「不改常典」――」（『ヒストリア』一六九、一九九九年）。

（5）長田圭介「「不改常典」考」（『皇學館史學』二三、二〇〇八年）。

（6）関晃「いわゆる不改常典について」（『関晃著作集第四巻　日本古代の国家と社会』吉川弘文館、一九九七年）。
（7）本居宣長『続紀歴朝詔詞解』元明天皇即位宣命の項。
（8）三浦周行『続法制史の研究』（岩波書店、一九二四年）、瀧川政次郎『律令の研究』（刀江書院、一九三一年。一九八八年名著普及会から復刻）。
（9）岩橋小彌太『増補上代史籍の研究　下巻』（吉川弘文館、一九七三年所収。初出一九五一年）。
（10）岩橋前掲註（9）論文四頁に、「皇位は直系の皇統に伝へるといふこと」とある。
（11）岩橋前掲註（9）論文六頁。
（12）岩橋前掲註（9）論文七頁。
（13）井上光貞「古代の皇太子」（『天皇と古代王権』岩波書店、二〇〇〇年所収。初出一九六五年）。
（14）藤堂前掲註（4）論文。藤堂氏は天皇位の嫡系継承と共治体制を規定した法とし、元明天皇即位宣命に見えるもう一つの「不改常典」は、国家統治の法であるとする（三三頁）。
（15）直木孝次郎「天智天皇と皇位継承法」（『人文研究』六―九、一九五五年）、武田佐知子「不改常典について」（『日本歴史』三〇九、一九七四年）。
（16）早川前掲註（3）論文二八一頁。
（17）関前掲註（6）論文三〇六頁。
（18）『続日本紀』慶雲四年六月庚寅条に「天皇御二東楼一。詔召二八省卿及五衛督率等一。告以下依二遺詔一摂二万機一之状上」とある。
（19）『続日本紀』慶雲四年七月壬子条。
（20）藤堂前掲註（4）論文三三頁。藤堂氏はこれを国家統治に関わる法であるとする。
（21）『続日本紀』養老七年十月乙卯条に、白亀献上の記事がある。
（22）藤堂前掲註（4）論文三三頁。
（23）早川前掲註（3）論文二六九頁。ただし「現行の律令法典（具体的には養老律令）に継承され生き続けているという意味で、現行の律令法をも指示する」ともする。

(24)『続日本紀』文武天皇元年八月庚辰条。なお持統天皇の譲位は『日本書紀』持統天皇十一年八月乙丑朔条に「天皇定二策禁中一。禅二天皇位於皇太子一」とあり、これも天智天皇は登場しない。

(25) 桓武天皇即位宣命での光仁天皇は「挂畏現神坐倭根子天皇」(『続日本紀』天応元年四月癸卯条)、諒闇即位の文徳天皇即位宣命での仁明天皇も「掛畏支平安宮尓御宇之倭根子天皇」(『日本文徳天皇実録』嘉祥三年四月甲子条)と表記される。

(26) 藤堂前掲註(4)論文参照。なお藤堂氏には「律令国家の国忌と廃務――八世紀の先帝意識と天智の位置づけ――」(『日本史研究』四三〇、一九九八年)もある。

(27) 本書第一章参照。

(28) これと似た表現として『続日本紀』天平神護二年正月甲子条の、藤原永手を右大臣に任命する宣命の中で、天智天皇に仕えた藤原鎌足および藤原不比等に対して、藤原氏の子孫が天皇に奉仕をすれば、相応の待遇を与えることを約束するという詠があったことが見える。しかし、これは臣下の奉仕に関わることとはいえ、藤原氏に対する言葉であり、皇位とは関係はない。

(29)『続日本紀』天平宝字元年三月戊戌条。

(30)『続日本紀』天平宝字八年十月壬申条。

(31) 義江明子「古代女帝論の過去と現在」(『岩波講座　天皇と王権を考える7　ジェンダーと差別』岩波書店、二〇〇二年所収)三七頁。

(32) 草壁皇子と他の諸皇子との違いは、草壁皇子は天武天皇の皇后にして、天智天皇の娘である持統天皇の子であり、また草壁皇子自身も天智天皇の娘阿閇皇女を妃として、文武天皇を儲けていることである。

(33) 井上光貞氏は、不改常典は孝謙天皇の時代に「廃棄される」とする(井上前掲註(13)論文二一二頁)。

(34) 亀井輝一郎「不改常典の「法」と「食国法」」(『九州史学』九一、一九八八年)一〇頁。

(35) 武田前掲註(15)論文。

(36) 長山泰孝「不改常典の再検討」(『古代国家と王権』吉川弘文館、一九九二年所収。初出一九八五年)二一五頁。

(37) 関前掲註(6)論文三〇〇頁。

(38) 榎村寛之「八世紀の王権と神話」(宮城学院女子大学『キリスト教文化研究所研究年報』三七、二〇〇四年) 五三頁など。

(39) 『続日本紀』天平元年八月壬午条。

(40) 藤堂前掲註(4)論文参照。

(41) 北山茂夫「壬申の亂」付載「若干の追記」(『日本古代政治史の研究』岩波書店、一九五九年) 一一三頁。

(42) 三浦周行「法制史の研究補遺　一法制史」(『日本史の研究　新輯一』岩波書店、一九八二年所収。初出一九三〇年) 参照。

(43) 大日本帝国憲法発布の勅語には「現在及将来ノ臣民ニ対シ此ノ不磨ノ大典ヲ宣布ス」とある (勅語本文は、編集代表我妻栄『旧法令集』有斐閣、一九六八年による)。

第二部　奈良時代の太上天皇

第三章　八世紀太上天皇の存在意義

はじめに

日本古代の天皇制研究に関して、近年太上天皇の位置づけをめぐる論考が多く見られる。序章で述べたように、退位した君主としての太上天皇の存在を規定したことは日本の律令の特色であり[1]、唐制には見られない[2]。太上天皇規定を最初に導入したのは八世紀初頭の大宝律令《たいほうりつりょう》制定に際してである。ここで唐令《とうれい》の継受にとどまらず、敢えて太上天皇の存在を明文化した背景や意図、そして太上天皇に期待された役割（存在意義）を考察することは、古代天皇制の特質を考察することでもある。

　古代の太上天皇の位置づけに対する評価は、一般に「概ね天皇に準ずる」地位とされている[3]。そして岸俊男氏が、元明太上天皇の崩御に際して、初めて三関《さんげん》を封鎖する固関が行われたことから、太上天皇は譲位後も政界への影響力や権力が強かったと論じたのをはじめとして[4]、多くの論考がある。主なものとしては、最初の太上天皇制に関する専論であり、「権力」と「権能」の差異に着目して太上天皇の存在を制度的に研究する基礎を築いた春名宏昭氏[5]、太上天皇の存在を律令国家にとっての「矛盾」と捉えるとともに太上天皇の天皇的な行為の淵源を、律令法ではなく「前天皇であったこと」に求める筧敏生氏[6]、太上天皇は律令上において、身位は天皇に準ずるものであるが、何らかの権能を保障されたものではないと指摘し、さらに『令集解』古記に太上天皇に関する記述が全く無いことから「大宝令」における太上天皇規定の存在を疑問視した齋藤融氏[7]、太上天皇は天皇と同等の政治権力を譲位後も留保していたが、春名氏とは違って「単に天皇大権を掌握する人格を天皇以外にもう一人作り出すことではない」とし、太上天皇と天皇は「権威と権力」の相互補完の関係にあるとした仁藤敦史氏[8]などである。このうち、現在は春名氏の説くように太上天皇は天皇大権を行使するもう一つの存在であるとする位置づけが通説化している。しかし、はたしてそのようにいえるであろうか。

第一節　春名説に対する疑問

春名氏は唐制の分析から始め、さらに律令条文及び六国史《りっこくし》に見える実例から、日本の太上天皇制について論じている。すなわち、唐においては退位した皇帝には臨時に置かれる「太上皇」と「太上皇帝」の二種類があり、「太上皇帝」の場合に皇帝としての大権を行使できることを明らかにし[9]、一方において日本では恒常的な存在が想定される「太上天皇」のみがあり、その太上天皇は天皇大権を掌握する人格であったとした。そして、こうした太上天皇のあり方は平城太上天皇の変（薬子の変）と、その後の嵯峨《さが》太上天皇期の天皇からの太上天皇号付与の動きによって終焉を迎えたと位置づけた[10]。

春名氏は「天皇大権」に着目し、太上天皇が天皇大権を行使する根拠を律令法に求めている。しかし律令条文と『続日本紀』等に見える実例を分析していくと疑問とするところが大きい。また春名氏は、中国の「太上皇帝」は詔勅によって個々に権能が与えられているにもかかわらず[11]、そのようなあり方を日本の「太上天皇」にそのまま敷延しているのである。日本の場合も史料上において「太上天皇」と表記する場合と「太上皇」と表記する場合があるが、両者は中国の場合のように意識的に使い分けられてはいない[12]。従って、「太上天皇」であるからといって必ずしも中国の「太上皇帝」と同様ではないのである。春名氏は「天皇大権」の行使の過程も、この前提の上に考察しており、さらに淳仁天皇期における孝謙太上天皇の行動を、「太上天皇と天皇が相並んで御」したことなどから太上天皇の天皇大権行使の実例としている。(13)しかし孝謙太上天皇の場合は、第四章で論ずるように、その地位に特殊性があるので、太上天皇一般の行動とみなすことはできない。さらには仲麻呂の乱の時点で、駅鈴《えきれい》と内印《ないいん》（天皇御璽《てんのうぎょじ》）が淳仁天皇側にあったことも考える必要があろう。(14)

もう一つ、春名氏は太上天皇の存在意義を、律令国家体制の安定のための天皇在位空白期間の回避と、官僚機構を超越した政策決定を行うために天皇の政務を補うことに求める。(15)ここで春名氏は、律令制成立期における政務案件処理のために、重要な儀式もしくは政策決定は太上天皇と天皇が相並んで行うとしている。しかし、本章で検討するように太上天皇の政務関与は、天皇への助言もしくは特別な場合に限られ、法的に同格とはいい難い。また、儀式に天皇と共に参列したことだけで、大権を掌握しているとはいえないであろう。従って、別の意義が求められる。

そもそも律令制において、行政機構を通じて天皇大権を行使する存在を複数規定することには、違和感を感じる。日本の律令制定に際して唐制を参考とした一方で、この太上天皇規定のように、独自の規定もまた存在する。これまでは、日本が大宝律令制定に際して太上天皇規定を導入したことについて、なぜなのかという視点が欠けていた。いうなれば、その後の日本において、天皇が譲位することが幕末まで常態であったことに引きずられて、天皇が譲位するということと太上天皇が存在するということを、自明のこととしていたのである。

天皇と太上天皇が同時に存在することには、例えば吉田孝氏の、王権が分裂する「未開社会によくみられる王権のありかた」という評価もある。(16)しかし、「未開」から脱却しようとして制定した律令条文に、太上天皇の地位を規定したことの意味は考えてみなければならない。しかも、大王・天皇が譲位することはヤマト王権の古くからの慣習ではなく、乙巳《いっし》の変に際して皇極天皇が譲位したことに始まるのであって、日本の律令編纂に大化前代からの古くからの慣習が反映されたこととも結びつかないのである。

本章では、太上天皇の権能は基本的に筧氏が指摘するように、太上天皇が「前天皇」であったことに求められるとし、仁藤氏や齋藤氏のように、太上天皇の行為の根拠を皇祖母尊や、皇太后であることには求めない。また天皇とは同等の存在ではなかったと考え、その点は各氏に近い立場を採る。しかし各氏とも、法的には同等ではないとしながらも、太上天皇の「口勅」の問題などから、叙位の場などにおいて天皇と同等の権能を行使していたとしている。また太上天皇の存在がなぜ導入されたかという視点がはっきりと示されていない。

本章は太上天皇が天皇と同等ではないという論をさらに進めて、叙位や任官などにおいても太上天皇はその権能を有していなかったことを明らかにする。さらにそこから太上天皇の位置づけを明らかにし、八世紀から九世紀にかけての天皇の性格の変化と連関を持たせて、太上天皇の存在意義について考察する。

日本の天皇に限らず、君主がいかにして、自らの正当性を構築するかという視点を持つことは、その王権の構造を分析する一つの手段である。太上天皇の位置づけを見ていくことは、八世紀段階において、天皇がどのようにして正当性を形成しようとしていったのかという過程の一側面をたどることにもなる。

なお、「天皇」号の成立については推古期成立説、天武期成立説がある[17]。いずれにせよ七世紀のある段階に至って、「天皇」号が使用され始めたことになるが、本章においては、七世紀以前の場合であっても、「大王」ではなく通例の「天皇」号表記とする。

第二節　太上天皇の行動の実例とその役割

まず、本章では『続日本紀』（本章では以下特記しない限り史料は『続日本紀』による）を始めとする八世紀の諸史料の中で、太上天皇がどのような行動をとったかを見ることによって、太上天皇が何を期待された存在であったかということを考察する。太上天皇は律令条文上からは積極的な役割が見えてはこないが、無論、無意味な存在ではない。しかし天皇と同格の存在としての役割を期待されたものでもない。以下実例の分析から、八世紀段階において太上天皇に期待された存在意義を考察していきたい。

（一）叙位・任官の場における太上天皇――持統・元正・孝謙の場合――

『続日本紀』中では太上天皇が天皇大権に属する叙位・任官に関与している事例がある。しかし、これらの例をもってすぐに太上天皇も天皇大権を掌握する存在であって(18)、自らの意思によって叙位・任官ができたといえるのであろうか。史料上、叙位・任官に関与したことが明白な太上天皇は持統・元正・孝謙の三太上天皇である(19)。以下これらの事例の分析を行う。

まず行幸先での叙位である(20)。この事例としては、大宝二年（七〇二）の持統太上天皇と、天平十六年（七四四）の元正太上天皇の場合がある。持統太上天皇が叙位を行ったのは、大宝二年十月から十一月の東国行幸の際であり、大宝二年十月甲辰（十日）条に「太上天皇幸二参河国一。令下諸国無上出二今年田租一」とあるように参河国《みかわのくに》方面への行幸であった。そして、この行幸は十一月丙子（十三日）～戊午（二十五日）条に、

十一月丙子、行至二尾張国一。尾治連若子麻呂・牛麻呂賜二姓宿禰一。国守従五位下多治比真人水守封一十戸。庚辰、行至二美濃国一。授二不破郡大領宮勝木実外従五位下一。国守従五位上石河朝臣子老封一十戸。乙酉、行至二伊勢国一。守従五位上佐伯宿禰石湯賜二封一十戸一。丁亥、至二伊賀国一。行所二経過一尾張・美濃・伊勢・伊賀等国郡司及百姓、叙レ位賜レ禄各有レ差。戊子、車駕至レ自二参河一。免二従レ駕騎士調一。

とあるように、尾張、美濃、伊勢、伊賀へと至るものであった。このとき、持統太上天皇は所々で賜姓《しせい》・賜封《しふう》・叙位《じょい》・賜禄《しろく》を行っている。

また元正太上天皇の場合は、天平十六年二月に聖武天皇が難波宮《なにわのみや》から紫香楽宮《しがらきのみや》に移動した際、左大臣橘諸兄《たちばなのもろえ》とともに難波宮に留まり、十一月までの約十か月間天皇と居所を異にしていた。このときの元正太上天皇の行動と遷都の問題に関しては後述するが、十月になって、和泉国を巡幸して叙位を行っている。天平十六年十月庚子（十一日）条〜壬寅（十三日）条に、

庚子、太上天皇行二幸珎努及竹原井離宮一。辛丑、賜二郡司十四人爵一級一。高年一人六級、三人九級。行所レ経大鳥・和泉・日根三郡百姓年八十以上男女穀、人有レ差。壬寅、太上天皇還二難波宮一。

とあり、郡司《ぐんじ》以下に叙位を行っている。

この持統と元正の両太上天皇の例では、太上天皇が単独で叙位を行っているように見えるが、問題はそれだけのことではない。叙位は、基本的に位記《いき》による文書化が必要であり、内印《ないいん》または外印《げいん》が押された位記の発給によって有効となるものであった。これは太上天皇が行幸先で行った叙位に関しても同じであろう。

位記に関する規定は、公式令《くしきりょう》に勅授・奏授・判授の位記式が定められており、さらに「公式令」天子神璽条には、五位以上の位記には内印を、六位以下の位記には外印をそれぞれ押印することが定められている(21)。ただし、これは養老令の条文であり、今問題としている大宝二年はもちろん大宝令制下である。大宝令条文の復元では、天子神璽条には位記への押印規定が無かったとされるが、鎌田元一氏は勅授位記式条に内印の押印規定が存在し、六位以下の位記にも外印を押印する規定が存在していたと推定している(22)。また、諸国や諸司への印の頒下は大宝律令施行後しばらく遅れるが、内印と外印は大宝律令施行に際して鋳造されたことも指摘している(23)。従って、このときも叙位の手続きとして位記が発給されたと見てよい。

このときの持統太上天皇の行幸は、周到な準備のもとに行われたもので(24)、九月には予定先の諸国に行宮《あんぐう》を造営させ、出発に先立って諸神鎮祭を行った上での行幸である。またこの行幸は大宝律令の頒下とも関係するとも考

えられている。(25)このときの持統太上天皇の行幸は賜姓と賜封も行うなど、天皇と同様の行動をとっているようにも見えるが、こうした行幸の性格を考えると、郡司以下への叙位などもその場の思いつきではなく予め準備されたものであったと考えられ、持統太上天皇独自の行動であったのではない。

仁藤氏はこの持統太上天皇の行動に関して、国家的権威としての口勅による叙位などから「天皇と同等の政治権力を上皇が譲位後も留保していたことの証拠となる」としながらも、(26)行幸に際しての叙位や賜禄などの恩恵付与に関しては、位記や禄物などの事前の準備が行われていたことから、この場合は持統太上天皇の「突発的な行為」、「大王の恣意」とは異なるとしている。(27)大宝二年の持統太上天皇の行幸先であった尾張、美濃、伊勢、伊賀は、壬申の乱に際して多くの豪族たちが協力した国々であった。(28)この場合は、齋藤氏が指摘するように天皇の承認を経た命令の実現であり、(29)さらには律令施行時の天皇である文武天皇からの恩恵と行幸の奉仕への褒賞を、壬申の乱に直接関係した持統太上天皇その人が行うことが、律令制下における天皇の正当性を在地有力者層に示すことになるのである。

なお、ここで持統太上天皇は叙位だけではなく、賜封も行っている。このときの賜封は、尾張・美濃・伊勢の国司に対して十戸《こ》である。封十戸とはいかにも少ないようにも感じられるが、すでに五位の位を有している国守に対して、それ以上の位階を叙する代わりの措置であったと思われる。(30)

続いて元正太上天皇の場合は、左大臣だけではなく内記《ないき》も元正太上天皇側に従っており、(31)太政官が分かれて天皇と太上天皇の双方に奉仕していた。しかし、この場合も外印押印と位記発給による追認（このときの叙位の対象者は六位以下）が必要である。このとき内印は聖武天皇とともに紫香楽宮にあり、(32)実際の政務は紫香楽宮で行われていた（巡察使《じゅんさつし》派遣や造兵《ぞうひょう》・鍛冶《たんや》二司の廃止など）。このような場合、外印も紫香楽宮の太政官にあり、政務に用いられていたとみるべきである。(33)従って、この場合も太上天皇単独の叙位ではない。仁藤氏は、これらの事例から叙位を太上天皇固有の権限とし、位記などが不充分であっても太上天皇の人格的権威によって可能であるとする。(34) しかし太上天皇と官人との間に奉仕関係が存在することと、太上天皇の意思が叙位などの国家意思化することが可能であるかは、分けて考えるべきである。

ここまでは、行幸先での問題を扱ったが、天皇と同席の場合はどうであろうか。この事例として、元正太上天皇のもう一つの場合と、孝謙太上天皇の場合がある。まず、天平十五年（七四三）五月癸卯（五日）条では、恭仁《くにの》宮《みや》内裏で宴が催された際、元正太上天皇は皇太子阿倍内親王の舞の奉納を受け、それに答えて聖武天皇に叙位を勧めている。この日の行事の内容は後段でも触れるので、まず一連の流れを整理しておきたい。

①内裏で群臣と宴を開き、そこで皇太子阿倍内親王が五節舞《ごせちのまい》を舞った。

②右大臣橘諸兄が聖武天皇の詔を元正太上天皇に奏した。その内容は、「五節舞は、天武天皇が天下を治めるためには礼と楽が必要であると考えて制定したものである。この舞を絶やさずに代々伝えていこうと、皇太子である阿倍内親王に習わせたので、太上天皇に舞を奉納したい」というものであった（宣命第九詔）。

③元正太上天皇は、聖武天皇の詔に対して次のように「報詔」した。「天武天皇が定めた国の宝である舞を皇太子が舞うのを見ると、天下の法が絶えることなく行われるのがわかる。また、今日のこの舞は遊びのものではなく、君臣祖子の理を教え導くものである。そこで、この君臣祖子の理を忘れないために、叙位をしてほしい」（宣命第十詔）。そして、さらに和歌を三首詠んだ。

④橘諸兄が聖武天皇の詔を宣した。それは「今日の五節舞奉納にあたって、代々天皇に仕えてきた皇族、臣下に叙位を行う。君臣祖子の理を忘れずに今後も代々の天皇に仕えるように。また、皇太子宮の官人にも叙位を行う」というものであった（宣命第十一詔）。

⑤この詔を承けて、正二位橘諸兄が従一位になったのを最高に、四十七人が五位以上に叙された。

⑥また、右大臣橘諸兄を左大臣とするなど議政官《ぎせいかん》五人の任官を行った。

この日の舞の奉納の意義は後述するが、皇太子の舞の奉納を嘉納した元正太上天皇は、この機会にと聖武天皇に対して「一二人」（ひとりふたり）に叙位をするようにと奏上し（宣命第十詔）、橘諸兄が従一位になったのを最高に、四十七人が五位以上に叙されている。この内裏の宴での主役は元正太上天皇であったと見てよい。草壁皇統の最後の継承者であり、女性皇太子ということで一部に反対もあった皇太子の舞の奉納を元正太上天皇が嘉納することを、群臣の前に示すことに目的があった。このような元正太上天皇の役割を考えると、元正太上天皇が叙位を行う方がより恩恵を示せるはずである。とりわけ、この日臣下で初めて生前に従一位に叙された橘諸兄は、直木孝次郎氏によれば元正太上天皇と個人的にも親しかったとされる(35)。にもかかわらず、元正太上天皇は聖武天皇に叙位を勧めている。つまり、叙位を行う主体はあくまでも天皇であったのである。もちろん、こうした場での太上天皇の意向を天皇が拒否するとは考えられないので、太上天皇の影響力の強さを強調することもできる。しかし制度上は、太上天皇は本来叙位の権能を持っていなかったのである。

次の事例として、孝謙太上天皇の「口勅」による藤原仲麻呂《なかまろ》の大師任官に触れてみたい。天平宝字四年（七六〇）正月丙寅条に、

高野天皇及帝御二内安殿一、授二大保従二位藤原恵美朝臣押勝従一位一。（中略）事畢、高野天皇口勅曰「（前略）今此藤原恵美朝臣能大保乎大師乃官仁仕奉止授賜夫天皇御命、衆聞食宣。」

とある。ここで孝謙太上天皇（高野天皇）と淳仁天皇（帝）が内安殿に御し、藤原仲麻呂を従一位に叙し、さらに大師を授けている。臣下で従一位に叙されたのは先の橘諸兄に次いで二例目であり、生前に大師（太政大臣）となったのは仲麻呂が最初である。その手続きは孝謙太上天皇が「口勅」によって不比等以来の藤原氏の功績を述べ、その上で仲麻呂に大師を授けるというものであった（宣命第二十六詔）。これは明らかに孝謙太上天皇が主体

の任官である。しかし、ここは孝謙太上天皇が、淳仁天皇との同席の場で任官を行っていることに着目するべきであり、元正太上天皇と聖武天皇のときと同様に太上天皇の単独行為ではない（仲麻呂の大師任官に関しては、第六章参照）。

第五章で指摘するように、孝謙太上天皇は、草壁皇統の最後の継承者としての権威を有し、「皇帝」の尊号を臣下から奉献された存在であった。孝謙太上天皇の行動の根拠はこの皇帝尊号に求められる。仲麻呂を、臣下としては初めて生前に大師（太政大臣）とするにあたっては、藤原氏と血縁関係が深く、草壁皇統の最後の継承者たる孝謙太上天皇の「権威」が必要であった(36)。しかし、それは太上天皇としての権能ではない。孝謙太上天皇が単独では叙位任官を行えなかったことは木本好信氏もこの時期の人事の点から示唆しており(37)、また天平宝字六年（七六二）の大事小事分離の宣命の後も、大師藤原仲麻呂への対抗として、藤原豊成《とよなり》を右大臣に復任させるような措置がとれなかったことからもいえる(38)。

（二）太上天皇の意思の伝達と影響力――元正太上天皇の場合――

本書では、太上天皇が権能として天皇大権を掌握するものでないとの立場にあるが、それは即太上天皇が何も影響力がない無力な存在であるとするものではない。太上天皇は天皇経験者として天皇に影響を及ぼす場合があった。本項では太上天皇のこうした意思伝達の様子を考察する。

太上天皇の意思は『続日本紀』では「詔」として表記されることが多いが、それが公式令に定められた書式によるものではないことは記事を読むと明らかであり、「詔」といってもあくまでも太上天皇の意思を示したものと捉えるべきである(39)。また、太上天皇の意思はしばしば太政官を通して伝えられることがあった。これは本来の太上天皇が、例えば後の院司や皇太子の東宮坊のような独自の機関を持たなかったからであり、また内裏の一画に居住していたことに因ると思われる(40)。元明太上天皇の場合、国政に関することではなく、天皇大権の発動というようなものでもないものの、養老五年（七二一）十月丁亥条に「太上天皇召㆓入右大臣従二位長屋王、参議藤原房前《ふささき》㆒、詔曰、（後略）」とあり、議政官である右大臣長屋王と参議藤原房前の二人が呼ばれて、葬儀のことや歿後の政務のことなどの遺言を託されている。春名氏が指摘するように、太上天皇の意思は太政官を通すことによって実現したようである(41)。

また、天皇に対して太上天皇がどのように関わったかを窺わせる例として、天平元年（七二九）八月癸亥条の、天平改元の宣命（第六詔）がある。ここで聖武天皇は元正太上天皇に対して、

我皇太上天皇大前尓恐古士物進退匍匐廻保理白賜比受被㆑賜久者、「卿等乃問来政乎者、加久耶答賜、加久耶答賜」止白賜、「官尓耶治賜」止白賜倍婆、教賜於毛夫気賜答賜宣賜随尓、此乃食国天下之政乎行賜敷賜乍供奉

というように、敬意を表しつつ、政務に関する意見を聞いていると述べている。特に「教賜於毛夫気賜答賜宣賜随尓（教え導き、答え伝える通りに）、此乃食国天下之政乎行賜敷賜乍供奉」る状況は太上天皇の影響力の強さを窺わせるのに充分である。齋藤氏もこれを太上天皇の意思が政治に反映される様相であるとする(42)。

しかし、この状況をもって即太上天皇が天皇大権を行使しているといえるであろうか。確かに聖武天皇は太上天皇に意見を求め、それに従いつつ政治を行うと述べている。ただ、その前の文を見ると「皇朕御世当而者、皇止坐朕母、聞持流事乏久、見持留行少美、朕臣為供奉人等母、一二乎漏落事母在牟加止、辱美愧美所思坐而」とある。これは聖武天皇が経験不足から不完全になりがちな政務に関して元正太上天皇に助言を仰いでいるということであり、若い天皇が、年長者で天皇経験者である太上天皇に意見を求めているという内容なのである。つまり、聖武のことを「吾子《わがこ》美麻斯《みまし》王《おおきみ》」と呼んで（神亀元年二月甲午条宣命第五詔）、擬製的親子関係となって後見をする元正太上天皇と、その下で実際に政務を執る聖武天皇という構図で理解するべきである。

さらに、この天平改元宣命の半年前には長屋王の変が発生している。元正太上天皇は、吉備内親王を通じて長屋王とも関係が深い存在であり、その後も前述のように橘諸兄とも近い関係にあるなど、皇親寄りの立場である。この宣命の中で聖武天皇がことさらに元正太上天皇を尊重しているのも、天平改元、そして光明立后に向けて、元正太上天皇の存在を意識したことによるのであろう。

元正太上天皇の意思が聖武天皇にとって絶対的ではなかったことは、聖武天皇の即位二十年後の天平十六年の事例に顕著である。天平十六年二月戊午（二十四日）と庚申（二十六日）条には、

戊午、取二三嶋路一、行二幸紫香楽宮一。太上天皇及左大臣橘宿禰諸兄、留二在難波宮一焉。

庚申、左大臣宣レ勅云、今以二難波宮一定為二皇都一。宜下知二此状一、京戸百姓任レ意往来上。

とある。これは慌ただしい難波宮滞在の後に紫香楽宮行きを希望した聖武天皇に対して、元正太上天皇は行動をともにせず、左大臣橘諸兄を通して難波宮を「皇都」とすることを宣した記事である[43]。この一連の出来事には、元正太上天皇―橘諸兄の皇親派と、聖武天皇を支える光明皇后―藤原氏の対立が背景にあるとする直木孝次郎氏の見解があり[44]、さらに筧敏生氏はこの時の聖武天皇と元正太上天皇の分離によって発生した半年間の混乱に関して、天皇と太上天皇の分離は太政官の分離をもたらし、国政審議が充分に機能しないと指摘している[45]。この時期の状況を『続日本紀』から見てみると、この半年間は確かに大きな事項は決められておらず、基本的に筧氏の指摘は首肯できる。

しかし、前述したように元正太上天皇は叙位を行っているとはいえ、政務に直接関与した形跡がないのに対し、聖武天皇側には巡察使派遣など政務に関与する内容が見られる[46]。直木氏が指摘するように、太上天皇側は紫香楽宮で行っていることに対抗するかのように、難波宮において同様の行事を行っている[47]。ただ実際は、太上天皇が天皇と分かれて独自の行動をとれる時においても、太上天皇の行動には限界があったのである。

さらに、この時期に遷都問題という形で、太上天皇の意思が表面化した背景として「左大臣宣レ勅云」とあるように、左大臣橘諸兄が勅を奉って弁官《べんかん》に宣して太政官符《だいじょうかんぷ》を作成させる、「奉勅上宣《ほうちょくじょうせん》」の形をとった可能性が指摘されている(48)。遷都問題という重要な局面で太上天皇が表面に出てきたことは事実であるが、それは奉勅上宣という令制が想定していない意思伝達方式の存在、そして橘諸兄に代表される分離した太政官の奉仕の形態があってのことである。

これらの事例を見ると、太上天皇の意思は基本的には太政官を通して実現している。天皇と分かれた際には太政官は天皇側と太上天皇側に分かれて奉仕し、奉勅上宣のような「公式令」に拠らない経路によって意思が現れることはあった。しかし、その他の場面では、聖武天皇に対して、年長者・天皇経験者として意見を示すというようなことはあっても、あるいは例えば天平十九年（七四七）五月庚辰（五日）条に見られる、五月五日の節会《せちえ》には菖蒲縵を着用するようにと勅を発したように(49)、儀礼面の整備に影響力があったとしても、単独で大権行使をするような存在ではなかったのである。

なお、太上天皇の意思伝達の問題では、孝謙太上天皇が、淳仁天皇との対立から「国家大事小事」の分離宣言を発し、さらに太政官（乾政官《けんせいかん》）を通じて紀寺《きでら》の奴婢の放賤従良問題に関与した例がある。この事例も太上天皇の本来の権能の強さを物語る好例として説明されてきたが、前述のように孝謙太上天皇のこうした一連の行動は単に彼女が太上天皇であったからというのではなく、本書で指摘するように孝謙太上天皇が八世紀の皇位継承の基調である草壁皇統の最後の継承者とみなされ、皇帝尊号を奉献された高い権威を背景にした特殊な事例であり、太上天皇一般の行動とすることはできない(50)。

第三節　皇統の正当性の根拠としての太上天皇

これまで見てきたように太上天皇は天皇大権を独自に行使できる存在ではなく、政務への直接関与は想定されていなかった。従来の諸説は、助言などの影響力を行使することと、天皇と同等の大権を持つことを区別していなかったが、両者を同質のものとすることはできない。そして、元正太上天皇や第五章で論ずる孝謙太上天皇の例に見るように、太上天皇が政務に直接関与することは、寛氏が指摘するような政治的混乱をもたらした。ではそもそも、大宝律令制定にあたって太上天皇の存在を規定したことにはどのような意義があったのであろうか。

太上天皇の地位は大宝律令制定によって法制度化されたが[51]、譲位した天皇（大王）の存在は、大宝律令の制定とともに突如出現したのではない。それ以前に「皇祖母尊《すめみおやのみこと》」皇極と[52]、大宝律令によって追認されるべき持統が、譲位した大王・天皇として存在していた。岡田精司氏と吉村武彦氏が明らかにしているように[53]、大化以前の王位継承の過程は、前王の死を受けて新大王が即位するものであり、また大王家側の意思だけでは後継者を決定することができず、群臣の意思が新王決定に大きく作用していた。一方大化改新に際しての、皇極天皇から孝徳天皇への譲位による王位継承は、『日本書紀』孝徳天皇即位前紀に、

天豊財重日足姫天皇、授㆓璽綬㆒禅㆑位。策曰、咨、爾軽皇子、云々。軽皇子、再三固辞。（中略）軽皇子、不㆑得㆓固辞㆒、升㆑壇即祚。

とあるように、天豊財重日足姫天皇（皇極天皇）が、宝器（璽綬《じじゅ》）を直接渡す形で、孝徳天皇を後継者として指名している（授璽綬禅位）。これは王位継承を王家側の意思で決定した点で画期的であった[54]。ただし、これは周知の通り群臣の間隙を突いた形で行われ、法制度化も、恒常化もなされず、あくまでも臨時的なものであった。事実、天智天皇は弟である大海人皇子に代えて、長子の大友皇子の即位を望みながら、譲位はせずに太政大臣に任命す

るにとどまっている。

天智天皇は、それまでの王位継承の形態であった、兄弟間継承と世代間継承の複合形態から、直系継承への移行を試みた。(55) 天智天皇の試みは、壬申の乱による天武天皇即位の結果、失敗に終わったが、結局は天武天皇の皇后である持統天皇のもとで直系継承が指向されることとなる。

持統天皇は、実子草壁皇子への皇位継承を強く望み、草壁皇子の急逝後は自らが即位することで他の天武諸皇子の即位の可能性を妨げて、皇位を草壁皇子の遺児軽皇子（文武天皇）に伝えた。奈良時代の皇位継承には、天武天皇の子孫というよりは草壁皇子の直系という論理が強く働いている。(56) 草壁皇子とは、天武天皇と、天智天皇の娘である持統天皇の間に生まれた皇子であり、彼が即位しないまま早世した後、皇位は草壁の遺児文武、元明と元正を挟んで文武の子の聖武、そして独身の孝謙天皇へと受け継がれた。孝謙天皇は、自らが草壁皇子の最後の後継者であることを強く意識している。(57) このような直系継承の嚆矢となったのが軽皇子の即位であった。

これは持統天皇の意向が強く働いて成立した。そしてこの論理の実現の第一歩として、当時としては異例の十五歳の皇子の即位を、(58) 持統天皇は自らの生前譲位という方法で実現した。しかもそれは非常手段に訴えることなく、少なくとも正史による限りは平穏の内に行われた。こうして、皇位継承は直系継承と天皇の意思による後継者の決定を可能とした。これはそれまでの群臣推挙による王位継承とは全く異なるものであり、また群臣推挙による王位継承の手続きは、すでに持統天皇の即位の時点から薄れていた。これにはどのような背景があったのであろうか。

前述のように、七世紀の半ばを過ぎても王位継承は、まだ天皇（大王）の意思のみでは行えなかった。それが壬申の乱を経て、その後の天武天皇期に進んだ天皇の神格化と専制化によって、(59) 天皇が強い主導権を持つことが可能となった。さらに、群臣からの宝器献上という即位儀の重要な要素は、持統天皇の即位以来忌部《いんべ》氏が献上するという形で固定化され[60]、それが「神祇令《じんぎりょう》」に規定されて儀式化していくことで[61]、次期天皇決定過程における群臣の関与と影響力は排除されていった。こうした天武～持統期の一連の状況が、持統天皇の譲位、すなわち前天皇の指名による直系新天皇の即位という天皇主導の王位継承の既成事実を作り上げることを可能としたのである。そして持統天皇から皇位を譲られた文武天皇以降、八世紀の天皇のあり方の特徴とされる「皇孫思想」が登場するようになる[62]。ここで、前天皇から連綿と続いた皇統を譲られたということが新天皇の正当性の根拠とされたのである。文武天皇元年（六九七）八月庚辰条には、文武天皇の即位宣命が載せられている（宣命第一詔）。

現御神止大八嶋国所知天皇大命止良麻詔大命乎、集侍皇子等・王等・百官人等、天下公民、諸聞食止詔。高天原尓事始而、遠天皇祖御世・中・今至麻弖尓、天皇御子之阿礼坐牟弥継々尓、大八嶋国将知次止、天都神乃御子随母、天坐神之依之奉之随、此天津日嗣高御座之業止、現御神止大八嶋国所知倭根子天皇命、授賜比負賜布貴支高支広支厚支大命乎受賜利恐坐弖、此乃食国天下乎調賜比平賜比、天下乃公民乎恵賜比撫賜牟止奈母、随レ神所思行佐久止詔天皇大命乎、諸聞食止詔。（後略）

ここでは、文武天皇が、高天原以来今に至るまで「弥継々《いやつぎつぎ》」に大八嶋国《おおやしまぐに》を統治してきた代々の天皇の継承者であり、その系譜に連なる持統天皇からの「大命」を承けて、天下を治めるという論理が述べられている。繰り返しになるが、このような王位継承の形態は七世紀までのヤマト王権においては一般的ではなかった。

『懐風藻《かいふうそう》』所収の葛野王《かどの》の伝記には、天武天皇の最年長の皇子である高市《たけち》皇子の歿後、持統天皇が群臣を集めて「謀レ立二日嗣一」した際に後継者をめぐって議論が紛糾したが、葛野王が「我国家為レ法也。神代以来。子孫相承。以襲二天位一。若兄弟相及。則乱従レ此興。仰論二天心一。誰能敢測。然以二人事一推レ之。聖嗣自然定矣。此外誰敢間然乎」と直系継承を主張し、持統天皇が「嘉二其一言定一レ国」したとある。葛野王が主張した「子孫継承」という原則は、実際は「神代以来」のものではない。むしろ、持統が直系継承を望んでいることを前提とした発言であろう。他の諸皇子の発言からは、この時期も決して直系継承を容認する動きばかりではなかったことがわかる。こうした現実があるからこそ持統天皇は生前譲位という手段によって、軽皇子に確実に皇位を伝えようとしたのである。ここで次期天皇の即位を確実なものとするために、譲位という方式がとられた。この前天皇持統の存在を法制度化したのが、大宝律令における太上天皇の規定である(63)。

従来から太上天皇の存在には皇位継承の安定を期する意味があったことは指摘されてきたが、単に皇位継承の安定を目指したのではなく、譲位によって草壁直系の継承を保護し、確実にすることに目的があったのである。そこに大宝律令に規定された意義を見出すべきである。

さらに律令に規定された太上天皇は、譲位後も皇位の正当性の保証に関与する。というのも太上天皇は譲位した後も前天皇として、自らが譲位した新天皇、またその天皇の次に即位すべき継承者の正当性を保証し、権威づける存在として扱われていた。自らが譲位した在位中の天皇に対しては、例えば持統天皇が文武天皇と「並び坐して」天下を治めた（慶雲四年七月壬子条、宣命第三詔）とされるような、若い天皇を年長者（祖母）である持統天皇が後見した場合や、前述の天平元年八月癸亥条の宣命第六詔に述べられているような、聖武天皇が叔母元正太上天皇に敬意を表しつつ、政務に関する意見を伺うという場合のように、天皇経験者・年長者として、新天皇の政務を支え、助言を与えるということが求められた。

そして、次代の継承予定者に対して、太上天皇が貴族層の前でその存在を承認することも、大きな意味を持っていた。この例として、天平十五年五月癸卯条の元正太上天皇が皇太子阿倍内親王の五節舞を受け入れた場合がある。この日の一連の流れは、本章第二節で整理してあり、この日の行事では、元正太上天皇が皇太子の舞の奉納を嘉納することが最大の目的となっている。

この時の聖武天皇の宣命（第九詔）には「天武天皇が定めた礼楽の象徴・君臣祖子の秩序を表した舞を、絶えることなく弥継に行うために、皇太子に学ばせた」とある。つまり皇太子の五節舞に込められた意味は、天武天皇が定めた舞を皇太子が継承していることを述べて、皇太子が天武天皇以来の皇統の継承者であることを強調し、かつ君臣祖子の秩序の象徴という意味を持たせることによって、皇位継承に対する群臣の批判を抑えるところにあったのである。この五節舞を皇太子が舞い、太上天皇が受け入れるということは、大平聡氏や服藤早苗氏が指摘しているように[64]、貴族層から全面承認されていない女性皇太子の存在を、元正太上天皇が公の場で承認するという意義があった。すなわち、皇太子が舞う五節舞は、聖武天皇～橘諸兄を通して元正太上天皇に奉納され、太上天皇がそれを受け入れるということで、天皇ではなく太上天皇が皇統継承者を承認するセレモニーとなるのである。女性皇太子阿倍内親王が全貴族層から承認されたものではなかったということは、しばしば引用される記事ではあるが天平宝字元年（七五七）七月庚戌条に見える佐伯全成《さえきのまたなり》の言葉に、

去天平十七年、先帝陛下行㆓幸難波㆒、寝膳乖㆑宜。于㆑時、奈良麻呂謂㆓全成㆒曰、陛下枕席不㆑安、殆至㆓大漸㆒。然猶無㆑立㆓皇嗣㆒。恐有㆑変乎。願率㆓多治比国人・多治比犢養・小野東人㆒、立㆓黄文㆒而為㆑君、以答㆓百姓之望㆒。

とあり、この天平十五年の元正太上天皇による皇太子承認の後も、貴族層の中には「猶無㆑立㆓皇嗣㆒」といいたい風潮があったことからもわかる。そしてこのような貴族層の意識があるからこそ、聖武天皇はことさらに皇太子の地位を確実なものにしようとした。こうした状況において、太上天皇による承認を群臣の前で可視化して見せることが重要視されたということは、太上天皇に期待された役割が、前天皇として皇位継承者の正当性を承認・保証するものであったからである。

『続日本紀』では孝謙太上天皇のような特別な位置づけにある場合を除いて、太上天皇が登場する記事は多くない。このことに関しては、『続日本紀』編纂の方針から、天皇の一代記として意識されたために太上天皇関係

の記事が削除されたことによるという指摘がある(65)。また『続日本紀』の東大寺大仏開眼会《かいげんえ》の記事には太上天皇の行動が記載されていないが、聖武太上天皇も出席していたことは『東大寺要録《とうだいじようろく》』や正倉院宝物の銘文資料から確認される(66)。従って、『続日本紀』に現れた事例が太上天皇に関する事例の全てではない。だからこそ、こうした編纂方針の中で『続日本紀』に記載された記事には意味がある。そして元正太上天皇の場合もこのような場面で現れたところに、太上天皇に期待されていたものを見出すべきである。

太上天皇が次代の皇位継承に関わった例として、もう一つ天平勝宝八歳（七五六）五月乙卯条と、天平宝字元年（七五七）三月丁丑条に見える聖武太上天皇の遺詔がある。天平勝宝八歳五月、聖武太上天皇は寝殿で歿し、

是日、太上天皇崩二於寝殿一。遺詔、以二中務卿従四位上道祖王一為二皇太子一。

と「遺詔」により皇太子に道祖王を指名した。このときの天皇は聖武天皇の娘の孝謙天皇であるが、独身の孝謙天皇の即位は草壁皇統の断絶が決定的になったことを意味していた。従ってこの時期は新たな継承者が求められていた。こうした中で、聖武太上天皇が新たな皇統を指名しているのである。またこの遺詔が影響力を持つものであったことは、天平宝字元年三月丁丑条に、

皇太子道祖王、身居二諒闇一、志在二淫縦一。雖レ加二教勅一、曾无二改悔一。於レ是、勅召二群臣一、以示二先帝遺詔一、因問二廃不之事一。右大臣已下同奏云、不三敢乖二違顧命之旨一。是日、廃二皇太子一、以レ王帰レ第。

とあるように道祖王廃太子に際して、廃位の根拠として「先帝遺詔」が示されていることからも明らかである(67)。このような太上天皇の遺詔に関して、齋藤融氏は遺詔が皇位継承に正当性を与えるものであるとし、さらに草壁皇統以外に皇統が移る際に機能するものであるとしている(68)。こうした例から見るように、太上天皇に求められた役割のうち、最大のものは、天皇・皇位継承者の正当性を、その存在によって保証するものであったのである。

おわりに

これまで、律令制定当初の太上天皇の存在意義が、その存在そのものと様々な儀礼などの場における行為によって、連綿と続く皇統を保証する点に求められるということを論じてきた。このことは、奈良時代の即位宣命の文からも窺える。早川庄八氏は、奈良時代と平安時代の即位宣命に相違点を指摘し、それが天皇の質的変化によるものだと論じた(69)。すなわち、奈良時代の天皇は、天孫降臨神話に基づく皇孫思想と矮小化された天命思想が支配の根拠であり、その一方で桓武天皇以降の平安時代の天皇は天智天皇の定めた「法」が支配の根拠となっているとする。奈良時代の各天皇の即位宣命を見ると、確かに、高天原《たかまがはら》以来連綿と続いてきた皇統が、前天皇に引き継がれ、それが前天皇の意思によって次の天皇に引き継がれるという点を強調し、事あるごとに個別事例を挙げて、自らの即位の事情を説明している(70)。つまり、前天皇の意思・指名は、重視されるというよりも、新天皇の正当性の根源とされているのである。

前天皇の譲りを受けて即位するという論理は、平安時代の即位宣命にも現れるが、その文面は譲位の場合であっても諒闇登極《りょうあんとうぎょく》の場合であっても定型化している(71)。これに比べて奈良時代のようにこまごまと事情を述べるということは、やはり即位宣命において前天皇からいかなる事情によって譲られたかということを個々の場合について説明することが、正当性の根拠になるとする意識の現れであったからであり、太上天皇は、現天皇に皇位を伝えた存在として、「連綿と」続く皇統の正当性を具現化する役割を持っていたのである。

こうした意識は、桓武天皇期に変化を迎える。天皇の正当性の根拠が、天智天皇の定めた「法」に求められ、神話的思想に天皇の正当性を求めなくなると、高天原以来連綿と続いた皇統の継承者という概念は即位の正当性の根拠の中で、重点を占めなくなる。この流れの中で、現天皇に皇位を伝えた存在としての太上天皇の位置づけは必然性を失い、皇位継承の過程から太上天皇の存在が必要とされなくなるのである[72]。奈良時代には、一人の天皇に一人の太上天皇が存在し、ほぼ連続して存在する。しかし平安時代には一人の天皇に複数の太上天皇の存在が可能となり、さらに断続的に見られるようになってくる。正当性の保証の根拠たる存在が複数いることはあり得なかったのが、平安時代になってそうした役割が喪失したことによって可能になったと見ることができ、また必ずしも「いなければならない存在」としても認識されなくなるのである。春名宏昭氏は、平城太上天皇の変（薬子の変）を「本来の太上天皇制の終焉」の画期と位置づけたが、その終焉の萌芽はすでに桓武天皇の段階で起こっていたのである。しかし性質が変化しても、太上天皇の存在そのものは残り続ける。こうした曖昧な存在となった太上天皇制の持つ矛盾の顕在化が平城太上天皇の変（薬子の変）であり、その後、嵯峨太上天皇の時期に太上天皇の存在は新たな位置づけを形成していく。平安時代の太上天皇のあり方に関しても近年解明が進んでいるものの、まだ論ずべき点は多い。それらの諸問題については、第三部第七章以下で述べる。

（1）律令条文における太上天皇規定は、「儀制令」天子条・皇后条、「公式令」平出条の三か所である。
（2）唐制における退位した皇帝の位置づけは、春名宏昭「太上天皇制の成立」（『史学雑誌』九九―二、一九九〇年、以下「春名論文」とはこれを指す）を参照。
（3）宮内庁書陵部編『皇室制度史料　太上天皇一』（吉川弘文館、一九七八年）第二章第一節身位二四五頁。
（4）岸俊男「元明太上天皇の崩御」（『日本古代政治史研究』塙書房、一九六六年所収。初出一九六五年）。
（5）春名前掲註(2)論文。
（6）筧敏生「古代王権と律令国家機構」（『古代王権と律令国家』校倉書房、二〇〇二年所収。初稿一九九一年）。
（7）齋藤融「太上天皇管見」（黛弘道編『古代国家の歴史と伝承』吉川弘文館、一九九二年所収）。
（8）仁藤敦史「古代における都城と行幸――「動く王」から「動かない王」への変質――」（『古代王権と都城』吉川弘文

館、一九九八年所収。初出一九九〇年。以下仁藤ⓐ論文とする）、「律令制成立期における太上天皇と天皇」（以下仁藤ⓑ論文とする）、「太上天皇制の展開」（以下仁藤ⓒ論文とする）（『古代王権と官僚制』臨川書店、二〇〇〇年所収。初出一九九〇年、一九九六年）。

(9) 春名前掲註(2)論文一二頁。

(10) 春名前掲註(2)論文二七頁。

(11) 中国の太上皇帝、太上皇の制度の分析は、春名氏の論に詳述されている。しかし、中国において皇帝が退位するのは異例であることには注意するべきである。例えば唐において皇帝が退位したのは、則天武后《そくてんぶこう》も含めて二十三代二十一人の皇帝中、六人であるが、いずれも玄武門の変（高祖）、安史の乱（玄宗）、病による（順宗）など単発的な事例である。さらにその地位や権能はその場合に応じて詔勅によって規定されており、恒常的な存在は想定されていない。
　また、古代朝鮮半島三国の場合も、伝説的な時代も含めて『三国史記』に拠る限りでは、新羅は紀元前五七年から九三六年までの間の五十六人の国王中譲位したのは八九七年の真聖王の場合のみ（真聖王十一年に、「百姓困窮、盗賊蜂起」を王の不徳の表れとして太子に譲位）、高句麗は紀元前三七年から六六八年までの間の二十八人の国王中、太祖王の場合のみ（しかも太祖王九十四年に高齢を理由に譲位し、その後百十九歳まで生きたというもので多分に伝説的である）、百済は紀元前一八年から六六〇年までの間の三十一人の国王中譲位した事例は皆無というように、日本と係わりの深い中国・朝鮮半島においても終身在位が常態であった。

(12) 「太上皇」の表記は、史料上は『日本紀略《にほんきりゃく》』の大同四年の記事が早い例である（九月戊申条の「暴風倒レ屋。圧二折太上皇之輿一」など）。これは、平城太上天皇の変（薬子の変）以前の平城太上天皇に関する記事である。『日本紀略』の抄出の問題もあるが、大同四年の平城太上天皇を指す記事には、「太上天皇」と「太上皇」の表記が混在している。この場合、「太上皇」は「太上天皇」の省略表記であり、中国のように厳密に使い分けられていたのではない。その後も平安時代を通じて、「太上天皇」を正式表記としながらも、「太上皇」と表記する例が見られる。例えば『類聚国史《るいじゅうこくし》』巻二十五　太上天皇所引『日本後紀』逸文弘仁十四年五月甲子条に、平城太上天皇が太上天皇号を辞退したい旨の上表文がある。ここで嵯峨太上天皇を指して「仍懼二尸位一、禅二太上皇一。太上皇帝、看レ賢譲レ国、遁レ跡顧レ性」とあり、太上皇と太上皇帝が通用されている。

(13) 春名前掲註(2)論文二〇頁。

(14) 駅鈴・内印の所在に関しては、加藤麻子「鈴印の保管・運用と皇権」(『史林』八四―六、二〇〇一年)参照。ただし、仲麻呂の乱に際して孝謙太上天皇の駅鈴・内印運用権が優先されるという指摘は、検討を要するのではないだろうか。なお春名宏昭氏は「太上天皇と内印」(皆川完一編『古代中世史料学研究　下巻』吉川弘文館、一九九九年所収)において、内印はレガリアのような神聖なものではなく、「国家行政権限が行使された際に正当性を保証する単なる事務用品にすぎ」ず(九頁)、複数存在し得るものであるとし、また天皇と太上天皇の双方が内印を保持していた可能性を指摘している。

　この通りであれば、太上天皇もまた内印による文書発給が可能であったということになる。この問題の当否は今後の検討課題としたい。しかし、仮に太上天皇も内印を使用したとしても、本章で検討したように、その事例は行幸先での叙位などに限られる。そしてそれ以外の場合は、太上天皇は単独では天皇と同様の権能を行使し得なかったと考えられる。孝謙太上天皇と淳仁天皇の場合も、淳仁天皇側に駅鈴と内印が置かれ、仲麻呂の乱に際しては、淳仁天皇側の駅鈴と内印の奪取が問題となったことを重視したい。

　またこの問題に関しては、仁藤敦史氏が春名氏の説に対して、反論を述べている(仁藤Ⓒ論文［補記］七七頁以降)。

(15) 春名前掲註(2)論文二八～二九頁。

(16) 吉田孝「八世紀の日本――律令国家」(『岩波講座日本通史4　古代3』岩波書店、一九九四年所収)二一頁。ここで吉田氏は太上天皇制の成立の背景として「王権が王一人に収斂していないという、未開社会によくみられる王権のあり方」を指摘している。実態としては、慶雲四年七月壬子条の元明天皇の即位宣命(第三詔)に「並坐而此天下乎治賜比諧賜岐」とあるように持統太上天皇が若い文武天皇を後見したような場面があったのであろう。しかし律令に導入し、恒常性を期して法制度化した意義は別に考察する必要がある。

(17) 推古天皇期説として大津透氏が「天皇号の成立」(『古代の天皇制』岩波書店、一九九九年所収)一三頁以降において、制度としての成立は浄御原令段階としながらも、推古天皇期段階での天皇号成立の可能性を述べており、天武天皇期説としては例えば熊谷公男氏は『日本の歴史03　大王から天皇へ』(講談社、二〇〇一年)三三四頁以降において、天武天皇期に誕生し、浄御原令制定とともに君主号として法制化されたのではないかとしている。

(18) 大権（天皇大権）の概念に関しては、石母田正『日本の古代国家』第三章第三節「東洋的専制国家　天皇制と太政官」を参照。なお、この石母田氏の天皇大権概念は、近年見直しの必要が指摘されているが、本章では今のところ石母田氏の概念に従う。

(19) この他に、養老五年十月戊戌（二十四日）条に「詔」で藤原房前を内臣に任命する記事がある。この詔の主語について、筧敏生氏は前掲註(6)論文で、元明太上天皇の詔としている。筧氏の論拠としては、

①十月丁亥（十三日）条は元明太上天皇が長屋王・藤原房前に遺詔を託す記事。
②次の戊子（十四日）条が陸奥国《むつのくに》の置郡記事。
③庚寅（十六日）条が再び太上天皇の葬儀に関する遺詔となっている。
④置郡記事で一度途切れた太上天皇を主語とする記事が、庚寅条の「太上天皇又詔曰」で戻り、その主語が戊戌（二十四日）条の「詔曰…」にも引き継がれている。

というものである。従って戊戌条の「詔」の主語は元明太上天皇であるとするものの、『続日本紀』は、太上天皇が主語の記事はそのつど「太上天皇云々」と明記する傾向がある。この場合も当該詔の主語は元正天皇とするべきであろう。

(20) 太上天皇に対する「車駕」・「行幸」の語は、『続日本紀』中では実際に各太上天皇に対して使用している。一方『令集解』諸注釈では使用の当否が問題とされているものの、「儀制令」天子条の「陛下」の注釈の中で、跡記《あとき》が「従㆓乗輿㆒以下。太上天皇。三后名皆通令㆑用耳」とし、令釈《りょうしゃく》は「太上天皇」の注釈として、「名例律」称乗輿車駕御条の「(凡)称㆓乗輿車駕及御㆒者。太皇太后皇太后皇后並同」を根拠として「於㆓太上天皇㆒亦同」とするように、明法家《みょうぼうか》の法解釈としても、おおむね使用できるとされていたようである。

(21) 「公式令」天子神璽条に、

天子神璽。謂。践祚之日寿璽。宝而不㆑用。内印。方三寸。五位以上位記。及下㆓諸国㆒公文。則印。外印。方二寸半。六位以下位記。及太政官文案。則印。諸司印。方二寸二分。上㆑官公文。及案移牒。則印。諸国印。方二寸。上㆑京公文。及案調物。則印。

とある。

(22) 鎌田元一「日本古代の官印――八世紀の諸国印を中心として――」（『律令公民制の研究』塙書房、二〇〇一年。初出

一九九四年）二三九頁。

(23) 鎌田前掲註(22)論文二四六頁。

(24) 大宝二年九月癸未（十九日）条で「遣二使於伊賀・伊勢・美濃・尾張・三河五国一、営二造行宮一」と行宮の準備を始めており、三河行幸の一週間前の十月丁酉（三日）条には「鎮二祭諸神一。為三将幸二参河国一也」とあるように、行幸を期しての諸神鎮祭を行っている。

(25) 原秀三郎「古代国家形成期の東海地域と大和王権――持統天皇の伊勢・参河行幸を中心に――」（『地域と王権の古代史学』塙書房、二〇〇二年所収。初出一九八六年）四一三頁。

(26) 仁藤前掲註(8)ⓑ論文三八頁。

(27) 仁藤前掲註(8)ⓑ論文四三頁註（20）。

(28) 例えば『日本書紀』天武天皇元年六月辛酉朔壬午条では、美濃国《みののくに》安八磨郡《あはちまぐん》の湯沐令《とうもくれい》多臣品治《おおのおみほんち》に命じて兵を差発しており、以下主に東国の豪族の支持のもとに兵を進めたことが見える。

(29) 齋藤前掲註(7)論文一三八頁。

(30) 国司に対する賜封の例としては、八世紀前後の例として文武天皇四年九月丁卯条の、巡察使の奏上によって善政の諸国司に報賞を行い、因幡守《いなばのかみ》勤大壱《きんだいいち》船連《ふねのむらじ》秦勝《はたかつ》に封三十戸、遠江守《とおとうみのかみ》勤広壱《きんこういち》漆部造《ぬりべのみやつこ》道麻呂《みちまろ》に封二十戸を与えている例、和銅七年閏二月戊午朔条の、吉蘇《きそ》（木曽）路開通の功によって美濃守《みののかみ》笠朝臣麻呂《かさのあそんまろ》が封二十戸を与えられている例が見られる。ただし、養老元年九月の元正天皇の美濃行幸に際しては、従駕の国司には賜物のみであり、賜封は行われていない。

(31) 筧敏生「古代王権と議政官」（筧敏生前掲註(6)書所収。初稿一九八八年）二五八頁。

(32) 加藤前掲註(14)論文四七頁。

(33) 外印は天平十六年二月乙未条に「遣二少納言従五位上茨田王于恭仁宮一。取二駅鈴・内外印一。又追二諸司及朝集使等於難波宮一」とあり、内印とともに恭仁宮から難波宮にもたらされている。その後の外印の移動は明確ではないものの、通常は宝亀八年五月己巳条に「自二宝字八年乱一（仲麻呂の乱）以来、太政官印収二於内裏一、毎日請進。至レ是復置二太政官一」とあることから、天平宝字八年以前の段階でも太政官に置かれていたことが分かる。そして天平十六年の場合も、政務は紫香楽宮で行われているので、外印も紫香楽宮に置かれていたと考えられる。
(34) 仁藤前掲註(8)ⓒ論文五二頁。
(35) 直木孝次郎「補論　元正太上天皇と橘諸兄」(『難波宮と難波津の研究』吉川弘文館、一九九四年所収)参照。
(36) 孝謙太上天皇に比して淳仁天皇の地位・権威が低かったことに関しては、瀧浪貞子氏が「孝謙女帝の皇統意識」(『日本古代宮廷社会の研究』思文閣出版、一九九一年所収)において、改元の問題から論じている(六八頁)。
(37) 木本好信「仲麻呂と孝謙上皇、淳仁天皇補論――帝権分離宣言をめぐっての皇権・政治権力の推移――」(『藤原仲麻呂政権の基礎的考察』高科書店、一九九三年所収。初出一九八八年)四一頁。
(38) 藤原豊成は天平宝字元年の橘奈良麻呂の変の際に右大臣を解かれ、大宰員外帥《だざいいんがいのそち》とされていたが(天平宝字元年七月戊午条)、その後大宰府には向かわず難波別業に滞在していた(天平神護元年十一月甲申条)。
当時の藤原氏の中で豊成は南家の長子ということで、仲麻呂に最も対抗し得る存在であったと考えられる。しかし孝謙太上天皇の大事小事分離宣命による仲麻呂との対立後も豊成は復任できず、仲麻呂の乱に際して、孝謙太上天皇が駅鈴と内印を掌握した後に初めて右大臣に復任している(天平宝字八年九月戊申条)。
(39) 仁藤前掲註(8)ⓑ論文四〇頁参照。
(40) 橋本義則氏は、奈良時代の太上天皇御在所は「天皇の御在所である内裏の一郭に、あたかも寄生するかの如く」設けられ、「太上天皇の身位と機能の限界を示す」としている(「平安宮内裏の成立過程」『平安宮成立史の研究』塙書房、一九九五年所収。五六頁)。
(41) 春名前掲註(2)論文一七頁。
(42) 齋藤前掲註(7)論文一三七頁。
(43) 早川庄八「古代天皇制と太政官政治」(『講座日本歴史2　古代2』東京大学出版会、一九八四年所収)二四頁参照。なお、この難波宮皇都宣言に関しては、本章初出時は聖武天皇と元正太上天皇との対立関係を前提として考察をしたものの、その後この問題には対立関係は見出せないとの結論に至った。このことは第四章で述べる。ただし、それはあくまでも天皇と太上天皇との合意のもとでのことであり、太上天皇が独自の権限を有したとの見解ではない。
(44) 直木孝次郎「天平十六年の難波遷都をめぐって――元正太上天皇と光明皇后――」(『難波宮と難波津の研究』吉川弘

文館、一九九四年所収。初出一九七〇年）一五四頁。

(45) 筧前掲(31)論文参照。

(46) このとき派遣された巡察使は、地方行政の把握強化や、国司の綱紀粛正を図る意図があり、その実行をめぐって頻繁に「勅」や「口勅」が出されている。

(47) 直木前掲註(44)論文一五一頁。

(48) 奉勅上宣官符に関しては、早川庄八「上卿制の成立と議政官組織」（『日本古代官僚制の研究』岩波書店、一九八六年所収）一三八頁参照。また、春名前掲註(2)論文三五頁註(34)においてこの左大臣の「宣勅」を奉勅上宣官符との関連で見ている。

(49) 天平十九年五月庚辰条に、

天皇御二南苑一、観二騎射・走馬一。是日、太上天皇詔曰、昔者、五日之節、常用二菖蒲一為レ縵。此来、已停二此事一。従レ今而後、非二菖蒲縵一者、勿レ入二宮中一。

とある。

(50) 本書第五章参照。

(51) 養老「儀制令」天子条に「太上天皇。譲位帝所レ称」とある。なお、齋藤融氏は前掲註(7)論文において、『令集解』諸説の分析から、大宝律令段階において太上天皇規定の語句が存在しなかった可能性を指摘している。しかし、大宝律令制下の段階で、太上天皇の存在は『続日本紀』や同時期の文書類（平田寺《へいでんじ》所蔵「天平感宝元年聖武天皇勅書」や、「国家珍宝帳」など）・金石文（薬師寺東塔檫銘《さつめい》）中に確認でき、また養老律令段階で新たに規定する積極的意義はない。『令集解』諸説と大宝律令段階での太上天皇規定の問題に関しては、春名前掲註(2)論文三一頁註(25)参照。

(52) 『日本書紀』では「皇祖母尊」と表記しているが、「皇」の字の使用開始の時期によっては、七世紀段階では「王祖母尊」と称されていたかもしれない。なお、『続日本紀』天平元年八月壬午条の光明子立后宣命中には、元正太上天皇を指して「我王祖母天皇」とある。

(53) 岡田精司「大王就任儀礼の原形とその展開（補訂）」（『古代祭祀の史的研究』塙書房、一九九二年所収。初出一九八三年）五九頁、及び吉村武彦「古代の王位継承と群臣」（『日本古代の社会と国家』岩波書店、一九九六年。初出一九八九年）一一六～一二〇頁。

(54) このときの譲位の意義に関しては、熊谷前掲註(17)書二五五～二五六頁参照。

(55) 大化前代の王位継承に関しては、井上光貞「古代の皇太子」（『井上光貞著作集第一巻　日本古代国家の研究』岩波書店、一九八五年所収。初出一九六五年）を参照。
なお、世代間継承と兄弟間継承の複合形態が王位継承に混乱をもたらした例としては、推古天皇の時代に廐戸《うまやと》皇子（聖徳太子）と竹田皇子が共に即位できなかった例や、田村皇子（舒明天皇）の即位前後に山背大兄《やましろおおえ》王の存在が問題となった例がある。

また、伝説的でかつ謙譲の美談的意味合いが強いものの、大鷦鷯命《おおさざきのみこと》（仁徳天皇）と弟の菟道稚郎子《うじのわきいらつこ》との皇位の譲り合いの話も、直系継承が成立していないがためにあり得たものであろう。

(56) 本書第一章・第二章及び、藤堂かほる「天智陵の営造と律令国家の先帝意識」（『日本歴史』六〇二、一九九八年）参照。

(57) 『続日本紀』天平宝字六年六月庚戌条の孝謙太上天皇の宣命（大事小事の分離宣言）中に、光明皇太后の言葉として「岡宮御宇天皇乃日継波、加久弖絶奈牟為止」とあり、孝謙が自らを草壁皇子の血統の最後の継承者として意識していたことが窺える。さらにこのような意識は、天平神護元年十月の称徳天皇の紀伊行幸に際して「過㆓檀山陵㆒、詔㆓陪従百官㆒、悉令㆓下馬㆒、儀衛巻㆓其旗幟㆒」（十月癸酉条）とあるように、草壁皇子の墓（檀《まゆみ》山陵）を通過する際、特に敬意を表させたことにも表れている。

(58) 八世紀前後の天皇の即位時の年齢は、文武天皇が十五歳である他は、元明天皇が四十七歳、元正天皇が三十六歳、聖武天皇が二十四歳、孝謙天皇が三十二歳、淳仁天皇が二十六歳、称徳天皇が四十七歳、光仁天皇が六十二歳、桓武天皇が四十五歳である。称徳天皇や光仁天皇の場合は特殊であるものの、いずれもある程度成年に達してから即位している。

(59) 天武天皇の神格化については、熊谷前掲註(17)書三三四頁以降参照。また専制化という点に関しては、吉田孝氏は「大海人は伝統的な朝廷の合議体から解放され、独裁的な権力を掌握した」と述べている（吉田前掲註(16)論文一〇頁）。

(60) 『日本書紀』持統天皇四年春正月戊寅朔条に「物部麻呂朝臣樹㆓大盾㆒。神祇伯中臣大嶋朝臣読㆓天神寿詞㆒。畢忌部宿禰色夫知奉㆓上神璽剣・鏡於皇后㆒。皇后即㆓天皇位㆒。公卿・百僚羅列匝拝而拍手焉」とある。この場合、臣下から宝器が奉

上されてはいるものの、奉上する主体は有力豪族・上級貴族層ではなく、忌部氏という特定の役割を期待された氏族に限定されている。そして、この過程が註(61)に挙げた神祇令の践祚《せんそ》条に受け継がれたことからもわかるように、本来群臣による新大王推戴儀礼の一部であった宝器奉上は、次第に形式化されたものとなっている。

(61)「神祇令」践祚条に、「凡践祚之日。中臣奏二天神之寿詞一。忌部上二神璽之鏡剣一」とあり、註(60)で指摘した宝器奉上の過程は、律令中において条文化の形で、忌部氏の役割に固定されている。

(62) 早川庄八「律令国家・王朝国家における天皇」(『日本の社会史第3巻　権威と支配』岩波書店、一九八七年所収）五二頁。

(63) 石尾芳久氏は『日本古代天皇制の研究』（法律文化社、一九六九年）一〇八頁において、「右儀制令の条文は、持統太上天皇の事実を条文化したものにほかならない」としている。

(64) 大平聡「天平期の国家と王権」（『歴史学研究』五九九、一九八九年）三五頁、及び服藤早苗「五節舞姫の成立と変容」（『歴史学研究』六六七、一九九五年）七頁。

(65) 仁藤前掲註(8)ⓐ論文三六〇頁。

(66)『東大寺要録』巻第二供養章第三に「(天平勝宝四年四月）九日。太上天皇。太后。天皇。座二東大堂布板殿一。以開眼。其儀式並同二元日一。但無二侍従一」とあり、松島順正編『正倉院寶物銘文集成』（吉川弘文館、一九七八年）第一編十九頁所載の「礼服櫃木牌《らいふくのきのもくはい》」には、聖武太上天皇と光明皇太后が大仏開眼式の日に礼服《らいふく》を着したことが記されている。

また、同じような事例としては、大宝元年九月の文武天皇の紀伊国行幸に際しても、『続日本紀』では文武天皇の記事しかないのに対して、『万葉集』によって持統太上天皇も同行したことがわかるというものもある（『続日本紀』大宝元年九月丁亥条、『万葉集』五四と一六六七の題詞参照）。

(67) 天平宝字八年の、孝謙太上天皇が淳仁天皇を廃位する際に根拠とした聖武天皇の言葉は仮託の可能性がある（北山茂夫『女帝と道鏡　天平末葉の政治と文化』中央公論社、一九六九年。六四頁）。

(68) 齋藤融「道祖王立太子についての一考察――聖武太上天皇の遺詔をめぐって――」（虎尾俊哉編『律令国家の政務と儀礼』吉川弘文館、一九九五年所収）一九頁。

(69) 早川前掲註(62)論文参照。

(70)　例えば、慶雲四年七月壬子条の元明天皇の即位宣命（第三詔）は、子の文武天皇から皇位を託されたいきさつを具体的に述べ、また神亀元年二月甲午条の聖武天皇の即位宣命は、文武天皇から元明天皇を経て、元正天皇から皇位を譲られたことを、これも詳細に説明している。このように奈良時代の天皇は、代々続いてきた皇統を、前天皇からの譲りによって継承したことを即位の正当性の根拠としていた。太上天皇というのは、こうして継承してきた皇位を現天皇に与えた存在として、連綿と皇統が続いてきたということの体現的象徴として存在していたのである。

(71)　平安時代の即位宣命では、譲位による即位の際も諒闇即位の際も、桓武天皇の即位宣命（宣命第六十一詔）に基づく「掛畏支倭根子天皇」が「掛畏支近江大津乃宮尓御宇之天皇乃初賜比定賜部留法随尓」即位せよという表記になっており、差が見られない（例えば『続日本後紀』天長十年三月癸巳条と『日本文徳天皇実録』嘉祥三年四月甲子条に見える、淳和天皇の譲りを受けた仁明天皇と、仁明天皇の歿後即位した文徳天皇の場合の比較）。

なお『朝野群載』第十二内記には即位宣命の「書様」が載せられており、ここにも定型化が見られる（この書様は、幕末の孝明天皇の即位宣命まで受け継がれる。ただし『日本三代実録』元慶八年二月二十三日条の光孝天皇の即位宣命は、陽成天皇から光孝天皇への皇位継承の特殊性を反映して、若干異なっている）。

(72)　石野雅彦氏は平城天皇の譲位以降の剣璽《けんじ》渡御《とぎょ》儀の問題から、次第に前帝が即位の場から排除されていくと指摘している。（「古代国家と即位儀――レガリア奉上儀を中心に――」『日本古代の国家と祭儀』雄山閣出版、一九九六年所収。一〇九頁）。こうした皇位継承に際しての前天皇（太上天皇）の位置づけの変化が、平城太上天皇の変（薬子の変）以後の嵯峨天皇譲位時ではなく、すでに平城天皇の時から発生していたとすると、桓武天皇以降の天皇の変化にも対応するのではないだろうか。

第四章　天平十六年難波宮皇都宣言をめぐる憶説

はじめに

『続日本紀』天平十六年（七四四）二月戊午（二十四日）条に「取㆓三嶋路㆒、行㆓幸紫香楽宮㆒。太上天皇及左大臣橘宿祢諸兄、留㆓在難波宮㆒焉」とあり、その二日後、二月庚申（二十六日）条には「左大臣宣㆑勅云、今以㆓難波宮㆒定為㆓皇都㆒。宜㆘知㆓此状㆒、京戸百姓任㆑意往来㆖」とある。これは周知のように、天平十二年の藤原広嗣《ひろつぐ》の乱後、平城京を離れた聖武天皇が遷都を繰り返した末に、難波宮を「皇都」とした記事である。

ここで問題となるのが、聖武天皇が難波宮から紫香楽宮に向かった二日後、聖武天皇不在の難波宮で「皇都」宣言がなされたことである。このとき左大臣が遷都の勅を宣したことに関して、そこに光明皇后・聖武天皇と橘諸兄・元正太上天皇との間に対立関係があったとする指摘がある。またこの勅を発したのは元正太上天皇であるとして、大仏造立をめぐる政局、太上天皇の位置づけ、天皇と太上天皇が分かれて行動する際の議政官の動きなどと関わって、多くの論考が見られる。しかし、このときの難波宮皇都宣言は、必ずしも光明皇后・聖武天皇と元正太上天皇との対立の結果であるとはいえない面もある。「対立関係」によるとされる事象も、別の理由による説明が可能である。本章はこの点を見直してみたい。なお『続日本紀』を用いる場合は、以後書名は省略する。

第一節　難波宮「皇都」宣言の論点

天平十六年二月の難波宮皇都宣言について、元正太上天皇と橘諸兄の存在を重視したものとして、直木孝次郎氏の論考がある。(1)ここで直木氏は、聖武天皇に難波遷都の意志があったことを認める一方で、難波宮に滞在していた聖武天皇が紫香楽宮へ移動したのは、光明皇后が働きかけたとした。また元正太上天皇の存在を重視し、元正太上天皇と光明皇后との対立、皇親政治再建を目指す橘諸兄らと藤原氏との対立が背景にあることを指摘した。

その後、例えば早川庄八氏は、このときの遷都の勅を元正太上天皇のものとし、(2)元正太上天皇の意志を左大臣橘諸兄が奉じたとする。また天平十七年（七四五）の平城還都は太政官が主導したとする。さらに筧敏生氏は、元正太上天皇が天皇的な行為をすることに着目し、天皇と太上天皇が分立した場合の議政官の役割をみる。また、元正太上天皇のもとに内記がいたことを指摘する。(3)

このように難波宮皇都宣言は、広嗣の乱後の遷都問題に端を発して、紫香楽での大仏造営に対する政局の動向、太上天皇と天皇との関係、皇親勢力と藤原氏との関係の理解など、多くの論点のもととなっている。

一方近年の通史の記述では、「聖武が難波宮遷都に否定的であったとは考えられない」(4)、あるいは聖武天皇と元正太上天皇の不和・対立を「穿ちすぎかと思う」(5)というように、聖武天皇と元正太上天皇との間に対立を想定しない見解もある。『続日本紀』からは聖武天皇と元正太上天皇との間に対立があったことは見えない。広嗣の乱後の天平十二年の東国行幸の理解も、かつては聖武天皇の「迷走」として、突発的なものと見られていたのが、近年は計画的な行幸であったと見られている。天平十二年から十七年にかけての一連の遷都が、多くの波紋を呼び、官人たちの間に混乱を引き起こしたことは事実であろう。しかし、聖武天皇と元正太上天皇が難波宮遷都をめぐって対立をしたかどうかは、再検討をする必要がある。

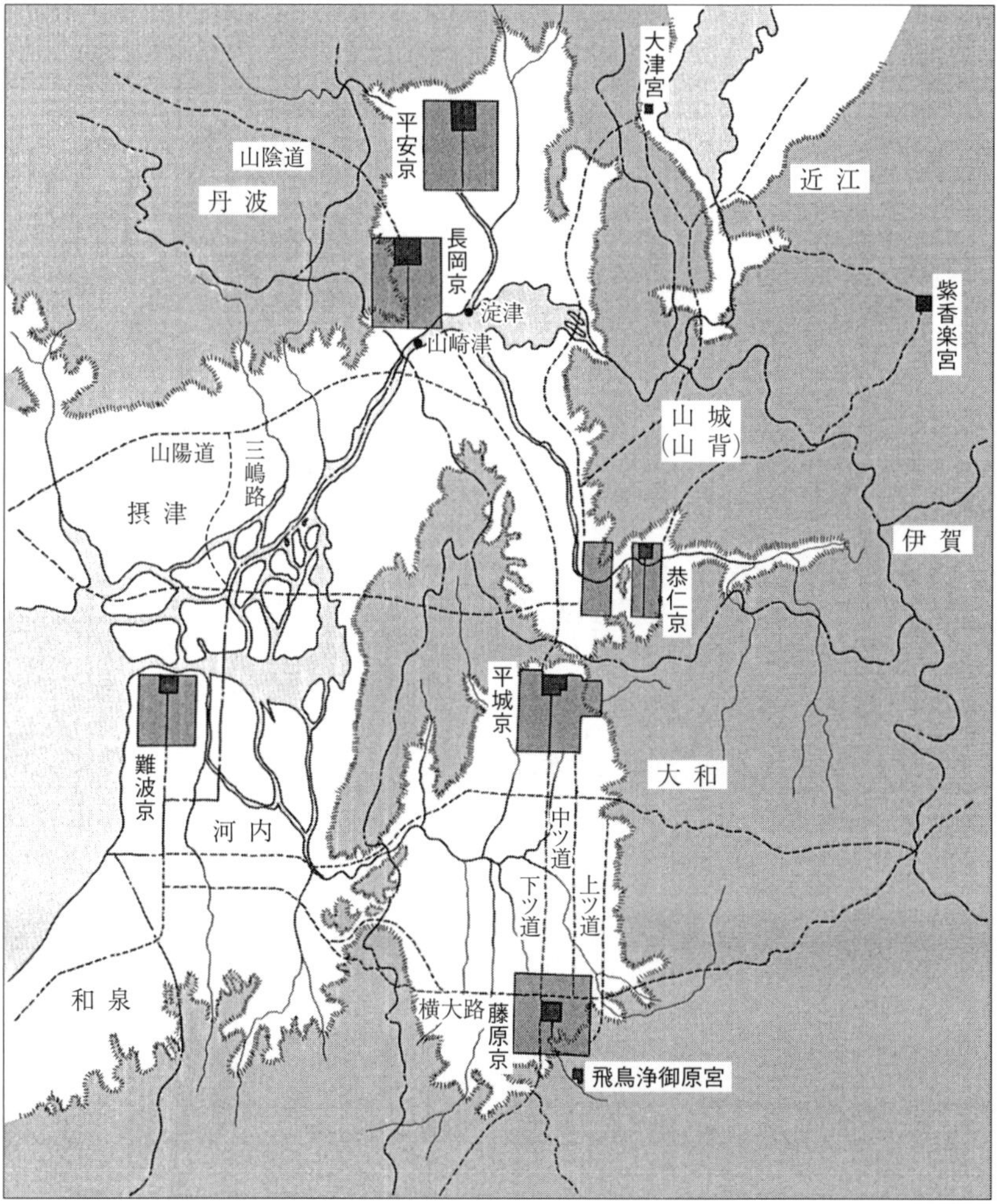

図１　古代都城位置図

（奈良文化財研究所編『日中古代都城図録』（クバプロ、2002年）の地図を一部改変した。）

第二節　難波宮皇都宣言に至る経緯

（一）平城京から恭仁京・紫香楽宮へ

天平十二年十月に東国行幸に出発した聖武天皇は、恭仁宮に落ち着き、翌天平十三年正月の朝賀《ちょうが》を恭仁宮で受けた。その後、聖武天皇は紫香楽宮に関心を示し始め、天平十五年の十二月には恭仁宮造営を停止した。その過程を概略すると、以下の通りとなる。

天平十二年　九月　藤原広嗣の乱発生。
　十月　聖武天皇、東国行幸に出発。
　十二月　聖武天皇が恭仁宮に滞在。
天平十三年　正月　恭仁宮で朝賀。
　閏三月　五位以上に対して、平城京から恭仁京への移住を命じる。
　七月　元正太上天皇が恭仁宮の新宮に移住。
　八月　平城京の東西市を恭仁京に遷す。
　九月　智努王《ちぬおう》と巨勢奈弖麻呂《こせのなてまろ》を造宮卿《ぞうぐうきょう》に任命。
　十一月　恭仁京を大養徳《やまと》恭仁《くに》大宮《のおおみや》と号す。
天平十四年　八・十二月　聖武天皇、紫香楽に行幸。
天平十五年　正月　紫香楽宮から恭仁宮に戻り、朝賀。
　四・七〜十一月　聖武天皇、紫香楽に行幸。
　十月　紫香楽宮で盧舎那《るしゃな》仏像《ぶつぞう》の造立を発願。

十二月　平城の器仗を恭仁宮へ運ぶ。また恭仁宮造営を停止。

聖武天皇が恭仁宮に移居した後も、平城宮には官司が残って活動をしていたとされる。しかしその一方で、聖武天皇自身は平城宮の大極殿を恭仁宮に移築し、また朝賀も恭仁宮で受けている。さらに五位以上の恭仁京への移住を促すなど、平城宮には戻らない意志を持っていたと思われる。

(二)　難波遷都

聖武天皇は天平十四年から紫香楽への行幸と長期滞在を繰り返し、天平十五年十月、同地で盧舎那仏像の造営を開始した。その一方で、天平十六年に入ると難波宮へ移る意思を示し始める。正月十五日、難波宮行幸のために装束次第司《しょうぞくしだいし》を任命し、さらに閏正月には百官や市人に何《いず》れを都とするか意見を求めるようになる。その過程を概略すると、以下の通りとなる。

閏正月　一日　百官を朝堂に召して、恭仁・難波の何れを都とするべきかを問う。
　恭仁京　五位以上……二四人　六位以下……一五七人
　難波京　五位以上……二三人　六位以下……一三〇人
閏正月　四日　巨勢奈弖麻呂らを市に遣わし、定京のことを問う。
　「市人皆願下以二恭仁京一為上レ都。」
　難波……一人　平城……一人、それ以外は恭仁京を望む。
閏正月十一日　聖武天皇、難波宮に行幸。鈴鹿《すずか》王・藤原仲麻呂《なかまろ》を留守とする。
二月　一日　少納言《しょうなごん》茨田《まんだ》王を恭仁宮に遣わして、駅鈴・内外印を難波宮に運ぶ。
　諸司、朝集使《ちょうしゅうし》を難波に召集。

二月　二日　駅鈴・内外印が難波に到着。
　　鈴鹿王らを恭仁宮留守に、紀清人《きのきよひと》らを平城宮留守とする。
二月　十〜十三日　和泉宮に行幸。
二月二十日　恭仁宮の高御座《たかみくら》、大楯《おおたて》、兵庫《ひょうご》の器仗《きじょう》を難波宮に運ぶ。
二月廿一日　恭仁京の百姓《ひゃくせい》のうち、希望者が難波宮に移ることを聴す。

ここで閏正月一日に聖武天皇が、百官に意見を求めたのは恭仁と難波の何れかであり、平城京は選択肢に入れられていない。また市人に定京のことを聞いた際、市人のほぼ全てが恭仁京を望んだにもかかわらず、聖武天皇は難波行幸に踏み切った。すでに指摘されているように(6)、この段階で聖武天皇自身が難波遷都を望んでいたことがわかる。しかし、市人に意見を聞いた五日後の閏正月九日には京職に命じて諸寺・百姓の舎宅を作らせている。これは恭仁京でのこととされ、京戸《きょうこ》が恭仁に居住することは認められていた。一方でこの時期、恭仁宮の造作は停止されており、さらに紫香楽宮の諸官衙は整備されていない状態であった(7)。紫香楽宮の全容については、今後の発掘調査の成果に待つ点も多いものの、中枢部は正殿《せいでん》・後殿《こうでん》と二棟の長大な朝堂《ちょうどう》で構成されており(8)、平城宮・恭仁宮・難波宮と比べると、かなり小規模であったことは否めない。

それに対して、難波宮は聖武天皇の時代に整備され、大極殿・朝堂、曹司《ぞうし》を備えた宮として存在していた(9)。実際、二月には朝集使が難波に招集されている。諸国の朝集使は十一月一日までに上京することになっており（「考課令《こうかりょう》」内外官条。畿内朝集使は十月一日）、上京した後しばらく京に滞在して国務に関する報告などを行っていた(10)。従って、このときの朝集使も前年の秋に上京しており、国務報告などの実務に対応するために、難波宮に招集されたものと考えられる。天平十六年初頭の段階で、平城宮と恭仁宮を選択肢から外した場合、政務に対応する宮としての威容を備えていたのは、難波宮ということになる（天平十六年を通して、段階的に紫香楽宮の整備が進んでいったことは想定できる）。

しかし、二月二十四日に聖武天皇は紫香楽宮に移り、二日後、左大臣橘諸兄が難波を「皇都」とする勅を宣する。このとき元正太上天皇は橘諸兄とともに難波宮に留まっており、これが議論の対象となっているのである。続いて、難波宮に留まった元正太上天皇の行動を見てみたい。

第三節　元正太上天皇の行動

聖武天皇が紫香楽宮に行幸した後、元正太上天皇は難波宮に残り、その後十一月まで滞在して紫香楽宮に移っている。この間、元正太上天皇は難波で単独で行動をしており、これが従来、元正太上天皇が聖武天皇に対抗した動きをしているとされ、また太上天皇が天皇と同様の行動をしている例とされる。難波滞在中の元正太上天皇の行動は、聖武天皇と対立した太上天皇の独自の行動といえるであろうか。以下検討していきたい。

（一）大般若経転読

天平十六年三月十四日、金光明寺《こんこうみょうじ》の大般若経《だいはんにゃきょう》を紫香楽宮に運び、二百人の僧が転読《てんどく》を行った。その翌日、難波宮東西楼殿で三百人の僧が大般若経を転読している。これは紫香楽宮での動きに難波宮側が対抗して、僧百人を多くして行ったこととされる[11]。しかし「対立」している状況のなか、紫香楽宮で行った翌日のうちに、難波でさらに大規模に実行することは可能であろうか[12]。

そもそも宮中で法会《ほうえ》を行うことは、難波長柄豊碕宮《なにわながらとよさきのみや》の時期から、藤原宮以前の諸宮に見られ、平城宮では聖武天皇の時代から再び盛んになったとされる[13]。また大般若経は、聖武天皇の時期から読経記事がしばしばみられるようになる[14]。大般若経を転読する目的として、「天皇（王権）の政治的拠点たる宮城の安寧・清浄化」があるとされる。(15) 紫香楽・難波の両所で大般若経を転読したことも、聖武天皇の実際の御在所である紫香楽宮と、「皇都」である難波宮両所の安寧を祈願したものと考えられる。難波宮の僧が紫香楽宮よりも百人多いことは、対立の結果とするよりも、難波宮がこの時点での「皇都」であるからではないだろうか。

(二) 和泉国での叙位

前述のように、元正太上天皇は二月から十一月まで難波宮に滞在していた。その間、何度か近隣の離宮に行幸し、賜禄や叙位を行っている。特に十月に珍努《ちぬ》離宮と竹原井《たけはらい》離宮に行幸をした際、郡司たちに叙位を行い、また行幸経路にある大鳥・和泉・日根三郡の八十歳以上の百姓に穀を賜っている。(16) 元正太上天皇が難波宮滞在中に行幸した珍努離宮は、和泉郡にある仏教施設を持つ離宮であり、元正太上天皇との関係が深い離宮であった。(17)

このとき元正太上天皇が郡司たちに叙位を行ったことは、聖武天皇とは別に太上天皇も叙位の権能を有していた事例であるとされる。(18) しかし太上天皇が行う叙位も最終的には天皇の追認によって実現するものである。(19) また、このときの元正太上天皇の行幸は単なる行幸ではなく、ある意味を持ったものであると考えられる。

このときの行幸経路の一つ、大鳥郡は行基《ぎょうき》の出身地として知られる。(20) 天平十六年前後、行基は弟子集団を率いて大仏造立に協力する姿勢を示していた。(21) 大仏造立への行基集団が果たした役割は大きく、その知識集団には河内国や和泉国の首長層が含まれていた。例えば『日本霊異記』中巻「見二烏邪淫一厭レ世修レ善縁　第二」には「禅師信厳者、和泉国泉郡大領血沼県主倭麻呂也。(中略)随二行基大徳一、修レ善求レ道」とあり、行基の弟子である信厳禅師《しんごんぜんじ》は、もと和泉郡の大領《だいりょう》であった。また天平勝宝五年九月戊戌朔条には「无位板持連真釣献二銭百万一。授二外従五位下一」とあり、板持真釣《いたもちのまつり》が平城京での大仏造立に際して銭百万を献じて外従五位下《げじゅごいのげ》に叙されている。板持連《いたもちのむらじ》氏は河内国の氏族であり、(22) 和泉国大鳥郡の大野寺土塔瓦銘《おおのでらどとうがめい》にも「板茂連」と見える。行基の社会事業の

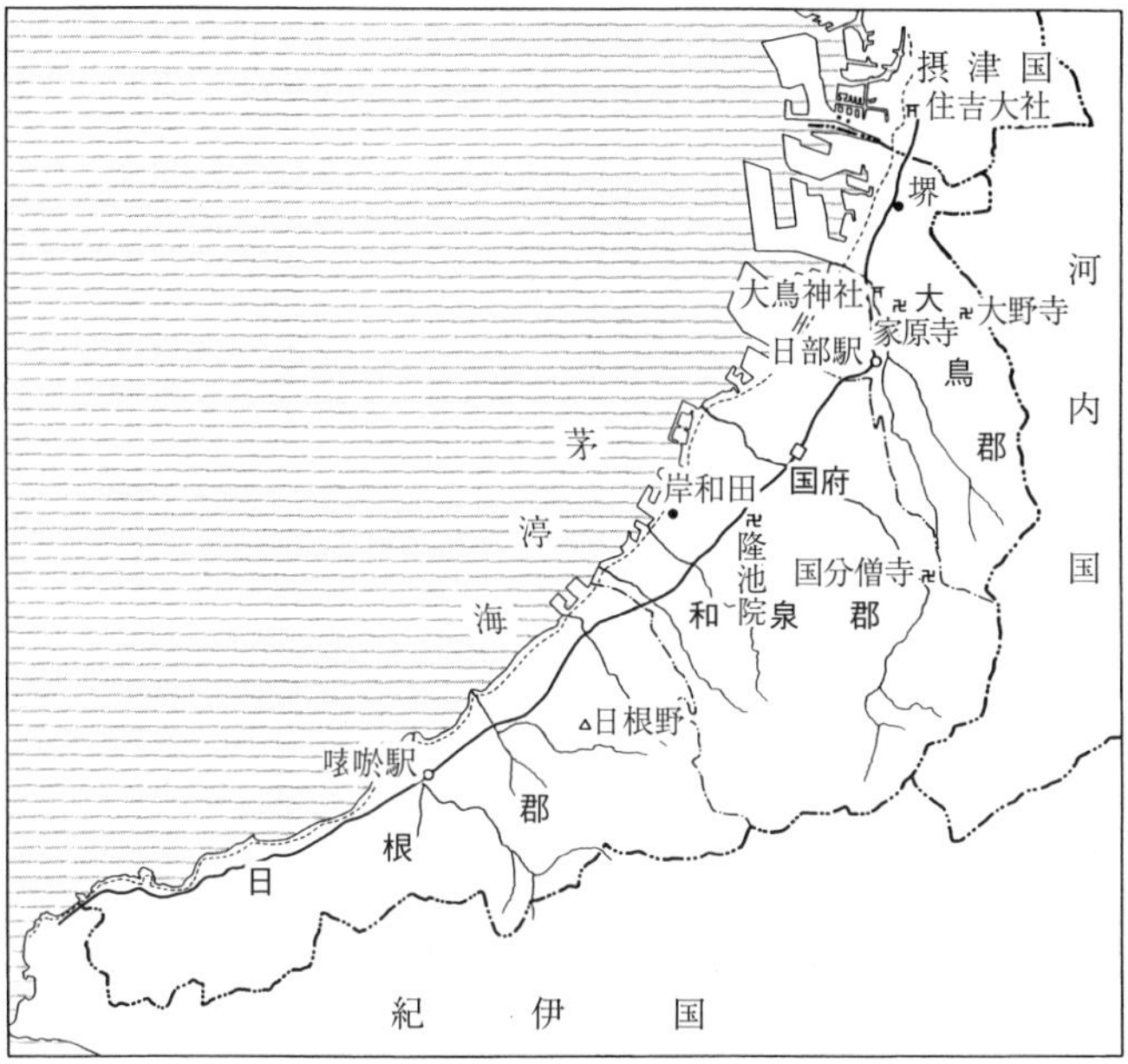

図２　和泉国略図

（『国史大辞典』「いずみのくに」の図を一部改変した。）

中核には、畿内の郡司級の豪族から上層農民がいたとされ(23)、行基の知識集団において、郡司層は重要な存在であった。また知識集団の単位は監《げん》（国）・郡・郷という律令行政機構名であった(24)。大仏造立に際しては、和泉国などの郡司層の協力が欠かせなかったのである。この時期に、郡司が国家事業に協力をして叙位された例としては、天平十六年八月に蒲生《がもう》郡《ぐん》大領の佐佐貴《ささき》山君親人《やまのきみおやひと》らが紫香楽宮近辺の木を伐ったことにより、従五位下などに叙された例がある(25)。

このことを踏まえると、元正太上天皇の珍努離宮行幸と郡司らへの叙位には、元正太上天皇ゆかりの離宮への行幸と郡司たちへの褒賞という意味だけではなく、紫香楽宮での大仏造立に対する、行基集団による協力との関連が見出せる。大仏造立に協力をする行基集団ゆかりの地の人々に対して、恩恵として叙位を行ったということである。すなわち、このときの元正太上天皇による叙位は、聖武天皇の大仏造立事業と連動したものであり、太上天皇が単独で「人格的権威」による叙位を行ったと[26]見なくてもよいのではないだろうか。

(三)官人の動き

聖武天皇と元正太上天皇が、紫香楽宮と難波宮に分かれて滞在していたのは、天平十六年の二月から十一月までである。この時期の官人の動向に関しては、井上薫氏の研究がある。[27] 井上氏は天平十七年の諸司から民部省に出された月粮請求文書《げつろうせいきゅうもんじょ》から、天平十七年の紫香楽宮・難波宮・恭仁宮にそれぞれ勤仕する諸司を割り出している。ここで井上氏は、恭仁宮に留まる官司が難波宮に留まる官司よりも多いことから、天平十六年二月の難波遷都が実質をともなわないものであったとする。また、紫香楽宮には多くの官司があることから、紫香楽宮への遷都は実質的であったとする。[28]

前述のように、天平十六年二月には朝集使が難波宮に招集されているものの、聖武天皇が紫香楽宮に移動した後は、政務は紫香楽宮で行われていたと考えられる。また筧敏生氏が指摘するように、元正太上天皇側にも内記がいたことが想定されている。[29] とはいえ、これによって太上天皇が天皇に対抗して独自の行動を取るだけの組織を有していたとはいえないであろう。天皇と太上天皇が長期間居所を異にした事例として、嵯峨天皇と平城太上天皇の場合がある。このときは、例えば「大同之末、太上天皇遷㆓御於平城㆒之日、外記分㆑局、逓直㆓彼宮㆒」とあるように、[30] 外記が嵯峨天皇の平安京と、平城太上天皇の平城旧京に直していた。これは官人が必要に応じて交替勤務していたということである。[31] また平城太上天皇側には、太政官政務を遂行し、天皇の意思を実現するのに必要な機構は備わっていなかった。[32]

天平十六年の紫香楽宮と難波宮の場合も同様であり、聖武天皇が紫香楽宮に移動した後の政務は、聖武天皇のもと紫香楽宮で行われている。主な事例を挙げると以下の通りである。


四月甲寅（二十一日）造兵司《ぞうひょうし》、鍛冶司《たんやし》を廃止。

五月庚辰（十八日）肥後国に賑恤《しんじゅつ》。

六月戊申（十七日）大安寺に墾田を施入（「大安寺伽藍縁起幷流記資財帳」）。

七月丁夘（六日）紀清人の上表により、奴婢《ぬひ》を従良《じゅうりょう》。

七月甲申（二十三日）四畿内七道諸国に詔し、正税《しょうぜい》四万束を割いて出挙《すいこ》息利で、国分僧・尼寺造寺を支える。

九月甲戌（十五日）巡察使を畿内七道に派遣。九月丙戌（二十七日）、巡察使に勅三十二條、口勅十三條・五條を賜う。

九月己丑（三十日）僧綱《そうごう》の印を大臣の所に置く。

十月癸卯（十四日）勅して、国司が所部の女子を娶ることを禁ずる（『類聚三代格《るいじゅうさんだいきゃく》』）。


左大臣橘諸兄は難波に滞在しているものの、通常の政務は紫香楽宮で行われているのであって、太上天皇が難波にいることによる政務上の混乱は見られないのである。

第四節　難波宮と紫香楽宮

（一）橘諸兄の「宣勅」

本章では、天平十六年二月の段階で、聖武天皇と元正太上天皇との間には対立を見出し難いとしてきた。では、天平十六年二月二十六日に左大臣橘諸兄が宣した勅は、天皇と太上天皇いずれのものであろうか。二月庚申条の記述だけからは、判断が難しい。しかし、『続日本紀』での太上天皇の行動や発言は、一般に「太上天皇～」とあり、天皇ではなく太上天皇が行ったこととして表記されている。(33)例えば、天平十九年五月庚辰条には元正太上天皇が詔したことが以下のように記されている。

天皇御二南苑一、観二騎射・走馬一。是日、太上天皇詔曰、昔者、五日之節、常用二菖蒲一為レ縵。比来、已停二此事一。従レ今而後、非二菖蒲縵一者、勿レ入二宮中一。

ここで元正太上天皇の詔は「太上天皇詔」とされており、天皇の詔とは区別されている。
また勅を宣した橘諸兄は、皇族出身の貴族として元正太上天皇との関係が良好である一方、母である県犬養《あがたいぬかい》橘《たちばなの》三千代《みちよ》を通じて、光明皇后や藤原氏とも関係があった(34)。

さらに、聖武天皇が恭仁宮から難波宮に行幸する直前の二月二十一日に「恭仁京百姓情三願遷二難波宮一者、恣聴之」(天平十六年二月乙夘条)とあり、恭仁京の百姓のうち、希望者が難波宮に移ることを許可している。そして二月二十六日には、難波宮を皇都とするという勅に続いて「宜下知二此状一、京戸百姓、任レ意往来上」とされている(天平十六年二月庚申条)。

京戸とは、遷都に際して王権とともに移動する存在とされる(35)。恭仁京の百姓に対する「情願」や「任意」という言葉からは、難波遷都への積極性を読み取ることは難しいともいえる。しかし恭仁京の市人の大部分が、恭仁京に留まることを希望していることを踏まえると、京戸が難波に移ることを許可することによって、難波が皇都であるという意思を示したと考えられる。この宣言に対して、紫香楽宮からの「対抗策」は見られない。難波を「皇都」とすることは、聖武天皇・元正太上天皇ともどもの了解事項であったのである。

天平十六年二月二十六日以降の難波宮に聖武天皇は不在であり、元正太上天皇のみが滞在していることは事実である。しかしそこに対立関係を窺わせる要素はなく、左大臣橘諸兄が宣した勅は、紫香楽宮に移動した後であるものの、聖武天皇の勅とするのが妥当であろう。三月十一日に石上《いそのかみ》・榎井《えのい》の二氏が難波宮中外門に大楯・槍を樹《た》てたことも、太上天皇側の宮が皇都であるということではなく、天平十六年二月の段階では難波宮が皇都であるということを表しているのであろう。

（二）元正太上天皇と紫香楽宮

元正太上天皇は、天平十六年十一月十四日に難波宮を出て、十七日に紫香宮へ移った(36)。これは紫香楽の甲賀寺《こうがでら》で大仏の造立が始まった直後であり(37)、元正太上天皇が聖武天皇の説得に向かったであるとか、両者の間に妥協が成立した結果であるとされている(38)。しかし、このときの元正太上天皇の行動には、別の見方も可能である。

そもそも、聖武天皇が平城京を離れて恭仁宮に落ち着いた際、元正太上天皇は遅れて恭仁宮に到着している。天平十二年十二月丁卯条に「皇帝在前幸二恭仁宮一。始作二京都一矣。太上天皇・皇后在後而至」とあり、七か月後の天平十三年七月戊午条に「太上天皇移二御新宮一。天皇奉レ迎二河頭一」とある。新しい宮への移動に際して、天皇の御在所をまず造営した後に、太上天皇は新宮の完成を待って向かう場合がある。宮の移動にあたって、太上天皇が天皇と行動を共にしないことはあるのである。紫香楽宮の場合、天皇の御在所とは別に太上天皇の御在所が存在したことは確認されていないものの、元正太上天皇が遅れて紫香楽宮に向かったのには、こうした事情も考えられるのではないだろうか。

おわりに

これまで述べてきたことを整理すると、天平十六年二月の聖武天皇紫香楽行幸に際して、元正太上天皇が難波宮に留まり、橘諸兄が難波宮を皇都とする勅を宣したことについて、これは必ずしも両者が対立状態になったとはいえない。難波宮滞在中の元正太上天皇の行動は、聖武天皇との対立を想定しなくても説明できるのである。このときの、元正太上天皇と橘諸兄による難波宮滞在と皇都宣言は、紫香楽宮での大仏造立と連動する動きで

あったと考えられる。(39)

聖武天皇は大仏造立のために紫香楽宮に赴いたものの、紫香楽宮は朝堂や諸官衙は未整備の状態であった。(40)紫香楽宮が整備されるまでは、宮としての施設が備わっている難波宮を、「皇都」としたのである。実際、聖武天皇が恭仁宮から難波宮に行幸する直前の二月二十日には、恭仁宮の高御座・大楯・兵庫の器仗を難波宮に運んでいる。一方で、通常の政務は紫香楽の聖武天皇側で実施されており、左大臣が滞在している難波宮側で決定されたことは見えないのである。

「対立が見られなかった」とすると、従来議論の対象となってきたような、天皇と太上天皇、太政官が分離することによる緊張感はなかったことになる。そもそも両者の「対立」は、史料上は明確に語られているわけではない。難波宮滞在中の元正太上天皇の行動は、紫香楽側への対抗を見なくても説明できるのである。本章は憶測を重ねてしまった部分が多いものの、元正太上天皇の動きについて一つの見方を示してみた。天平十六年の難波宮皇都宣言と、その後の動向への理解に論点を提供できれば幸いである。この問題にはさらに、複都制の議論や光明皇后の位置づけへの言及も必要である。こうした視点も踏まえた検討には、改めて他日を期したい。

（1）　直木孝次郎「天平十六年の難波遷都をめぐって――元正太上天皇と光明皇后――」（『飛鳥奈良時代の研究』塙書房、一九七五年。初出一九七〇年）。

（2）　早川庄八「古代天皇制と太政官政治」（『講座日本歴史2　古代2』東京大学出版会、九八四年）二四頁。ここで早川氏は「この「勅」が聖武の勅であったとはとうてい考えられない。おそらく元正太上天皇の勅であろう」とする。

（3）　筧敏生「古代王権と議政官」（『古代王権と律令国家』校倉書房、二〇〇二年。初出一九八八年）および「古代王権と律令国家機構」（同書。初出一九九一年）。

（4）　渡辺晃宏『日本の歴史04　平城京と木簡の世紀』（講談社、二〇〇一年。講談社学術文庫版二〇〇九年）二四〇頁。

（5）吉川真司『天皇の歴史02　聖武天皇と仏都平城京』（講談社、二〇一一年）一四一頁。

（6）直木前掲註(1)論文一七六頁。

（7）『続日本紀』天平十六年四月丙申条に、

以下始営二紫香楽宮一、百官未上成、司別給二公廨銭一。惣一千貫。交関取レ息、永充二公用一。不レ得レ損二失其本一。毎年限二十一月一、細録二本利用状一、令レ申二太政官一。

とあり、紫香楽宮の百官が未だ完成していないので、諸司に公廨銭《くがいせん》を給ったとある。

また天平十七年正月己未朔条にも、

廃朝。乍遷二新京一。伐レ山開レ地、以造二宮室一。垣墻未レ成。繞以二帷帳一。

とあり、天平十七年の段階でも、朝賀を行う環境が整っていなかったことがわかる。

（8）小笠原好彦『聖武天皇が造った都　難波宮・恭仁宮・紫香楽宮』（吉川弘文館、二〇一二年）一九〇頁。

（9）吉川前掲註(5)書も、この時期の難波宮を「大極殿をもち、朝堂院や曹司を備える王宮」としている（一四〇頁）。

（10）平安時代の事例となるものの、『類聚三代格』諸使并公文事の弘仁九年六月十七日太政官符に「今以二九年計帳一、便附二八年朝集使一。即彼八年朝集税帳之政、九年四月以前並是勘畢。起レ自二五月一至二于八月一。為レ待二計帳一徒居二京下一」とあり、上京した朝集使は四月ごろまでは都に滞在していた（この官符ではさらに八月まで滞在することが問題となっている）。

また同じく『類聚三代格』牧宰事の貞観十年六月二十八日太政官符所引天長元年八月二十日清原夏野奏状に「国中之政朝集使可レ申。而或附二史生一至二于問レ政。譬猶レ面レ墻」とあり、各国の行政は朝集使が報告すべきものという認識があった。

（11）直木前掲註(1)論文一七九頁。ここで直木氏は「紫香楽宮に対抗して、難波をそれに劣らない帝都にしようとしているのである」としている。

（12）この年の十一月に、元正太上天皇が難波から紫香楽に向かった際は、十一月十四日から十七日までの三日を要している。

（13）吉川前掲註(5)書一三八頁。

(14) 中林隆之「護国経典の読経」(『日本古代国家の仏教編成』塙書房、二〇〇七年所収)一二七頁。
(15) 中林前掲註(14)論文一二七頁。聖武天皇が平城京に還都する前日にも、平城宮で大般若経が読まれている(天平十七年五月丁夘条)。
(16) 『続日本紀』十月辛丑条に「賜二郡司十四人爵一級一。高年一人六級。三人九級。行所レ経大鳥・和泉・日根三郡百姓年八十以上男女穀。人有レ差」とある。
(17) 栄原永遠男「茅渟県・日根県と和泉監」(和泉市史編さん委員会編『和泉市の歴史6　和泉市の古代・中世』和泉市、二〇一三年)一六四頁。ここで栄原氏は聖武天皇と元正太上天皇との対立を認め、元正太上天皇の珍努宮行幸は、紫香楽宮に対するものとして「珍努宮」を見立てようとする元正太上天皇の強い意志があるとする。
(18) 仁藤敦史「太上天皇制の展開」(『古代王権と官僚制』臨川書店、二〇〇〇年。初出一九九六年)五三頁。
(19) 本書第三章参照。
(20) 「行基大僧正墓誌」(大僧正舎利瓶記)に「近江大津之朝戊辰之歳、誕二於大鳥郡一」とあり(『寧楽遺文』による)、河内国(のち和泉国)の大鳥郡蜂田郷が行基の出生地とされる(吉田靖雄『行基と律令国家』吉川弘文館、一九八七年。一一頁)。
(21) 『続日本紀』天平十五年十月乙酉条に「皇帝御二紫香楽宮一。為レ奉レ造二盧舎那仏像一。始開二寺地一。於レ是、行基法師、率二弟子等一勧二誘衆庶一」とある。
(22) 板持連は、『新撰姓氏録』河内国諸蕃に板茂連として見える。また佐伯有清『新撰姓氏録の研究　考證篇第五』(吉川弘文館、一九八三年)は、後の河内国錦部郡板持村の地名にもとづくとする(四四九頁)。
(23) 長山泰孝「行基の布教と豪族」(『律令負担体系の研究』塙書房、一九七六年。初出一九七一年)三三一頁。
(24) 古尾谷知浩「文字瓦と知識」(『文献史料・物質資料と古代史研究』塙書房、二〇一〇年。初出二〇〇七年)一二八頁。
(25) 『続日本紀』天平十六年八月乙未条に、

詔、授二蒲生郡大領正八位上佐佐貴山君親人従五位下一。并賜二食封五十戸、絁一百疋、布二百端、綿二百屯、銭一百貫一。神前郡大領正八位下佐佐貴山君足人正六位上并絁卌疋、布八十端、綿八十屯、銭卌貫。斯二人、並伐二除紫香楽宮辺山木一。故有二此賞一焉。

とある。

(26) 仁藤前掲註(18)論文五三頁。

(27) 井上薫「紫香楽宮」(『日本古代の政治と宗教』吉川弘文館、一九六一年。初出一九五九年)。

(28) 井上前掲註(29)論文二六七頁。

(29) 筧前掲註(3)一九八八年論文二五八頁。筧氏の論拠は、元正太上天皇が難波宮から紫香楽宮に移動した記事が、「太上天皇幸二甲賀宮一」と難波宮側から紫香楽を見た表現となっていることである(天平十六年十一月癸酉条)。

(30) 『類聚国史』巻六十六　薨卒　弘仁十二年八月辛巳条の上毛野朝臣穎人卒伝。

(31) 筧前掲註(3)一九九一年論文一三二頁。

(32) 第七章「平安時代初期の太上天皇」参照。

(33) 仁藤敦史氏は、『続日本紀』の編纂方針が、天皇の一代記となることを意識しており、太上天皇関係の記事が削除されたことを指摘している(「古代における都城と行幸――「動く王」から「動かない王」への変質――」『古代王権と都城』吉川弘文館、一九九八年。初出一九九〇年。三六〇頁)。

(34) 義江明子『県犬養橘三千代』(吉川弘文館、二〇〇九年)一〇〇頁。ただし義江氏は、天平十六年にはこうした関係に亀裂があったとしている(一〇五頁)。

(35) 市川理恵「京戸に関する一試論」(『古代日本の京職と京戸』吉川弘文館、二〇〇九年。初出二〇〇三年)二一三頁。

(36) 『続日本紀』天平十六年十一月癸酉(十四日)条に「太上天皇幸二甲賀宮一」とあり、十一月丙子(十七日)条に「太上天皇自二難波一至」とある。

(37) 『続日本紀』天平十六年十一月壬申(十三日)条に以下の記事がある。

甲賀寺始建二盧舎那仏像体骨柱一。天皇親臨手引二其縄一。于レ時、種々楽共作。四大寺衆僧会集。儭施各有レ差。

(38) 『続日本紀』天平十八年十月甲寅条には、

天皇・太上天皇・皇后、行二幸金鍾寺一。燃二灯供養盧舎那仏一。仏前後灯一万五千七百餘坏。夜至二一更一、使二数千僧一、
令下擎二脂燭一、賛歎供養、繞レ仏三匝上。至二三更一而還レ宮。

とあり、平城京還都後、元正太上天皇が聖武天皇らとともに大仏の燃灯供養に参列したことが見える。元正太上天皇も、

大仏造立事業そのものには否定的ではなかったようである。

(39)　ただし、橘諸兄は紫香楽での大仏造立と甲賀寺造営には消極的であったとの指摘もある（栄原永遠男「紫香楽大仏の造顕と聖武天皇の行幸」GBS実行委員会『ザ・グレイトブッダ・シンポジウム論集第二号　論集　東大寺創建前後』法藏館、二〇〇四年。一一頁）。

(40)　小笠原好彦『聖武天皇と紫香楽宮の時代』（新日本出版社、二〇〇二年）一四五頁。

第五章　孝謙太上天皇と「皇帝」尊号

はじめに

孝謙天皇（後に重祚して称徳天皇）は古代史上最後の女帝として知られているが、その政治に関しては、前半（孝謙天皇期）は藤原仲麻呂政権下において藤原仲麻呂と光明皇太后に実権を握られたとされ[1]、仲麻呂の乱後に重祚して称徳天皇となった後は主に道鏡との関係が中心に論じられ[2]、孝謙天皇そのものに関する論考は少ない。

しかしその一方で、孝謙天皇の存在は、聖武天皇のもとで史上唯一の女性皇太子とされ、草壁皇統の最後の継承者となったという点から、奈良時代の皇位継承を考える上で看過できない。また、淳仁天皇に譲位して太上天皇となった後に臣下から「皇帝」号を贈られ、道鏡の処遇をめぐる問題から太上天皇と天皇の「大事小事」分離宣言を発した上に、仲麻呂の乱後に淳仁天皇を廃位し、僧体のまま再び皇位に就いたという事例は、奈良時代の天皇と太上天皇のあり方を考察する上で注目すべき点である。そうした中で瀧浪貞子氏の研究に見られるように孝謙天皇の皇統意識を中心とした再評価も進んでいる[3]。本章ではこのような特異な行動が見られる孝謙太上天皇に関して、臣下から奉献された「皇帝」尊号の意義、草壁皇統を中心とした皇位継承の問題からの考察を目的とする。

第三章で論じたように、奈良時代前半の持統から元正までの太上天皇の事例を見ると、太上天皇は時として天皇やあるいは政局に対して影響力を示すことはあったが、単独で天皇大権を行使することはなかった。しかし、孝謙太上天皇の場合、しばしば天皇に匹敵するような行動が見られ、特に天平宝字六年（七六二）の大事小事の皇権分離宣言[4]以降は著しいものがある。その行動は時として天皇の存在（具体的には淳仁天皇）を超えるものであるが、同時に太上天皇の限界をも示している。従来太上天皇の権能、あるいは権力の強さの好例としてこの孝謙太上天皇の行動が挙げられてきた[5]。

孝謙太上天皇の行動が淳仁天皇に匹敵するものであったことは確かである。しかし、孝謙太上天皇の地位の特殊性を無視したまま、彼女の行動の根拠を太上天皇という地位に付与された権能に求めることはできない。そこで、以下天平宝字二年八月に孝謙太上天皇に奉献された皇帝尊号の問題と、淳仁天皇即位によって生じた草壁皇統断絶の問題の二点に注目しながら、孝謙太上天皇の地位の特殊性を論じていきたい。

第一節　孝謙太上天皇への「皇帝」尊号奉献

孝謙天皇が舎人親王の子である大炊王（淳仁天皇）に譲位したのは、天平宝字二年（七五八）八月一日のことであった。『続日本紀』天平宝字二年八月庚子朔条には譲位宣命、即位宣命、叙位の記事の後に、

是日、百官及僧綱詣二朝堂一上レ表、上二上臺・中臺尊号一。其百官上表曰、臣仲麻呂等言。（中略）謹拠二典策一、敢上二尊号一。伏乞、奉レ称二上臺宝字称徳孝謙皇帝一、奉レ称二中臺天平応真仁正皇太后一。上協二天休一、伝二鴻名於万歳一、下従二人望一、揚二雅称於千秋一。不レ勝二至懇踊躍之甚一。謹詣二朝堂一、奉レ表以聞。（以下略）

とある。本来「儀制令」に規定されているように、天皇は譲位することによって自動的に「太上天皇」と称される存在であった[6]。しかし、ここでは譲位した孝謙太上天皇は藤原仲麻呂を筆頭とする臣下と、菩提僊那《ぼだいせんな》を筆頭とする僧綱からの表によって「上臺」として扱われ、「宝字《ほうじ》称徳《しょうとく》孝謙《こうけん》皇帝《こうてい》」の尊号を奉られている。この皇帝尊号

奉献は従来、仲麻呂政権時代の唐風趣味の産物として見られてきたが、(7)ここで、もう少しその奉献の意義を考えてみる必要があろう。

まず、「上臺・中臺尊号」の「上臺」という言葉は、『大漢和辞典』の解説（第一巻二一〇頁）によると「天子の御座所、天子の宮殿」とあり、瀧川政次郎氏は「上臺・中臺」の語は唐の則天武后《そくてんぶこう》期に用例があるとして、上臺とは天皇その人を指す言葉であろうとしている（上臺・中臺の語に関しては、第五章附論「『続日本紀』天平宝字二年八月庚子朔条「上臺」考」で改めて論ずる）(8)。則天武后といえば、国号を唐から周に改めて即位した、中国史上唯一の女帝であったことに加えて、自らの権威を高めるために尊号を多用したことが特色として挙げられる。日本においては光明皇太后の行動が則天武后を意識したものであったことが指摘されているが(9)、それだけではなく、孝謙太上天皇の行動の中にも、則天武后を意識した例が見出せるのである(10)。すなわち、尊号による新たな権威の確立や、則天武后の場合は皇太后時代のことではあるものの、皇帝を廃位した点である。

『旧唐書《くとうじょ》』本紀第五高宗下の上元元年（六七四）八月壬辰条に「皇帝称二天皇一、皇后称二天后一」とあるように、則天武后の皇后時代に皇帝を「天皇」号に、皇后を「天后」号に改称している。また『旧唐書』本紀第六則天武后の載初元年（六九〇）九月九日壬午条と乙酉条に「九月九日壬午、革二唐命一、改二国号一為レ周。改レ元為二天授一、大二赦天下一、賜二酺七日一。乙酉、加二尊号一曰二聖神皇帝一」とあり、則天武后は、単なる「皇帝」としてではなく「聖神皇帝」という「尊号」を称して帝位に就いているのである。さらに、その後も長寿二年（六九三）に「金輪聖神皇帝」号、翌長寿三年には「越古金輪聖神皇帝」号というように、頻繁に新しい尊号を称している。則天武后にとっては尊号は装飾ではなく、その文字の意味を反映させて自らの権威を高めることを期待したものであった(11)。

こうした思想が孝謙太上天皇への皇帝尊号奉献にも影響を与えていると考えることができる(12)。前述のように孝謙・淳仁期における一連の唐風化政策は、仲麻呂政権下における唐風趣味の反映に過ぎないという見解がある。しかし、この皇帝尊号の問題は藤原仲麻呂による唐風趣味の要素があったとしても、あるいはむしろ唐風趣味が前面に出ればなおのこと、則天武后の例が意識され、孝謙太上天皇に対して奉られた皇帝尊号は、単なる装飾以上に実質的な意味を持つものとなったのである。

孝謙太上天皇期の皇帝尊号については、長瀬一平氏が孝謙太上天皇による淳仁天皇廃位の論理の考察から、「太上天皇」号では天皇を廃位することはできず、「宝字称徳孝謙皇帝」号が廃位し得る根拠になることを指摘している。(13)この指摘について春名宏昭氏は当該時期の日本の「皇帝」尊号を仲麻呂の唐風趣味の結果として、大きな意味を持たないとしているが、(14)前述のように「唐風」であればこそ、考慮してみる必要があろう。孝謙太上天皇と淳仁天皇の関係は、『続日本紀』中においても異例なものがある。孝謙は「太上天皇」ではなく「高野天皇」と表記され、(15)淳仁天皇とともに儀式に臨んだことが多く記されるなど天皇にかなり近い、あるいは同格の扱いとなっている。(16)従来、こうした孝謙太上天皇の地位の高さが、すなわち太上天皇の権能の高さに繋がると理解されてきた。(17)しかしこの場合孝謙が単に太上天皇であるからというよりは、唯一の草壁皇統の継承者であるという地位、(18)そして譲位に際して特に百官及び僧綱からの表による形で「上臺」すなわち天皇と同様の地位とされ、さらに「宝字称徳孝謙皇帝」とされたことが孝謙太上天皇の行動の根拠となっているのである。

では、なぜここで孝謙太上天皇は「上臺」とされ、「皇帝」の称号を奉られたのであろうか。奈良時代の皇位継承の特色として、天武天皇の系統の、しかも草壁皇子直系の子孫への継承が重視されていたことはすでに指摘されている通りであるが、(19)孝謙太上天皇はその草壁直系の最後の継承者となっていた。そして、天武天皇の孫王とはいえ、舎人親王の子であり、草壁皇子の血統とは異なる淳仁天皇の即位は、それまでの草壁直系皇統の断絶につながるものであり、(20)このような状況のもとで即位した淳仁天皇の権威が低かったことはすでに指摘されている。[21] しかし、いくら権威が低かったとはいえ、淳仁を天皇として立てたこともまた事実であり、[22] また仲麻呂の乱による淳仁天皇の廃位がなかったら、その後は淳仁天皇の系統が皇位を継承した可能性もある。そして、その淳仁天皇の即位を推進したのはこの時期の政権の主導者にして、光明皇太后の権威を背景にした藤原仲麻呂であった。つまり藤原仲麻呂は、新たな皇統が形成されようとする転換期において、草壁直系の孝謙太上天皇の権威を確認するとともに、彼女に淳仁天皇の正当性を保証するための、新たな権威を付与することを目指した。そのために仲麻呂は百官・僧綱からの上表という形を借りて、孝謙太上天皇を「上臺」として扱い、宝字称徳孝謙皇帝という称号を奉ったのではないだろうか。[23] この尊号が自称ではなく、仲麻呂の主導ではあるものの百官・僧綱からの上表という形で奉られたという点は重要である。このことは仲麻呂以下の官人たちの側から、彼女をそのように見做すという意思表示であり、孝謙太上天皇の一連の行動は、仲麻呂を筆頭とする臣下からのこのような扱いの上に成り立っていたのである。

さらに、この時期の「皇帝」尊号の問題に関していえば、孝謙太上天皇に続いて『続日本紀』天平宝字二年八月戊辰（九日）条で、聖武天皇に対して「勝宝感神聖武皇帝《しょうほうかんじんしょうむこうてい》」の尊号が贈られ（同日には草壁皇子に対しても「岡宮御宇天皇《おかのみやにあめのしたしろしめししすめらみこと》」号を追尊）、さらに翌天平宝字三年六月庚戌条において淳仁天皇の父である舎人親王にも「崇道尽敬皇帝《すどうじんけいこうてい》」の尊号が贈られている。特に舎人親王に対しての場合は、同日条の淳仁天皇の宣命（第二十五詔）中の文に「先考を追ひて皇とし」、つまり「皇（スメラ）と」なして皇帝号を贈る、という語句があることが着目される。「皇」という一文字の語句の用例としては、『続日本紀』中では主に宣命文中に見え、現天皇、あるいはそれにつながる尊属の存在に対して用いられている。[24] すなわち、この場合は天皇として即位していなかった舎人親王を特に天皇位に就いた存在と同列に見做し、その証しとして「皇帝」尊号を贈っているのである。また、この三者（聖武・孝謙・舎人）への皇帝尊号奉献が、単なる「唐風趣味」だけの問題ではないことは、草壁皇子にだけは「岡宮御宇天皇」の尊号が贈られ、「皇帝」尊号が贈られていないことからも両者の間に何らかの区別が意識されていたであろうことからもいえる。(25) つまり、この時期、聖武天皇・孝謙太上天皇に加えて、舎人親王をも「皇」の列に加えて「皇祖」化を図るとともに「皇帝」号を追贈することによって、草壁皇子には繋がらない新たな皇統の形成が進められたのである。(26)

もっとも、この政策は光明皇太后や藤原仲麻呂が主導したものであり、(27) 草壁皇統意識が強い孝謙太上天皇にとっては必ずしも全面的に承認しがたい面もあったようである。というのも『続日本紀』天平宝字三年六月庚戌条の淳仁天皇の宣命（第二十五詔）には、舎人親王への皇帝尊号追贈をめぐる、以下のようなやりとりがあったことが述べられている。

①光明皇太后が淳仁天皇に対して、先考（舎人親王）を「追ひて皇とし」、母（当麻山背《たいまのやましろ》）を大夫人とし、兄弟姉妹を親王としてはどうか、と勧めてきた。

②淳仁天皇は、光明皇太后からの勧めの内容について、孝謙太上天皇に相談した。

③孝謙太上天皇は、淳仁天皇一人を天皇にさせてもらっただけでも有り難いのに、父母兄弟姉妹まで地位を上げてもらうのは恐れ多いことなのだから、光明皇太后の勧めた内容は辞退するように、と指示した。

④淳仁天皇は、自分は「聖武天皇の皇太子」(28) として即位した者であり、どうして父母兄弟姉妹まで地位を上げることができましょうか、と光明皇太后に奏上した。

⑤光明皇太后は淳仁天皇に、自分がいわなければこのことは誰もいわないことだといい、親にも福を贈るようにと、再び追贈を勧めた。

⑥淳仁天皇は、この光明皇太后の勧めを受けて、舎人親王に「崇道尽敬皇帝」号を贈り、生母である当麻山背を大夫人とし、兄弟姉妹の諸王を親王とした。

（この後、辞別で淳仁天皇・藤原仲麻呂の近親者を中心とする叙位を行う）

このやりとりからは、最初に光明皇太后が淳仁天皇に勧めた舎人親王に対する尊号追贈を、孝謙太上天皇は淳仁天皇に命じて辞退させようとし、再度光明皇太后が勧めたことにより決定した経緯がわかる。つまり、孝謙太上天皇は聖武天皇や草壁皇子への尊号追贈は行い「草壁」皇統にこだわろうとする姿勢を見せるが、舎人親王など淳仁天皇一族への尊号追贈や親王昇格には消極的なのである。それに対して光明皇太后は積極的に淳仁天皇に対して舎人親王への尊号追贈を勧め、聖武や孝謙も含んだ形での新たな皇統権威形成をしようとする姿勢が見られる。こうした、皇統をめぐる孝謙太上天皇と光明皇太后（その背後には、当然藤原仲麻呂の存在が想定される）の間の意識のずれは、結果として孝謙太上天皇と淳仁天皇との対立へと至り、また孝謙太上天皇の、自らを最後の草壁皇統の継承者とする意識を助長するものとなった。

いずれにしても、ここで孝謙太上天皇に続いて、故人である聖武天皇や舎人親王にも相次いで「皇帝」尊号が追贈されたのは、孝謙太上天皇とともに淳仁天皇の正当性に関わるもう一人の存在である聖武天皇と（註(26)参照）、新たな皇統たる淳仁天皇の尊属にも新しく権威を付与する意図があったからである。また、孝謙太上天皇が上臺とされ、皇帝尊号を贈られて重視されるのは、やはりこの後の廃位の宣命などにも見えるように、非草壁皇統から立てられて、新たな皇統となるべき淳仁天皇の正当性を保証する存在であったからであろう。第三章で論じたように、八世紀の太上天皇の基本的な存在意義は新天皇、次期天皇の正当性の保証・付与といったものであった。しかし、この太上天皇の役割は、孝謙太上天皇以前は草壁直系の天皇に対する正当性保証というものであった。それが、ここで草壁直系につながらず、もともと権威のない天皇に新たな権威や正当性を付与する状況になり、孝謙太上天皇自身も新しい、さらなる権威を必要としたのだといえる。

第二節　孝謙太上天皇と淳仁天皇の「大事小事」分離宣言

この後、孝謙太上天皇と淳仁天皇の関係は道鏡をめぐる問題で冷却化し、『続日本紀』天平宝字六年六月庚戌条の孝謙太上天皇の宣命（第二十七詔）によって新たな展開を迎える。この宣命は有名な「大事」と「小事」の分担宣言であり、これを以て孝謙太上天皇が事実上復位し、天皇大権を掌握したかのように説かれる場合が多い。[29]

しかし、この後も天皇大権発動の象徴である駅鈴と内印は、淳仁天皇が保持していることから、孝謙太上天皇が宣命の内容通りに即「国家大事」の大権を掌握したかどうかは疑問である。この宣命で、孝謙太上天皇は「国家大事賞罰」の二柄は自分が行うとしている。「国家大事」が何を具体的に指すかは不明確であるものの、[30]それと並んで掌握すべきものに挙げている賞罰権に関しては、木本好信氏の分析に見るように、[31]即掌握したとは考えられない。この宣命が出された後、乾政官《けんせいかん》（太政官）が後述の紀寺《きでら》奴《のやっこ》の放賤従良《ほうせんじゅうりょう》問題の際のように重要な事項の採決を孝謙太上天皇に求めている例が見られ、一見宣命通り事が推移しているかのようである。しかし孝謙太上天皇が、仲麻呂の乱に際して淳仁天皇側が保持していた駅鈴と内印をかなり無理をしてまで手中に収めようとしたことは無視できないであろう。この点については新日本古典文学大系本『続日本紀』の補注（第三巻、巻二十四―十九、佐々木恵介氏が主に担当とある）でも駅鈴と内印などの問題を挙げて「したがってこの宣命は、淳仁との不和が頂点に達したなかで、孝謙の激した感情がそのまま表現されたものではあるが、その実効力をあまり高く評価することはできないのである」と指摘している。

駅鈴と内印を保持するか否かという問題は、一見瑣末な事のようにも見えるが、奈良時代の天皇大権の発動には駅鈴と内印が重視されていた。[32]天皇の意思は内印（天皇御璽）が押印された公文書によって国家意思化するものであり、その内印や駅鈴が淳仁天皇側にあったことは無視できない。しかも、仲麻呂の乱に際して孝謙太上天皇は、淳仁天皇側の駅鈴と内印の回収が完了してから、藤原豊成復任のような叙位・任官などの行動に移っている[33]。こうした点からも、天平宝字六年六月の宣命は淳仁天皇に対する孝謙太上天皇の感情が現れたものであり、また次に見るようにある程度は淳仁天皇を無視した行動に出る根拠ともなったが、「国家大事」の全てを掌握したものではなく、そこに太上天皇としての限界が示されているといえるのである。

第三節　孝謙太上天皇と紀寺奴の放賤従良問題

天平宝字六年（七六二）の皇権分離宣言後も、淳仁天皇は天平宝字七年正月庚申に閤門で蕃客（渤海使）と五位以上の官人を饗しているように、全く無力な存在となったのではない。しかし天平宝字七年末から同八年七月までかかった紀寺奴の放賤従良問題では、孝謙太上天皇が問題の処理を主導している。この問題はこの時期の天皇と太上天皇の関係を見るための好事例であり、『続日本紀』天平宝字八年七月丁未（十二日）条に一連の経過が述べられている。長くなるが全文引用すると次の通りである。

先レ是、従二位文室真人浄三等奏曰、「伏奉二去年十二月十日勅一、『紀寺奴益人等訴云、〈紀袁祁臣之女粳売、嫁二木国氷高評人内原牟羅一、生二児身売・狛売二人一。蒙レ急、則臣処分、居二住寺家一、造二工等食一。後至二庚寅編戸之歳一、三綱校レ数、名為二奴婢一。因レ斯、久時告愬、分雪無レ由。空歴二多年一、于レ今屈滞。幸属三天朝照二臨寓内一、披二陳鬱結一。伏望、正レ名〉者。為レ賤為レ良、有レ因有レ果。浮沈任レ理、其報必応。宜下存二此情一、子細推二勘浮沈所一レ適、剖判申聞上』者。謹奉二厳勅一捜二古記文一、有二僧綱所一庚午籍、書二寺賤名一。中有二奴太者并女粳売及粳売児身売・狛売一。就中、異腹奴婢皆顕二入由一、太者并児入由不レ見。或曰、戸令曰、『凡戸籍恒留二五比一。其遠年者依レ次除。但近江大津宮庚午年籍不レ除。』蓋為二氏姓之根本一、遏二姦欺之乱基一歟。拠レ此而言、猶為二寺賤一。或曰、『賞疑従レ重、刑疑従レ軽、典冊明文。何其不レ取。因レ斯覆審、或可レ従レ浮。』双疑聳立、各自争レ長。浄三等庸愚、心迷二孰是一、軽陳二管見一、伏聴二天裁一。」奉レ勅、「依二後判一」、於レ是、益麻呂等十二人賜二姓紀朝臣一。真玉女等五十九人内原直。即以二益麻呂一為二戸頭一、編二附京戸一。而紀朝臣伊保等、猶疑レ非レ勅。至レ是、召二御史大夫従二位文室真人浄三・参議仁部卿従四位下藤原恵美朝臣朝獦一入二於禁内一、高野天皇口勅曰、「前者卿等勘定而奏、『依二庚午籍一勘者可レ沈』、是一理也。又検二紀寺遠年資財帳一、『異腹奴皆顕二入由一、粳女一腹不レ見二入由一。拠レ此而言、或可レ従レ浮。』是亦一理也。罪疑就レ軽、先聖所レ伝。是以、従レ軽之状、報宣已訖。而紀朝臣等猶疑レ非レ勅、不レ肯二信受一。致レ今、召二御史大夫文室真人一、面告二其旨一。復召二朝獦一、副令二相聴一。」

すなわち、前年十二月以前に、紀寺奴の益人等が従良《じゅうりょう》を申し出ていたのに対し、孝謙太上天皇の勅によって乾政官が審議したものの決断しかね、再び孝謙太上天皇に裁決を求めている。孝謙太上天皇は従良させる意向を示したものの、紀氏の氏上《うじのかみ》紀伊保《きのいほ》に勅の内容を疑われ、さらに孝謙太上天皇による最終確認がなされた翌日の七月戊申（十三日）に「遣レ使宣レ詔、放二紀寺奴益人等七十六人一従レ良」とあるように従良された。

この問題もまた太上天皇が良賤問題に介入できた例として知られるが、実際はどうであろうか。今、良賤問題そのものに細かく立ち入ることをせずに決定過程を眺めていくと、[34]現実問題として乾政官は孝謙太上天皇に裁決を委ねている。しかし、前年十二月以前に起こった問題を半年たっても処理できず、さらに最終決定を下した孝謙太上天皇の勅は、当時の紀氏の氏上たる紀伊保から「勅に非ざるか」と疑われ、乾政官もそれを押し通すことができなかった。こうした混乱が発生したのは、本来政務に直接関与することが想定されていない孝謙太上天皇が、皇帝尊号を得た特殊な身位のまま、天平宝字六年六月の宣命（実際に大事小事が分離されていなくても）を発して「国家大事」に介入しようとし（註(30)参照）、乾政官が対応に苦慮した結果によると考えられる。[35]天平宝字六年六月の宣命以来、孝謙太上天皇の意思がここまで前面に出たことはなかったが、こうした状態の中、議政官の実質的首班の御史大夫《ぎょしたいふ》文室浄三《ふんやのじょうぞう》が九月戊戌（四日）に致仕《ちし》し、議政官が大師藤原仲麻呂の他はみな中納言以下となり[36]、その直後に仲麻呂の乱が発生している。文室浄三の致仕の時期が、高齢であったからとはいえ[37]、紀寺奴問題の後、仲麻呂の乱の直前であるのも示唆的である。あるいはこうした事態の対処に苦慮しての致仕とも考えられるし、仲麻呂の乱の発生が議政官の実質的首班の辞任後の空白期間であることにも留意するべきである[38]。

この紀寺奴の放賤従良問題は、乾政官（太政官）が良賤問題の裁決を太上天皇に委ねた面だけを強調することはできない。その一方で紀寺奴を従良させるにあたって承服しなかった紀伊保が、孝謙太上天皇の命を「猶疑レ非レ勅」ったことにも注目するべきである。天平宝字六年の宣命の影響及び角田文衞氏が想定する事情によって乾政官は審議に半年以上かけ、さらに太上天皇に裁決を求めているが、その勅が疑問を持たれてしまうような結果となっているのである。仁藤敦史氏はこの問題に関して、孝謙太上天皇の勅が疑われたのは淳仁天皇の裁可ないし内印の押捺などを欠いていたからだとし、この勅に有効性を持たせるために従良の人数を五名増加させて「恩寵を示すことで、疑義を納得させた」としている[39]。これは淳仁天皇の裁可などの理解は良いとしても、従良人数の増加で納得させたとするのは疑問が多い。なぜならば、勅に疑問を持ったのは紀寺の奴ではなくて紀伊保である。彼の位置付けを角田氏のように「紀氏の氏上」としても、松崎英一氏が指摘するようにそれに加えて、仁部大輔としてこの事件の担当者であったとしても、いずれにせよ奴が解放されることには反対の立場なのであって、従良者が増えるのはかえって歓迎しないことであったと思われるからである[40]。

この問題がとにかくも解決した背景としては、先に挙げた『続日本紀』天平宝字八年七月丁未条の後半を読むと、最初の裁決の時はおそらく孝謙太上天皇の決定が乾政官を通して紀伊保らに伝えられたであろうが、最終決定の時は、「致レ今、召二御史大夫文室真人一、面告二其旨一。復召二朝獦一、副令二相聴一」めているとある。この時藤原朝獦《あさかり》は参議《さんぎ》仁部卿《にんぶきょう》という地位であったので、従良問題に関与して当然であるとはいえ、松崎氏が示唆するように、仲麻呂の息子である藤原朝獦を通じて淳仁天皇に孝謙太上天皇の意思が伝えられ(41)、それによって仁藤氏も指摘するように、淳仁天皇の裁可が得られて解決したとも考えられる。この問題の解決経過からもわかるように、孝謙太上天皇と淳仁天皇との間に発生した国政処理をめぐる混乱は、単に国家大事を太上天皇が掌握したからではなく、本来天皇が掌握するべき国政に、孝謙太上天皇が自らの「権威」をもって介入を試みたことに拠るものであった。こうした状態が解消されるのは、紀寺奴の放賤従良問題からわずか二か月後の仲麻呂の乱によってなのである。

第四節　孝謙太上天皇と皇統の問題

孝謙太上天皇が「正式に」復位した日は『続日本紀』には明記されていない。しかし、実質的に淳仁天皇側の駅鈴と内印を回収した時点で天皇大権を掌握する唯一の存在となったであろう。そして、孝謙太上天皇はこの後の天平宝字八年十月壬申（九日）条の宣命（第二十九詔）で淳仁天皇を廃位し、淳仁天皇を前天皇でありながら太上天皇と称することを否定し、淡路公《あわじのきみ》として「幽二于一院一」している。この廃位の根拠として、宣命中では、淳仁天皇が、孝謙太上天皇に対して無礼である点と孝謙太上天皇を除こうとした点が挙げられている。先に見たように孝謙太上天皇は、皇帝尊号を背景にした新たな皇統の保証者であり、同じ天武系とはいえ、草壁皇子の血を引かない新たな皇統となる淳仁天皇の権威を保証する存在であった。淳仁天皇の廃位は、孝謙が単に太上天皇であるからというよりは、皇統の保証者（さらに草壁皇統の最後の継承者）であり、臣下から「上臺」として扱われ皇帝尊号を称するという、太上天皇よりもさらに天皇に近い位置付けがなされるという要素が重なって可能となったものである。

なお、この廃位の宣命中に聖武太上天皇が孝謙天皇に示したという「遺詔」が述べられている。それが「王を奴《やっこ》と成すとも、奴を王と云ふとも、汝の為《せ》むまにまに」というよく知られたものであり、草壁皇統の継承者たる孝謙に対して、あり得る内容ではある。しかし同じ聖武太上天皇の「遺詔」でも天平宝字元年の道祖王廃太子の際は「於レ是、勅召二群臣一、以示二先帝遺詔一、因問二廃不之事一」（天平宝字元年三月丁丑条）とあるように、群臣にはっきりと「遺詔」を示しているが、この天平宝字八年の淳仁天皇廃位の際の「遺詔」は「朕また一二の竪子等《わらわら》と侍《はべ》りて聞食《ききたまい》て在り」としかいえない、はっきり示すことのできない曖昧なものであった。太上天皇の遺詔が皇位継承に際して影響力を持っていたことは齋藤融氏が指摘しており、(42) 淳仁天皇を廃位する際に示された聖武天皇の「遺詔」は孝謙太上天皇の仮託と考えることもできる。(43)

またこの時、孝謙太上天皇は淳仁天皇を廃して重祚している。唐の例に倣えば、他ならぬ則天武后が、皇帝（中宗《ちゅうそう》と睿宗《えいそう》）が存在しながら、皇太后のまま称制を行っている例もあり、(44) 淳仁を天皇としたまま、孝謙が太上天皇のまま大権を掌握する方法もあったはずである。もし春名氏が説くように太上天皇が天皇大権を掌握する存在ならば、それは可能なことであろう。しかし、それにもかかわらず敢えて重祚を選んだところに、日本の太上天皇の位置付けの限界が表れているのである。(45)

前述のように孝謙太上天皇はいつかは明確ではないものの、重祚し再び「天皇」となった。(46) これを伝える『続日本紀』天平神護元年（七六五）十一月癸酉条には「先レ是、廃帝、既遷二淡路一。天皇、重臨二万機一。於レ是、更行二大嘗之事一。以二美濃国一為二由機一、越前国為二須伎一」とある。淳仁天皇を廃位した翌年、称徳天皇（孝謙太上天皇）が重祚したので、再び大嘗祭《だいじょうさい》を行ったという記事である。(47) ここでは淳仁天皇（廃帝）が淡路に遷ったので、孝謙太上天皇が「重ねて万機に臨」んだとしている。「万機」を掌握したのが具体的にどの時点なのかが不明確なのは、仲麻呂の乱に伴う混乱によって皇権の移動と淳仁天皇の廃位が漸次行われたことによるものと思われるが、ここで淳仁天皇を廃した後に孝謙太上天皇が「万機に臨んだ」と表記されていることは、天皇と太上天皇の差異を窺わせるものがある。

また、称徳天皇は『続日本紀』による限り即位儀を行った形跡が見えない。岡田精司氏は、古代においては、従来考えられていたように大嘗祭ではなく、即位儀こそが本来の天皇としての就任儀礼であり、大嘗祭は必ずしも不可欠のものではないことを明らかにした(48)。そして即位儀が天孫降臨神話を象徴するものである点を指摘し(49)、一方で大嘗祭には「服属する畿外の国々の貢上する初穂をもって天皇の守護神を祭るところに、大嘗祭の本来の意義がある」とした(50)。称徳天皇の大嘗祭に関しては、神事である大嘗祭に仏教的要素が入り、道鏡が参加しているという特異性に関する論考もあり(51)、称徳天皇が二度目の大嘗祭を行った背景はこうした面からも説明できる。しかし、それ以外に、即位儀は行わずに大嘗祭のみを挙行した意義はどこにあるだろうか。太上天皇はかつて天皇として即位儀を行ったことがある存在である。その即位儀に際して高御座に登るという行為は、ニニギノミコトの天孫降臨神話の再現を意味している(52)。そして、そこで即位宣命を発するということは、高天原《たかまがはら》以来連綿と続く天津日嗣《あまつひつぎ》を継承したことを宣言するものであり(53)、皇孫としての聖性を得ることであった。その聖性は譲位しても変わることはなかったであろう。一方で、大嘗祭が岡田精司氏の説くごとく畿外国の服属儀礼であるとすれば、称徳天皇重祚にあたって大嘗祭を行うということは、畿外国に対して再び服属関係を確認することであり、ここで「国土支配」の権限を再び得るということになる。すなわち、一度譲位して太上天皇となった時点で天皇経験者としての資格はそのまま残るものの、服属関係は新天皇に移譲されていた。そのために、再び大嘗祭を行うことによって服属関係は取り戻されるのである。このように、重祚に際して即位儀は不要であるものの、大嘗祭は行うという点に、太上天皇と天皇の差異を見ることができるのである。

おわりに

第三章で論じたように、八世紀、奈良時代の太上天皇は、天皇の正当性の保証者としての意義をもっていた。しかし天皇と同等の権能を有するものではない。そのような中にあって、孝謙太上天皇は藤原仲麻呂の叙位・任官に関与し、また放賤従良問題を淳仁天皇に代わって採決するなど、天皇の権能に迫る行動をとっている。しかし、これは太上天皇が天皇と同等の権能を有していたことが理由ではない。

孝謙太上天皇の行動の根拠は、単に彼女が太上天皇であったからというだけではなく、八世紀全般の基調ともなっていた草壁皇統による皇位継承が不可能になろうとしたときに試みられた、仲麻呂政権下における「唐風化政策」に基づく新たな皇統形成の動きに求められる。これは藤原仲麻呂の推進した政策の一環であり、日本には馴染みの薄かった唐風の尊号制度などを取り入れて新しい権威を形成しようとしたものの、最終的には権威を高めた太上天皇と天皇との争いを招き、「宝字称徳孝謙皇帝」による天皇の廃位という事態へと至った。

神話的思想に支えられた八世紀の草壁系天皇は、最終的には神話も仏教も天命思想も全て取り込もうとした称徳天皇によって終焉を迎えた。(54)重祚後の称徳天皇は最後まで皇太子を置かず、道鏡を皇位に就ける動きも（それが称徳天皇の意思であったかどうかはとにかく）実現しないまま、神護景雲四年（宝亀元年、七七〇）に最後を迎えた。称徳天皇の生涯はまさに「皇統に翻弄されつづけてきた」(55)ものであったといえる。その後の天皇は、群臣によって推挙された光仁天皇、そしてその子であり、草壁皇統とは何ら関わりを持たない桓武天皇のもとで、新たなありかたを形成することになる。

（1）　岸俊男『藤原仲麻呂』（吉川弘文館、一九六九年）を参照。

(2) 北山茂夫『女帝と道鏡　天平末葉の政治と文化』（中央公論社、一九六九年）を参照。

(3) 瀧浪貞子『最後の女帝　孝謙天皇』（吉川弘文館、一九九九年）、同「孝謙女帝の皇統意識」（『日本古代宮廷社会の研究』思文閣出版、一九九一年所収）。

(4) 『続日本紀』天平宝字六年六月庚戌条の宣命第二十七詔。

(5) 春名宏昭「太上天皇制の成立」（『史学雑誌』九九―二、一九九〇年）二〇頁以降。

(6) 儀制令天子条参照。なお、奈良時代の史料（『続日本紀』や正倉院文書など）では、天皇は「皇帝」（「東大寺封戸処《とうだいじふこしょ》分勅書《ぶんちょくしょ》」）や「今上」（「国家珍宝帳」）のように様々な形の表記がなされているものの、太上天皇は太上天皇としか表記されない。例外として、正倉院文書中の生江臣家道女願経貢進文《いくえのおみいえみちのむすめがんきょうこうしんもん》（『大日本古文書』四―二三一）に「帝上天皇」（聖武太上天皇を指す）という表記がある。これは「帝」の音が呉音で「タイ」であるところから、「帝上」で「タイジャウ」と訓み、「太上」に通じるものであろう。

(7) 岸前掲註(1)書二三五頁。

(8) 瀧川政次郎氏は『旧唐書』巻四十二職官志一の「咸亨元年十二月詔。『龍朔二年新改尚書省百司及僕射已下官名、並依レ旧。其東宮十率府、有レ異二上臺諸衛一、各宜三依レ旧為二率府一（後略）』」とある文を例にして、上臺が天子、ひいては天皇を指す言葉となったとしている（「紫微中台考」『法制史論叢第四冊　律令諸制及び令外官の研究』角川書店、一九六七年所収、初出一九五四年。二九一・二九三頁）。

(9) 例えば瀧川前掲註(8)論文二九一頁。

(10) 佐藤宗諄氏は「女帝と皇位継承法――女帝の終焉をめぐって」（『日本女性史　第1巻　原始・古代』東京大学出版会、一九八二年所収）一六六頁以降で、四字年号の使用、尊号奉上、『維城典訓《いじょうてんくん》』の導入を例に、孝謙太上天皇の政治的行為のモデルを則天武后に求めており、孝謙・称徳天皇が積極的に則天武后の政治を模倣しようとしたとしている。

(11) 外山軍治氏は『則天武后　女性と権力』（中央公論社、一九六六年）八二頁で、皇后号の天后号への改称を「武后は皇帝の妻の座から一歩皇帝の座に接近したことをしめす」とし、さらに則天文字を例に武后が「文字に神秘を感じている」としている（一一九頁）。

(12) 井上薫氏は「天平宝字改元・尊号撰進と則天武后文字」（『続日本紀の時代』塙書房、一九九四年所収）において、天平宝字二年八月の孝謙太上天皇への百官と僧綱からの尊号奉献の上表文の用語の分析から上表文における則天文字の影響を認めている（一四頁など）。
(13) 長瀬一平「日本古代の皇帝称号」（『史学研究集録』一〇、一九八五年）八四頁。
(14) 春名前掲註(6)論文三六頁註(47)。
(15) 「高野天皇」の表記の問題に関しては、鈴木靖民「高野天皇の称号について」（『國學院雑誌』七七―八、一九七六年）と瀧浪貞子註(3)著書二〇七頁以降参照。
(16) 例えば『続日本紀』天平宝字四年正月丙寅条の「高野天皇及帝」という表記。
(17) 春名前掲註(6)論文二〇頁。
(18) 『続日本紀』天平宝字六年六月庚戌条の宣命（第二十七詔）で孝謙太上天皇は「（光明皇太后が孝謙に）岡宮御宇天皇の日継は、かくて絶へなむとす。女子の継には在れども嗣がしめむと宣」りたと述べており、孝謙太上天皇自身も、最後の草壁皇統の継承者としての意識を持っていたことがわかる。
(19) 例えば渡辺晃宏氏は、『日本の歴史04　平城京と木簡の世紀』（講談社、二〇〇一年）の九四頁以降で、元明天皇即位に際しての宣命を例に、草壁皇子の子の文武天皇、そしてその子の聖武天皇への継承の正当性について指摘している。
(20) この状況は、未婚の阿倍内親王が立太子した時点で予期されていたものであり、さらに孝謙天皇の皇太子として、聖武太上天皇の遺詔で新田部親王の子である道祖王が立太子した時点で確定していた。
(21) 淳仁天皇の地位、権威が低かったということに関しては、河内祥輔『古代政治史における天皇制の論理』（吉川弘文館、一九八六年）一〇四～一〇五頁、瀧浪前掲註(3)論文六八頁を参照。両氏とも淳仁天皇の権威の低さの例として、即位後も改元がなされず、孝謙天皇時代の天平宝字のままであったことなどを挙げている。
(22) 淳仁天皇の地位が低く扱われていたのは、註(21)に見るとおりだが、それでも中継ぎではなく、皇太子の地位を経て即位しており、まだ壮年の孝謙天皇の代わりに誰か天皇を立てなくてはならない状況で淳仁天皇が（仲麻呂の思惑があったにしても）選ばれたのもまた事実である。地位、権威が低いのは草壁以外の系統なのでやむを得ないことではあるが、即位儀・大嘗祭という就任儀礼を経た天皇であることは評価しなければならない。
(23) 筧敏生氏は「藤原仲麻呂政権期の尊号について」（『古代王権と律令国家』校倉書房、二〇〇二年所収。初出一九九六年）三〇二頁において、この時期の尊号の特色として、個人を対象とするものであった点を指摘し、かつそうした個別的尊号は当時の社会には定着し難かったとしている。この指摘からも、孝謙太上天皇に皇帝号が贈られたのは、孝謙太上天皇個人の権威を高めようとする意図があったからだということができる。

(24)　例えば『続日本紀』天平元年八月癸亥条の宣命第六詔には、「皇朕御世に当りては」や、「我が皇太上天皇の大前に」という表現が見られる（ただし「皇太上天皇」の「皇」は国史大系本、新日本古典文学大系本ともに「オホキミ」と訓んでいる）。

(25)　ここで、同じ日のことでありながらなぜ聖武には「皇帝」号で、草壁には「天皇」号というような区別をしたのか、そしてなぜ草壁には諡号《しごう》ではなく、宮名＋天皇の形式が贈られたのか、という問題が残る。別の日ならともかく、同日の措置において、区別をしたのには何らかの意義があると考えられるが、この点については今後の課題としたい。

(26)　淳仁の即位の正当性の根拠が、聖武天皇と孝謙太上天皇の存在に求められていたことは、彼の立太子が聖武天皇の「遺詔」によって決められ、聖武天皇につながる存在として認識されていたこと（「聖武天皇の皇太子」という表現（天平宝字三年六月庚戌条、宣命第二十五詔）や、孝謙太上天皇が、淳仁天皇廃位の宣命（第二十九詔）や天平神護元年三月丙申の宣命（第三十三詔）で淳仁天皇が孝謙に対して無礼であるので天皇として不適であるとしていることからいえる。

(27)　ここで触れる天平宝字三年六月庚戌条の宣命第二十五詔を見ると、舎人親王への皇帝号追贈などは、明らかに光明皇太后が主導して行われている。またこの宣命中で、淳仁天皇は藤原仲麻呂を「朕が父と」、仲麻呂の妻を「ははとなも念」すと述べ、仲麻呂の近親者を中心として叙位を行っており、仲麻呂が追贈に対して深く関与していたことが窺える。

(28)　この「聖武天皇の皇太子」という表現に関しては、早川庄八「続日本紀宣命詔・三題について」（『名古屋大学文学部研究論集　史学』四二、一九九六年）の一一頁以降参照。

(29)　太上天皇が内印を保持していた可能性に関しては、本書第三章註(14)を参照。

(30)　神居敬吉「天平宝字六年六月の宣命」（『国史談話会雑誌』二二、一九八一年）一八〜二〇頁。

(31)　木本好信「仲麻呂と孝謙上皇、淳仁天皇――政治権力の推移と皇統・皇権――」（『藤原仲麻呂政権の基礎的考察』高科書店、一九九三年所収、初出一九八七年）一九頁。

(32)　駅鈴と内印を保持するということが、天皇大権の発動に際していかに重要であったかということは、仲麻呂の乱を記した天平宝字八年九月乙巳条に見える、孝謙太上天皇側と藤原仲麻呂側との駅鈴と内印の争奪戦の事例を見れば明らかである。
　また奈良時代において、神器よりも駅鈴と内印が、皇位や天皇大権の発動の象徴として重視されていたことは、天平十七年九月癸酉条で聖武天皇が難波宮で不予（天平宝字元年七月庚戌条では「殆至二大漸一」とある）となった際、孫王を招集すると同時に、平城宮にあった駅鈴と内印も難波宮に移したこと、天平宝字元年七月庚戌条で橘《たちばなの》奈良麻呂《ならまろ》の変に際して、小野東人《おののあずまひと》の供述によると、皇太后宮にあった駅鈴と内印の奪取も、目的の一つであったとされていることからわかる。

(33)　孝謙太上天皇は仲麻呂の乱に際して、九月乙巳（十一日）に少納言山村《やまむら》王に淳仁天皇側が保持する駅鈴と内印を奪回させた後に、仲麻呂の解官、職分・功封の没収、固関、正三位以下の叙位を行い、戊申（十四日）に藤原豊成の右大臣復任を行っている。

(34)　紀寺奴の放賤従良問題に関しては角田文衞「紀寺の奴」（『角田文衞著作集　第三巻　律令国家の展開』法藏館、一九八五年所収。初出一九五五年）と、松崎英一「紀寺の奴――天平宝字八年七月丁未紀の再検討――」（『九州史学』五九、一九七六年）によるところが大きい。

(35)　神居敬吉氏は註(30)論文で孝謙太上天皇への大権移動が徐々に進んだのではないかと推測している。神居氏は大権移動が進んだとしつつも、部分的なものに止まるとしているが（二七頁）、天平宝字七年十二月頃に紀寺奴の問題が孝謙太上天皇に持ち込まれたのもこうした事情が作用しているかもしれない。ただし角田氏は註(34)論文で、紀寺奴たる益人が従良を訴え出るにあたっては道鏡勢力が背景にあったとしており（一七五～一七六頁）、孝謙太上天皇がこの問題を担当したのは両方の要素から説明されるべきである。

(36)　藤原仲麻呂は大師であり、「職員令」太政官条に規定されている太政大臣の「右師二範一人一。儀二形四海一。経レ邦論レ道。燮二理陰陽一」という職掌から、通常の太政官（乾政官）の政務には関与しなかったとされる（新日本古典文学大系『続日本紀　四』一一頁注一八参照）。なお藤原仲麻呂の大師任官に関しては、本書第六章で改めて論じている。

(37)　文室浄三は『公卿補任』によれば宝亀元年に薨じたとき七十八歳だったので、致仕のときは七十二歳となる。

(38) 文室浄三の致仕の背景について渡辺晃宏氏は前掲註(19)著書で、藤原仲麻呂との関係の悪化による可能性を指摘している（三一一頁）。

(39) 仁藤敦史「太上天皇制の展開」（『古代王権と官僚制』臨川書店、二〇〇〇年所収、初出一九九六年）五六頁。

(40) 紀伊保は、『続日本紀』宝亀二年年十月己巳条に「復二无位紀朝臣伊保本位正五位下一」とあることから、称徳天皇期におそらくはこの問題に関係して位を奪われ、光仁天皇期になってから本位に復していることがわかる。これは、紀伊保が紀寺奴の放賤従良に抵抗した結果であると思われる（角田文衛註(34)論文一五六頁参照）。

(41) 松崎氏は藤原朝獦を副えたのは、皇権の所在が孝謙太上天皇にあることを仲麻呂派（淳仁天皇）に伝えるためとしており、この点は私見と異なるが、朝獦が呼ばれたことに仲麻呂の代理としての意味を認める点は同じである（松崎前掲註(34)論文八頁）。

(42) 齋藤融「道祖王立太子についての一考察——聖武太上天皇の遺詔をめぐって——」（虎尾俊哉編『律令国家の政務と儀礼』吉川弘文館、一九九五年所収）。ここで齋藤氏は太上天皇の遺詔を「草壁系統から変わる際の正当性を付与するシステム」としている（一九頁）。この「遺詔」が皇位継承に関わる例としてはもう一つ称徳天皇の「遺詔」（宣命第四十七詔）がある。

(43) 北山茂夫氏は註(2)著書の六四頁で、孝謙太上天皇による、聖武天皇の言葉としての仮託であるとしている。

(44) 『旧唐書』巻六、本紀第六則天皇后の嗣聖元年二月戊午条に「廃二皇帝一為二廬陵王一、幽二別所一、仍改賜二名哲一」とあり、同月己未条に「立二豫王輪一為二皇帝一、令レ居二於別殿一。大二赦天下一、改二元文明一。皇太后仍臨レ朝称レ制」とある。則天武后の場合は皇太后時代のことであるものの、皇帝中宗を廃して睿宗を立て、さらに自らが政治を見ている。孝謙太上天皇の場合も、淳仁天皇を天皇位に留めたまま、自らが政治を執る方法もあったであろう。ここでは、それにもかかわらず、重祚を選択したことに意義を認めるべきである。

(45) 筧敏生氏は「太上天皇と律令国家機構」（『古代王権と律令国家』校倉書房、二〇〇二年所収。初出一九九一年）一四三頁で、孝謙太上天皇の重祚を「「天皇でなければならない」という観念の発生とみるべき」としている。また、淳仁天皇の廃位が官人層に動揺を与えたということは、天平神護元年三月丙申（五日）の宣命（第三十三詔）に「復た有る人は、淡路に侍り坐す人を率い来て、さらに帝と立て天下を治めしめむと念ひて在人も在るらしとなも念」とあり、「廃帝」の復位を望む動きが称徳天皇も意識するくらいにあったことからもわかる。問題は、このような動揺を招いても、重祚しなければならなかった意義である。

(46) 後世の史料ながら、『扶桑略記』は孝謙の重祚に関して、天平宝字八年十月九日に即位としつつも、天平宝字九年正月一日に「天皇即位」とし、『帝王編年記』も天平宝字九年正月一日即位とする。十月九日は淳仁天皇廃位の宣命が出された日なので、それなりに根拠はあるであろう。「正月一日」という日付に関しては、元日朝賀と即位儀の関係を考慮する必要もあるが、『続日本紀』天平神護元年（天平宝字九年）春正月癸巳朔条の元日朝賀の記事は「御二南（西か）宮前殿一受レ朝」とのみ記されており、特に即位儀を行った形跡は見られない。

(47) 孝謙天皇の最初の大嘗祭は『続日本紀』天平勝宝元年十一月乙卯条に見えるように、南薬園新宮で行われている。

(48) 岡田精司「大王就任儀礼の原形とその展開（補訂）」（『古代祭祀の史的研究』塙書房、一九九二年所収、初出一九八三年）七五頁。

(49) 岡田前掲註(48)論文六二～六四頁。

(50) 岡田前掲註(48)論文七一頁。

(51) 高取正男「大嘗祭儀と中臣氏」（『神道の成立』平凡社、一九九三年所収）参照。

(52) 岡田前掲註(48)論文六二～六三頁。

(53) 高御座に登ることと聖性の取得との関係は、岡田前掲註(48)論文五七頁参照。

(54) 吉田孝「八世紀の日本――律令国家」（『岩波講座　日本通史第4巻　古代3』岩波書店、一九九四年所収）六五～六九頁。

(55) 佐藤前掲(10)論文一七〇頁。

第五章附論　『続日本紀』天平宝字二年八月庚子朔条「上臺」考

はじめに

天平宝字二年（七五八）八月一日、孝謙天皇は皇太子大炊王に譲位して太上天皇となった。(1)『続日本紀』天平宝字二年八月庚子朔《ついたち》条には、孝謙天皇から大炊王（淳仁天皇）への譲位宣命・淳仁天皇の即位宣命・叙位記事に続いて、百官・僧綱からの上表文が載せられている。その内容は、孝謙太上天皇と光明皇太后にそれぞれ「宝字《ほうじ》称徳孝謙皇帝《しょうとくこうけんこうてい》」と「天平応真仁正皇太后《てんぴょうおうしんにんしょうこうたいごう》」の尊号を奉献するというものであった。またこの記事には「是日、百官及僧綱詣二朝堂一上レ表。上二上臺・中臺尊号一。其百官上表曰、臣仲麻呂等言。（中略）謹拠二典策一、敢上二尊号一。伏乞、奉レ称二上臺宝字称徳孝謙皇帝一、奉レ称二中臺天平応真仁正皇太后一」とあるように、百官からの上表文中で孝謙太上天皇を「上臺《じょうだい》」、光明皇太后を「中臺《ちゅうだい》」と表記している。(2)

この上臺と中臺の語には、瀧川政次郎氏の論がある。(3)瀧川氏の論考は紫微《しび》中臺《ちゅうだい》を主題として「中臺」の語の考証を重点的に行い、「中臺」は光明皇太后のために設置された紫微中臺に由来し、転じて光明皇太后その人を指す語となったと指摘する。しかし「上臺」に関しては、瀧川氏は『旧唐書《くとうじょ》』巻四十二　職官志一の「咸亨元年（六七〇）十二月詔。『龍朔二年新改尚書省百司及僕射已下官名、並依レ舊。其東宮十率府、有レ異二上臺諸衛一、各宜三依レ舊為二率府一。其左司議郎除二左字一。其左右金吾、左右威衛、依レ新改』」とある記事を例にして、則天武后時代に皇帝の諸衛を「上臺諸衛」と称したことが日本に輸入されて天皇の官司を上臺と呼び、光明皇太后に対する中臺と対応させたと指摘するに止めている(4)。

瀧川氏の論考は唐制、さらには渤海《ぼっかい》の制度（中臺省）までも博捜して論じたものであり、結論として妥当なものである。ただ前述の『続日本紀』天平宝字二年八月庚子朔条では、孝謙太上天皇のことを「上臺」と表記しており、瀧川氏が天皇の官司を指すとした「上臺」が太上天皇に対して用いられていることになる。筆者は前章において、太上天皇を上臺と称したことから、孝謙太上天皇が当時天皇と同等の地位として扱われ、また皇帝尊号を奉られたことを指摘した。「上臺」の解釈は孝謙太上天皇の位置づけの理解にも関わるのである。従って「上臺」が、単なる尊称や中臺との対句としてではなく、実際に皇帝ないしは天皇を指す意味を持っていたか、また「上臺」の語の中国における沿革と、それが日本に導入された背景について再検討する必要がある。以下中国・日本での用例を見ながら述べていきたい。

第一節　辞書における「上臺」の語釈

「上臺」は一般の国語辞典や歴史事典には採録されていないが、『大漢和辞典』や『日本国語大辞典』のような語義を説いた大部の辞書類には載せられている。これらの辞書ではどのように説明されているであろうか。

まず『大漢和辞典』は「上臺」・「上台」それぞれの表記で項目がある。個々の語釈を挙げる。

①上臺……一、天子の御座所。天子の宮殿。二、うはやく、憲臺、上台の二に同じ。三、要人が出仕すること。

②上台……一、星の名、三台の一、寿を司る。二、上官。長官。上臺。

ここで「臺」と「台」を区別したのは、現在では「臺」と「台」は正字と略字の関係として認識されているが、本来は意味が異なる別の文字だからである。『大漢和辞典』は、

「臺」には、一、うてな。二、だい、物を載せておくだい。三、つかさ。役所。中央の官省。又其の高官。
四、朝廷。又役所。

「台」には、一、よろこぶ。怡におなじ。二、われ。予に通ず。三、やしなふ。頤に通ず。四、うしなふ。
はづれる。駘に通ず。

とあり、単なる正字・略字の関係ではない。

また『日本国語大辞典』には、「上臺」はないが「上台」（じょうだい）の見出しで、

一　古代中国で星の名。三台星の一つで寿をつかさどるという。二　上官。長官。また大臣のこと。

とある。

『日本国語大辞典』は「臺」と「台」を区別せずに用いている。[5] したがって基本的には「臺」の字には「役所」といった意味があり（唐の御史臺、日本の弾正臺の名称が参考になろう）、「上」には「尊い位」、「君」という意味があるので（『大漢和辞典』）、「上臺」で『大漢和辞典』の①の一、天子の御座所・宮殿というような意味を持つことになる。「上臺」と「上台」では意味は通用できるが、瀧川氏が指摘するような、官司（役所）あるいは天子に関する語として用いる場合は、正確には「臺」の字を用いるべきであろう。

しかし『色葉字類抄《いろはじるいしょう》』、『類聚名義抄《るいじゅうみょうぎしょう》』、『新選字鏡《しんせんじきょう》』さらには『日葡辞書《にっぽじしょ》』のような平安時代以降に編纂された字書類には「上臺」や「中臺」は載せられていない。つまり、これらの語は漢語としては存在し、中国の制度を指す語としては史料上に見られるのであるが、日本においては『続日本紀』天平宝字二年八月庚子朔条に見える後、一例（『日本三代実録』元慶元年閏二月二十七日条）を除いて平安時代以降は省みられることがなくなった。[6] では、問題の「上臺」・「中臺」はこの日に関する『続日本紀』の諸註釈ではどのように扱われているであろうか。

第二節　『続日本紀』註釈書における解釈

『続日本紀』の註釈・考証は『日本書紀』などとは異なり、江戸時代以降になってから研究が進んだとされる。[7]『国書総目録』を参照すると、江戸時代以降数多くの註釈や研究が著されたことが見えるが、そのなかでも代表的なものとして、村尾元融の『続日本紀考證』（一八四九年、一八七〇年印行）がある。[8]しかし上臺・中臺の語は長く省みられることがなかったらしく、この二語には「未考」と註されている。[9]また、その後も例えば『増補六国史　続日本紀』（朝日新聞社、一九四〇年。佐伯有義校註）の頭註で全く言及されないなど、この語の註釈はなされないままであった。[10]

その後、前述の瀧川政次郎氏が紫微中臺に関する論考のなかで、中国の制度に触れながら初めてこの二語に考察を加えた。以後、註釈書はほぼ瀧川氏の論考を踏襲している。例えば、林陸朗『完訳注釈　続日本紀』第三分冊（現代思潮社　古典文庫七七、一九八六年）は「唐武后時代に尚書省を中台とよび、皇帝の諸衛を上台と称することもあった。これらを模して天皇の官司を上台といい、皇后《ママ》の中台とした（紫微中台）。それらはまた天皇・皇后（皇太后）そのひとをさすようになる」とする。[11]

また直木孝次郎他訳注『続日本紀3』（平凡社　東洋文庫五二四、一九九〇年）は「武則天（則天武后）の時代、唐では尚書省を中台と称した。わが紫微中台の称はこれに由り、中台を光明皇太后の称号としたのであろう。また武則天の時代に皇帝の官司を上台と称したので、孝謙太上天皇の称号としたのであろう」[12]とする。

新日本古典文学大系本『続日本紀』の注では「上台・中台は下文の百官の上表に見える表現。上台とは天子の御座所のこと。下文の僧綱の上表で陛下と言い換えているように、転じて天皇の敬称。ここは孝謙のこと。中台は紫微中台のことで、皇太后光明子のこと」[13]としており、従来の解釈に加えて、天平宝字二年八月庚子朔条の僧綱からの上表文（内容は百官上表とほぼ同じで、孝謙太上天皇・光明皇太后両者への尊号奉献のこと）との対比から、「上臺」が「陛下」と通用する性格の語であることを指摘している(14)。

　このように、瀧川氏以来「上臺」の語の起源を、「中臺」と並んで唐の例に求めることが通説化しているようである。しかし先にも触れたように瀧川氏は例として則天武后期の『旧唐書』の一文を挙げているのみである。では実際、中国では他に用例があるのであろうか。次節ではまず、隋唐期の用例を見てみたい。

第三節　隋唐期における「上臺」の語の用例

日本における上臺・中臺の語は、前述のように『続日本紀』天平宝字二年八月庚子朔条の、百官の上表文にのみ見られる。これは当然のことながら仲麻呂政権下での「唐風趣味」が反映しているからであると考えられる。また、仲麻呂政権下における、光明皇太后や孝謙天皇の行動がしばしば則天武后に擬されていることも背景にあろう。では、その淵源ともいうべき中国での例はどのようなものであろうか。「中臺」に関しては瀧川氏が詳細に論じているので、ここでは特に「上臺」の語に関して見てみたい。

　中国の諸王朝中、八世紀の日本に直接的な影響を与えたのは、隋・唐である。まず、両王朝に関する史書、『隋書』《ずいしょ》・『旧唐書』・『新唐書』《しんとうじょ》に見える「上臺」の用例を表1〜3にまとめる。

表1　『隋書』の用例

	掲載巻	内容	備考
1	巻七　志第二　禮儀二	正月晦日の祓除に関して「年暮上臺、東宮奏擇二吉日一詣二殿堂一」	南朝齊（四七九〜五〇二）代の記事

2	巻十　志第五　禮儀五	皇帝などの車の装飾に関して「上臺・六宮・長公主・公主・諸王太妃・妃、皆乗二青油幢通幰車一」	南朝梁天監二年（五〇三）令の内容
3	巻四十五　列伝第十　文四子	東宮宿衛と比較して「上臺宿衛」	高祖文帝代（五八一～六〇四）の記事
4	巻四十八　列伝第十三　楊素	太子謀二之於素一、素矯レ詔追二東宮兵士一帖二上臺宿衛一、門禁出入	仁寿四年（六〇五）文帝崩御記事
5	巻六十一　列伝第二十六　郭衍	高祖於二仁壽宮一將二大漸一、太子與二楊素一矯レ詔、令三衍・宇文述領二東宮兵一、帖二上臺宿衛一、門禁並由レ之	仁寿四年（六〇五）文帝崩御記事

表2　『旧唐書』の用例

	掲載巻	内容	備考
1	巻十四　本紀第十四　憲宗　上	東宮殿閣などの改名に関して「其上臺官列、王官爵土無レ例二輒改一」	元和五年（八一〇）二月の記事
2	巻四十二　志第二十二　職官一	其東宮十率府。有レ異二上臺諸衛一	感享元年（六七〇）の、官名復旧詔
3	巻四十三　志第二十四　職官三　東宮武官	左右郎将の職掌に関して「職掌一視二上臺親府一」、東宮禁衛の法に関して「如二上臺之法一」、太子左右内率府に関して「隋初置二内率府一、擬二上臺千牛衛一」	
4	巻六十四　列伝第十四　高祖二十二子	高祖の皇子の居所に関して「與二上臺・東宮一晝夜並通、更無二限隔一。皇太子及二王出二入上臺一、皆乗レ馬攜二弓刀雜用之物一、相遇則如二家人之禮一」	武徳初年以降（六一八～）の記事

表3　『新唐書』の用例

	掲載巻	内容	備考
1	巻二十三　志第十三　上 儀衛　上	殿中の列立法に関して「東宮官居二上臺官之次一」	
2	巻七十九　列伝第四 高祖諸子	高祖の皇子の居所に関して「與二上臺・東宮一晝夜往來、皆攜二弓刀一、相遇如二家人禮一」	
3	巻一百八十一　列伝一百六 陳夷行	左僕射に対する拝礼問題に関して「皇太子見二上臺羣官一、羣官先拜而後答、以レ無二二上一也」	武宗即位時（八四〇）の記事

これらの用例から、「上臺」は表1—2の例を除いて、他はみな皇太子の官司である東宮組織を、皇帝の官司に対してどのように位置づけるかという文脈で、皇帝の官司を指して用いられていることがわかる。また除外した表1—2は、後宮に対比して皇帝を指す語としての用例である。ここでいう「皇帝の官司」とは、皇帝のもとで国政の中枢を担う三師・三公・六省・九寺・一臺・五監と十八衛を指し、皇太子の官司とは、『大唐六典《だいとうりくてん》』などで「太子〜」と表記される、三師・三少・一府・三坊・三寺・十率府の官司を指す。「上臺」の用例は、東宮との対比で皇帝の居所を指す場合や、皇帝その人を指す場合があり、さらに「上臺羣官」のように皇帝に所属する官司に用いられる場合もある。また「上臺」と「東宮」を対比させる用例は、皇帝を守る諸衛と、東宮を守る諸衛に関する記事に多く見られることも指摘しておきたい。

ここまでで用いた『隋書』・『旧唐書』・『新唐書』は各王朝滅亡後の編纂史料であり、必ずしも同時代の用例を反映しているとはいえない。それに対して『通典《つてん》』は唐の貞元十七年（八〇一）の編纂であり、盛唐期は過ぎているものの、唐代の編纂物である[15]。表4は、『通典』中の上臺の用例である。

表4　『通典』の用例

	掲載巻	内容	備考
1	巻五十三　禮十三沿革十三　吉禮十二　大學	置㆓弘文館於上臺㆒、生徒三十人。置㆓崇文館於東宮㆒、生徒二十人。	武徳元年（六一八）の記事
2	巻五十六　禮十六　沿革十六　嘉禮一　皇太子冠	齊武帝の孫南郡王昭業の元服に関して「内外二品清官以上、詣㆓公車門㆒集賀、并詣㆓東宮南門㆒通㆑牋。別日上㆑禮、宮臣亦詣㆑門稱㆑慶、如㆓上臺之儀㆒」	南朝齊（四七九～五〇二）代の記事
3	巻五十六　禮十六　沿革十六　嘉禮一　皇太子冠	皇太子の元服に関して「上臺東宮兩處宴會、非㆑不㆓優厚㆒。其上禮宜㆑停」	貞観五年（六三一）の記事
4	巻六十五　禮二十五　沿革二十五　嘉禮十　主妃命婦等車輅	後宮の車の装飾に関して「上臺、六宮、長公主、公主、諸王太妃、妃、皆得㆑乘㆓青油榻幰通幰車㆒、榻幰涅幰爲㆑副」	南朝梁天監二年（五〇三）令の内容
5	巻七十五　禮三十五　沿革三十五　賓禮二　天子朝位	東宮官と王府官の秩序に関して「東宮官既爲㆓宮臣㆒、請在㆓上臺官之次㆒、王府官亦次之」	
6	巻一百十七　禮七十七　開元禮纂類十二吉禮九　皇太子釋奠於孔宣府　陳説	釋奠に際しての三官学官の座席に関して「若有㆓上臺三品以上觀㆑講者㆒、設㆓座於侍講之北㆒、南面東上」、「若有㆓上臺三品以上觀㆑講者㆒、位㆓於執經之北㆒」	
7	巻一百二十三　禮八十三　開元禮纂類十八　嘉禮二　皇后正至受羣官朝賀	皇后受賀に関して「若與㆓上臺㆒同上㆓朝賀㆒、則上臺禮畢、羣官仍朝服、典謁引從㆓納義門㆒西行就㆓版位㆒」	
8	巻一百三十五　禮九十五　開元禮纂類三十　凶禮二　爲諸王妃主擧哀	皇太子の挙哀に関して「其宮官等應㆓陪拜慰㆒者、則隨㆓班於上臺㆒、自下皆然」	

『通典』は単に唐制を述べるに止まらず、唐代までの諸制度を総合したものであるから、官制上における「上臺」の使用例を通観できる。さらには、表4—6~8は開元二十年（七三二）成立の『大唐開元礼《だいとうかいげんれい》』が「纂類」として引用されたものなので、唐代の礼制上における用例を知ることができる。(16) これらの史料においても「上臺」は東宮（皇太子）や後宮と対比させて皇帝の官司を指す場合に用いられているのである。そして、編纂史料である諸史書だけではなく、『通典』や『大唐開元礼』においても多く用例が見られることから、「上臺」は南朝の齊以降（表4—2参照）、隋・唐代を通じて皇帝を指す語として認識され、実際に使用されていたものであり、瀧川氏が指摘するような則天武后期だけの用法ではないことが明らかとなる。

また、現在までに確認される唐令《とうれい》の本文中には「上臺」は見られないが、『唐律疏議《とうりつそぎ》』には以下の二条中に確認される。

「名例律」乗輿車駕条

「諸稱二乗輿車駕及御一者。太皇太后皇太后皇后並同。稱二制勅一者。太皇太后皇太后皇后皇太子令減二一等一。若於二東宮一犯失。及宮衛有レ違應レ坐者。亦同二減例一。本応二十悪一者、雖レ得二減罪一、仍従二本法一」の疏の、

疏議曰。於二東宮一犯者。謂指二斥東宮一。及對二捍皇太子令使一。車馬之屬不二調習一。駕馭之具不二完牢一。并闌二入東宮宮殿門一。宮臣宿衛。冒レ名相代。兵仗遠レ身。輒離二職掌一別處宿之類。謂レ之爲レ犯。失者。謂合二和皇太子藥一。誤不レ如二本方一。及封題誤。并守衛不レ覺レ闌二入東宮宮殿門一。如レ此之類。謂二之爲一レ失。犯之與失。得レ罪並減二上臺一等一科斷。

と、

疏議曰。謂於二東宮一犯失。准二上臺法一。罪當二十悪一者。今雖レ減レ科。仍従二十悪本法一。

であり、さらに「廐庫律」官馬不調習条

「諸官馬乗用不㆓調習㆒者。一疋笞二十。五疋加㆓一等㆒。罪止㆓杖一百㆒」の疏の、

疏議曰。依㆓太僕式㆒。在㆑牧馬二歳。即令㆓調習㆒。毎㆓一尉㆒。配㆓調習馬人十人㆒。分爲㆓五番㆒上下。毎年三月一日上。四月三十日下。又令云。殿中省尚乗、毎配㆓習馭㆒調馬。東宮配㆓翼馭㆒調馬。其檢㆓行牧馬㆒之官。聽㆑乗㆓官馬㆒。即令㆓調習㆒。故官馬乗用不㆓調習㆒者。一疋笞二十。五疋加㆓一等㆒。即是四十一疋。罪止㆓杖一百㆒。

上臺東宮供御馬不㆓調習㆒。得㆑罪重㆓於此條㆒。即從㆓職制律車馬不調習本條㆒科罪。

である。律条文においても、「上臺」は皇太子に対する皇帝その人という意味で用いられていることから[17]、唐代においては律令条文に用いられる法制度用語でもあり、さらに「東宮」と対比される語であったことがわかる。

第四節　隋唐期以前の用例

隋唐期以前に皇帝を指す語として「上臺」を用いている例を史書に限って見ると、『宋書《そうじょ》』巻十五　志第五　禮二の、海塩公主所生母蒋美人の喪に関する記述（文帝の元嘉二十三年、四四六年）の中で、公主の服喪規定を「如㆑所㆓上臺案㆒」とするのが最も早く、以後『南齊書《なんせいしょ》』には「東宮」と対比して「上臺」を用いる例がみられる（例えば巻九　志第一　禮上、永明五年（四八七）の南郡王昭業王の元服の記事中の「其日内外二品清官以上、詣㆓止車㆒集賀、并詣㆓東宮南門㆒通㆑牋。別日上㆑禮、宮臣亦詣㆑門稱㆑賀、如㆓上臺之儀㆒」。これは『通典』中の最も早い用例、表4―2と同内容である）。これらは魏晋南北朝《ぎしんなんぼくちょう》のいわゆる南朝の記録である。一方北朝の『魏書《ぎしょ》』では、皇帝とは関係なく官司を指す語として「上臺」が用いられており[18]、南朝とは用法が異なる。

従って隋代までは、「上臺」を皇帝を指す語として用いる用法は、主として南朝に見られるものであったということになる。久々の統一王朝としての隋は、北朝の系統に属するものでありながら、制度的には漢魏以来の伝統への回帰を指向したとされ[19]、南朝・北朝の制度を統合したものであったので、皇帝の官司としての意味を持つ

「上臺」の用例もこのとき受け継がれたのであろう。

なお後代の史書では、司馬光が元豊七年（一〇八四）に著した『資治通鑑』《しじつがん》にも「上臺」は見られる。しかしほとんどは既出史書の事項と同じであり、初見は巻百三十九　齊紀五　明帝建武元年（四九四）の「子隆欲レ定レ計。鏘以二上臺兵力一既悉度二東府一。（海陵王既即位、鸞出二鎮東府一、上臺兵力悉割以自隨。度、過也。）」で、以下梁紀に四例、陳紀と隋紀に一例、唐紀に五例がみられる。また巻百九十　唐紀六　高祖武徳五年の記述（表2―4、表3―2の記事に相当）には、司馬光による註釈として「上臺、謂二帝居一」とあり、「上臺」を皇帝の居所であるとする認識がみられる。しかし、ここでわざわざ註釈が施されたということは、中国においてもこの語が用いられなくなってきたということを示すものであり、事実『宋史』を境として以後の史書には「上臺」の用例は見られなくなる。(20)

第五節　南朝・隋・唐での使用とその背景

以上の用例をまとめると、これまでの多くの論考では、瀧川氏の論考を承けて「上臺」の用例を唐の則天武后の時代に限定しているが、実際の中国においては、五世紀、南朝の宋・梁代以降から、東宮との対比で皇帝を指す語として使用されていた。そして、それが多く用いられたのは隋・唐の時代であり、日本が律令国家形成に向けて、中国の諸制度を積極的に取り入れようとしていた時期であった。

では、なぜ五世紀から「上臺」・「東宮」の用法が南朝において登場し、隋や、特に唐代になって多用されたのであろうか。魏晋南北朝、とくにその中でも南朝は一般に「貴族制」社会とされる一方、貴族層に対抗して、皇帝の支配権力の強化が図られた時代でもあった。(21) 南宋では文帝による「元嘉の治」の末年、元嘉二十九年（四五二）以降、服喪に際しての「厭降」《えんこう》適用の有無に見られるように、天子（皇帝）と皇太子の礼制上の一体化が図られた。そしてその他の皇子（皇族）を臣下として把握しようとする政策がとられている。(22) この時期から皇帝と皇太子をまとめて、他の皇族以下と区別する意識が生まれ、皇太子（東宮）の官司を皇帝の官司に准じた待遇にしようとする動きが始まったのである。先に挙げた『宋書』の元嘉二十三年の記述では、公主の服喪に関して「上臺と同じように」とされているのが、その後（すなわち元嘉二十九年以降）の記述では、ほぼ東宮との対比の際に用いられるようになっているのも、これに対応しよう。

また唐代に多用された背景としては、唐代の東宮官司機構の特色がある。唐制における東宮官司機構の特色として、①行政と司法関係のポストが設けられていないほかは朝廷の組織を縮小したもので、②皇帝の近衛軍団たる十六衛にならって太子諸率府があり、③官品は高いが閑散な職であり、隠居の官とみなされがちであったとする基本的理解に加えて[23]、中国の東宮機構は日本のそれとは異なり、皇太子が東宮官人の勤務評定権を持ち（日本の皇太子は自らのための東宮官人の勤務評定権を持たない[24]）、場合によっては皇帝に代わって行政の中枢を一時代行することが可能な組織でもあったことが指摘されている[25]。そして、前述のように皇太子は皇帝の諸衛に准じた武力組織を持ち、制度・機構的には皇帝に匹敵する存在であった[26]。このような皇太子の地位が、唐代において「上臺・東宮」と対比して表記されることにつながったのである。

第六節　日本への「上臺」の語の導入

では「上臺」が、中国で用いられているような「天子（皇帝）の居所」ないしは「天子（皇帝）」その人の意味を伴って日本にもたらされたのは、どの時期であろうか。

七〜八世紀には、隋・唐の諸制度は主に遣隋使・遣唐使を通じて日本にもたらされた[27]。これまで見てきたように、「上臺」の語は主に『隋書』・『旧唐書』・『新唐書』に多く見られるものであり、「天子の居所」の意で使用されるのは隋唐期が中心である。

『隋書』は本紀と列伝が貞観十年（六三六）、志が貞観十五年に完成し、顕慶元年（六五六）に献上された。(28)『唐書』の場合は『旧唐書』が後晋の開運二年（九四五）、『新唐書』が宋の嘉祐五年（一〇六〇）の完成なので、(29)八世紀の人々が参照できなかったのは当然である。しかし、唐の諸制度は遣唐使などを通じて、ほぼ同時期に日本にも情報がもたらされていた。(30)さらに『隋書』までの史書は『日本書紀』編纂に際して参照されていることから、八世紀前半までには日本にもたらされていたと考えられている。(31)

また律令の条文は日本が直接参照した中国の典籍であり、前述のように『唐律疏議』中に「上臺」の語が使用されている。

現存する『唐律疏議』は開元二十五年（七三七）律のものであり、(32)基本的には永徽律《えいき》（永徽二年、六五一年完成）の疏（永徽四年、六五三年完成）を継承しているとされる。(33)そして、日本において大宝律令編纂時に参照されたのも、永徽律令であった。(34)従って、「上臺」が『唐律疏議』中の語として日本にもたらされたのは確実である。

日本律編纂の特色として、唐律をほぼ引き写したことと、唐においては註釈であった「律疏《りつそ》」も律条文として組み込まれたことが指摘されている。(35)一方、利光三津夫氏は、唐律から日本律への継受の特色として「唐律の用語をわが文物制度に適合するように改め、あくまでもそれを日本のものにすることに努力したと思う」とし、(36)さらに、大宝律から養老律への改訂に際して「養老律は、大宝律の文章と法定刑を若干改めたものであって、大宝律が唐律を改めた程の差は、大宝・養老二律の間にはみられなかった」としている。(37)従って養老律に存在していた条文は、ほぼ大宝律段階から存在していたとしてよいであろう。では「上臺」の語は日本律に存在していたのであろうか。

『唐律疏議』において「上臺」の語が現れるのは、前述のように「名例律」乗輿車駕条と「廐庫律《きゅうこりつ》」官馬不調習条の疏であり、両条とも養老律においては散逸している。現在「養老名例律《ようろうめいれいりつ》」は本文の「凡称二乗輿車駕及御一者。太皇太后皇太后皇后並同」の部分の存在が復元され(38)、「稱二制勅一者。太皇太后皇太后皇后皇太子令減二一等一」・「若於二東宮一犯失。及宮衞有レ違應レ坐者。亦同二減例一」の部分と(39)、本註の「本応二十悪一者、雖レ得二減罪一、仍従二本法一」に相当する条文（十悪を八虐に変えるなどの変更が加えられたであろう）の存在が想定されている(40)。ただし「廐庫律」の方は復元されていない。そのため日本の名例律条文の疏に「上臺」の語があったかどうかは確定できないが、『令集解』公式令《くしきりょう》皇太子令旨式条の穴記に「抑依レ律。諸司上啓。可レ有二若違失一者。減二上臺一等一」とある(41)。これは「名例律」乗輿車駕条における、東宮に対する犯罪は天皇に対する犯罪から刑を一等減ずるという規定の反映とされ、「名例律」当該条を前提とした註釈である(42)。このことから「名例律」における「上臺」の存在が推定され、法律用語として「上臺」の語が存在していたことはいえるであろう(43)。

なお、明法家が「上臺」を天皇を指す語として使用している例がもう一つある。『名例律裏書《めいれいりつうらがき》』の「謀反事」である(44)。

謀反事
天反レ時爲レ災。人反レ徳爲レ乱也。物記云。臣下者。除二天子一以外。三后皇太子以下皆是。太皇謀反。臨時断レ之。謀二反太上皇一者。同二上臺一。謀二殺三后皇太子一。殺了者。科二毀宮闕一。皆斬。謀レ傾二三后一。入二八虐一。太子及妃同。故不奉燧同二謀反一也(45)。

これは紅葉山文庫本「律」の裏書である。この「律裏書」は貞観年間（八五九〜八七六）頃に成立した、惟宗直本の『律集解』をもとにしたものであり(46)、さらにここで引用されている「物記」は物部敏久が編纂した律の私記で、弘仁年間初期に成立したとされる(47)。

内容は、「物記」の説として、「臣下」とは天子以外、三后・皇太子も含めてみな当てはまる。太皇（太上皇）が謀反を起こした場合は、その場合に応じて判断をする。太上皇に対して謀反を起こした場合は上臺（すなわち天皇）に対しての場合と同じである（以下略）というもので、ここで天皇のことを、「上臺」と表記している。

本来、「上臺」は中国の事例では「東宮」と対比して用いられる。しかし坂上康俊氏の指摘にみるように、日本の東宮機構は唐制とは異なり、中央官司に准ずる規模・構成を持っていなかった(48)。これは武力組織に関しても同じことであり、宝亀七年（七七六）に皇太子山部親王（後の桓武天皇）のために帯刀舎人《たちはきのとねり》が創設されるまでは、皇太子（春宮坊）のための武力組織は設けられていなかった(49)。つまり中国とは異なり、東宮機構が天皇の機構に匹敵する組織ではなかったのであり、このようなことが、日本において「上臺」と「東宮」を対比させる用例が定着せず、また基本的には律の用語として使用されるに止まったことに繋がるのであろう。

藤原仲麻呂は自らの政策を「唐風」で飾ったが、それは単に名称を「唐風」に変えるという表面的なことだけではなく、唐で行われていることを実際に模倣するものでもあった。

「中臺」には本来皇后や皇太后の意味はない。しかし、すでに光明皇太后のために紫微中臺が設けられていたので、中国の用例に倣って、光明皇太后を指す語として「中臺」が用いられ、それに対応して孝謙太上天皇を指す語として「上臺」が用いられたのであろう(50)。このことは、中国では「紫微」が皇帝に対して用いられ、「中臺」は尚書省の別名であったのとは異なる用例である(51)。

当初の日本においては、「上臺」は律に見られる、いわば法律用語として存在していた。それが天平宝字二年八月の上表文作成にあたって、仲麻呂か、あるいはその周辺が「中臺」に対応する語としての「上臺」の使用を案出したものと思われる(52)。そしてこの背景には、「上臺」・「中臺」双方に見られる「臺」字が、仲麻呂政権下で最も意識された則天武后期の官名改称に際して多用されたことも考えられよう(53)。

もっとも、天皇を指す語としての「上臺」は仲麻呂政権期以降定着しなかった。平安時代になると、わずかに前述の『名例律裏書』や『令集解』公式令（穴記）のような律令の註釈書に天皇を指す語として「上臺」が見える以外は、官職を指す語としての「上台」の用例が見られるようになる。

例えば、『本朝文粋《ほんちょうもんずい》』巻五　表下の大江匡衡《おおえのまさひら》作「為二四条大納言一請レ罷二中納言左衛門督一状」中に「臣幸出二於累代上台之家一。謬至二過分顕赫之任一」とある。これは「臣（公任）は幸いにして代々大臣を輩出した家に生まれ、過分な高い地位に至っている」という意味であり、大臣という意味で「上台」が用いられている。しかも、「臺」ではなく、「台」とする。[54]さらに著名な例では、平安時代末の藤原頼長の日記は、本人は『暦記』や『日次記』と称したが、後世彼が大臣であったことに由来して『台記《たいき》』と呼ばれた。[55]

おわりに

これまで検討したように、『続日本紀』天平宝字二年八月庚子朔条に見られる「上臺」は、そもそも中国において皇帝を指す語であった。また日本においても、瀧川政次郎氏が指摘する通り天皇を指す語として用いられていた。瀧川氏は中国の用例として唐代の則天武后期を指摘するに止めるが、実際は唐以前の五世紀末から、主に東宮との対比で皇帝を指す場合に用いられていた。その後、唐代に至っても「上臺」は律条文や『通典』において東宮と対比する形で多用される。これは、唐代の東宮（皇太子）が皇帝に匹敵する官僚機構を備えていたことに因る。一方で、日本の東宮機構は中国のそれと比べると小規模であり、太政官の統制下に置かれた独立性の低いものであった。[56]従って律令を継受するにあたって、律条文に「上臺」の語があるとはいえ、「上臺」・「東宮」と対比して用いるような機会は少なく、「上臺」は皇帝（天皇）を指す語としては定着しなかった。

そうしたなかで八世紀半ばの仲麻呂政権は、天平宝字二年八月光明皇太后と孝謙太上天皇に尊号を奉献する際、光明皇太后を紫微中臺にちなんで「中臺」と称したのに対比させて、孝謙太上天皇に「上臺」の呼称を用いた。日本での用例は少ないとはいえ、隋・唐の用例や律条文に「上臺」が皇帝を指す語としてあることから、孝謙太上天皇に対して用いられた「上臺」は、天皇を指す語として意識されていたものである。

ここで孝謙太上天皇を「上臺」と称したのは、孝謙太上天皇の地位の特殊性に由来し、天皇と同等に扱う意図があった。しかし尊号が奉献されたのと同じ天平宝字二年八月、紫微中臺は坤宮官《こんぐうかん》と改称してしまう。(57)「中臺」との対比で用いられた「上臺」はこの後使われる機会を失い、また仲麻呂の失脚（天平宝字八年九月）もあって、省みられなくなる。その後平安時代には、律条文の用語として残るものの、次第に忘却されるに至るのである。

(1) 「儀制令」天子条に「太上天皇　譲位帝所レ称」とあるように、令制では天皇が譲位した場合は、自動的に「太上天皇」と称される。

(2) 瀧川氏も後掲註(3)論文で指摘しているように、このとき奉献された「尊号」は、「宝字称徳孝謙皇帝」号と、「天平応真仁正皇太后」号であって、「上臺」・「中臺」は尊号ではない。瀧川氏の指摘にもかかわらず、尊号を「上臺宝字称徳孝謙皇帝」・「中臺天平応真仁正皇太后」とする論が見られる。瀧川氏の指摘、および本章で述べるように、上臺・中臺の二語は尊号奉献対象者の身位を指すものである。

(3) 瀧川政次郎「紫微中台考」（『法制史論叢第四冊　律令諸制及び令外官の研究』角川書店、一九六七年所収。初出一九五四年）。

(4) 瀧川前掲註(3)論文二九一頁。

(5) 第一巻（第二版）の凡例に「字体は常用漢字に従い、構成のいちじるしく異なるものなどについては必要に応じて、いわゆる旧字体をも示す」とある。

(6) 『日本三代実録』元慶元年（八七七）閏二月廿七日己亥条に「中臺印奉レ充二中宮職一。元此印在二太皇大后五條宮一。今有レ勅奉レ之」とあり、これは皇后を指して「中臺」と称した例である。このほか『続日本後紀』や、『貞信公記抄《ていしんこうきしょう》』などに「中臺」の語が見られる。しかしそれらは、渤海の「中臺省」（『続日本後紀』承和九年三月辛丑条、『貞信公記抄』延喜二十年五月十日条）や、仏具の台の一種（『貞信公記抄』延長三年八月十日条）を指す語として用いられている。

（7）坂本太郎「六国史　三　続日本紀」（『坂本太郎著作集第三巻　六国史』吉川弘文館、一九八九年。初出一九七〇年）一五〇頁。

（8）参照は国書刊行会から一九七一年に発行されたものによる。
なお、『続日本紀』の註釈はこの他にも、『続日本紀綱要』（東北大学附属図書館狩野文庫蔵、架蔵番号三―四八二八―二　元文元年写）や『続日本紀問答』（『続史籍集覧』所収）などがある。しかしこれらにも「上臺」・「中臺」の語釈はない。

（9）村尾前掲註（8）書六二四頁。

（10）註釈がないからといってこれらの語が当時自明の言葉ではなかったことは、村尾元融がこの語義を「未考」と註記していることから窺える。

（11）同書註（四二）。

（12）同書二五頁。

（13）新日本古典文学大系『続日本紀』三（岩波書店、一九九二年）二六八頁。

（14）僧綱の上表文では、「謹上二尊号一。陛下称曰二宝字称徳孝謙皇帝一。皇太后称曰二天平応真仁正皇太后一」とする。なお、「陛下」は「儀制令」天子条に「陛下。上表所レ称」とあり、『令集解』中の諸註釈では「陛下」を太上天皇に対して用いるか否かで説が分かれている。

（15）『通典』の完成は唐の貞元十七年（八〇一）のことであるが、内容は天宝年間（七四二～七五六）、すなわち安史の乱以前までの諸制度に関して記したものである（『アジア歴史事典　6』「つてん」の項。平凡社、一九六〇年。鈴木俊執筆）。

（16）実際、『大唐開元礼』（古典研究会編、汲古書院。一九七二年を参照）には同様の文が見える。

（17）『譯註日本律令』第五巻（一九七九年）・第六巻（一九八四年）はそれぞれ唐律疏議の譯註編であり、「名例律」の註釈（滋賀秀三氏）は「上臺」を「皇帝」と解釈し（三〇七頁）、「廐庫律」の註釈（中村裕一氏）は「人を尊称する場合に「上臺」とも呼ぶが、ここでは皇帝・天子・至尊の意味である」としている（三四一頁）。

（18）『魏書』巻十四　神元平文諸帝子孫列伝　第二　子思伝の子思の奏状中に「又尋二職令一云『朝会失時、即加二弾糾一』。

則百官簿帳、應レ送二上臺一、灼然明矣。又皇太子以下違犯憲制、皆得二糾察一」とある。子思は御史中尉であり、この場合の「上臺」は御史臺《ぎょしだい》のことを指すと考えられる。

(19) 布目潮渢・栗原益男『隋唐帝国』（講談社学術文庫、一九九七年。初出一九七四年）三九頁。

(20) 『宋史』巻百二十　志第七十三　禮二十三には、

乾徳二年（九六四）令三有志群二定表首一。太常禮院言「僕射南省官品第二、太子三師官品第一、品位雖レ高、而南省上臺爲レ尊、合下以二僕射一充上首。（略）」詔百官群議。翰林學士陶穀等曰「按二唐制上臺一、東宮並是廷臣、當時左右僕射、侍中、中書令爲二正宰相一。（後略）」

とある。内容は南省（尚書省）の僕射は「官品第二」（『六典』によれば従二品）、東宮の太子三師は「官品第一」（『六典』によれば従一品）であるが、南省が上位であるから、僕射を上席として扱うというものである。すなわちここでの「上臺」は、「按二唐制上臺一」と唐制の「上臺」について按ずるとしながらも「うはやく」の意で用いられている。

(21) 越智重明「南朝の国家と社会」（『岩波講座世界歴史5　古代5　東アジア世界の形成Ⅱ』岩波書店、一九七〇年所収）一六八頁。

(22) 越智重明「宋の孝武帝とその時代」（『魏晋南朝の人と社会』研文出版、一九八五年所収）一八二頁。

(23) 礪波護『唐代政治社会研究』第Ⅱ部附章「唐の官製と官職」（同朋舎、一九八六年。初出一九七六年）二三四頁。

(24) 坂上康俊「東宮機構と皇太子」（九州大学国史学研究室編『古代中世史論集』吉川弘文館、一九九〇年所収）三四頁。

(25) 坂上前掲註(24)論文三九頁。

(26) 唐制においては、東宮官の最上位である太子太師、太傅、太保は従一品相当官であり、三師三公が正一品相当官であることに匹敵していた（東宮の実務を統括する太子詹事は正三品相当官）。また長安城の場合、東宮の南の皇城区域には、東宮諸官のための朝堂が展開していた。日本においては皇太子傅《こうたいしふ》が正四位上、東宮大夫が従四位下相当官であり、東宮のための朝堂は存在しなかった。このような面からも日本とは異なる東宮の位置づけが見て取れよう。

(27) 唐の諸制度の日本への伝来に関しては、坂上康俊「大宝律令制定前後における日中間の情報伝播」（池田温・劉俊文編『日中文化交流叢書2　法律制度』大修館書店、一九九七年所収）参照。

(28) 増井経夫『中国の史書』（刀水書房、一九八四年）九九頁。

(29) 増井前掲註(28)書一二四～一二五頁。

(30) 例として、唐において天宝三年（七四四）から実施された「年」から「載」への表記変更が、日本では天平勝宝七年（七五五）から実施されたことや（ただし日本では「歳」を用いた）、同様に天宝三年に行われた中男・丁男の年齢引き下げが、天平宝字元年（七五七）に行われていることが挙げられる（曾我部静雄「奈良朝孝謙天皇時代の詔勅二つ」『律令を中心とした日中関係史の研究』吉川弘文館、一九六八年所収。五九四頁参照）。

(31) 小島憲之『上代日本文學と中國文學　上』（塙書房、一九六二年）第三篇「日本書紀の述作」第三章「出典考」（二）「日本書紀と中国史書」参照。また東野治之氏は『日本書紀』撰述に際して参照された『後漢書』・『隋書』のテキストの避諱《ひき》表記から、これらの書は貞観以前書写のものが早い段階で日本に導入されていたと指摘し（「『続日本紀』所載の漢文作品」『日本古代木簡の研究』塙書房、一九八三年所収。初出一九七九年。二三四頁）、さらに八世紀を通じて上表文などへの中国の『帝徳録』などの成句集の利用や、仲麻呂政権期の、『文選』の利用が見られるとして、中国典籍の普及を指摘している（同書二四四、二四八頁）。

(32) 仁井田陞・牧野巽「故唐律疏議製作年代考」（『譯註日本律令一　首巻』東京堂出版、一九七五年所収。初出一九三一年）三七一頁。

(33) 大津透「律令法と固有法的秩序――日唐の比較を中心に――」（『新体系日本史2　法社会史』山川出版社、二〇〇一年）一九頁。

(34) 井上光貞「日本律令の成立とその注釈書」（『日本思想大系3　律令』岩波書店、一九七六年所収）七六六頁。ここで井上氏は律疏の成立時期の問題から、大宝律令の藍本《らんぽん》を永徽律令に求めている。

(35) 高塩博『日本律の基礎的研究』（汲古書院、一九八七年。初出一九八一年）第一章第四節「唐「律疏」から日本「律」へ」一五四頁。

(36) 利光三津夫『律の研究』（明治書院、一九六一年）第一部第二章「大宝律考」一一三頁。

(37) 利光前掲註(36)書一三〇頁。

(38) 『譯註日本律令二　律本文篇　上』二〇四頁。

(39) 『譯註日本律令二　律本文篇　上』二〇六頁。

(40) 小林宏「律条拾羨」(『日本文化研究所紀要』三八、一九七六年) 一九七頁。

(41) 新訂増補国史大系本八〇〇頁。なお、大系本はここの返り点を「上レ臺」としているが、この場合は諸司の皇太子に対する上啓に違失があった際の規定であり、返り点を打たずにそのまま「上臺」として皇太子に対して天皇を指したものとするべきである。

(42) 利光前掲註(36)書第二部第二章「養老律本文の探求」一九四頁。

(43) ここで挙げた『令集解』の註釈の一つである穴記に関しては、延暦期の明法家の私記であり、筆者を穴太内人とするも、延暦期前後の何世代かの註釈の蓄積とも考えられている。このように穴記の成立には多少の年代の幅を持たせる必要があるが、基本的には九世紀初期と見てよいようであり、天平宝字年間からさほど時を経ていない時期に「上臺」が用いられていた例と考えてよい。穴記の成立年代に関しては、水本浩典「令集解」(皆川完一・山本信吉編『国史大系書目解題　下巻』吉川弘文館、二〇〇一年所収) と北条秀樹「令集解『穴記』の成立」(『日本古代国家の地方支配』吉川弘文館、二〇〇〇年所収、初出一九七八年) 参照。

(44) 新訂増補国史大系『律』所収。

(45) 本文一～二行目「太皇謀反」は、新訂増補国史大系本は本文では底本に従って「太皇」とし、頭註で「太、以下或當下據二律裡書一補中上字上」とする (『律裡書』とは内閣文庫蔵林家本のこと)。また和田英松纂輯　森克己校訂、國書逸文研究会編『新訂増補國書逸文』(国書刊行会、一九九五年、初出一九四〇年) 一五八頁では「太上皇」とする。

(46) 高塩宏「律」(前掲『国史大系書目解題　下巻』所収) 五三三頁。なお、瀧川政次郎氏は、「律裏書の研究」(『日本法制史研究』刀江書院、一九四一年。一九八二年名著普及会復刊所収。初出一九三一年) 二一八頁において「律裏書」全文を翻刻しており、「太皇謀反。臨レ時断レ之。謀二反太上皇一者同。上臺謀レ殺二三后皇太子一殺了者科。毀二宮闕一皆斬」と句点と返り点を付している。この解釈では、「太上皇が謀反を起こした場合は臨時に判断する。太上皇に対して謀反を起こした場合も同じである。上臺が三后・皇太子を謀殺した場合、殺害してしまった場合は「毀宮闕」罪 (「名例律」八虐条が該当) を科して斬とする」となる。しかし、「物記」にも「臣下者。除二天子一以外。三后皇太子以下皆是」とあるように、天皇が「謀反」を起こすということは、律令制上、明法家の間では想定されていなかった。そして、上臺が三后皇太子を「謀殺」することはあり得ない。従ってここでは国史大系本などと同じく「謀二反太上皇一者同二上臺一。

謀㆓殺三后皇太子㆒……」とするべきである。

(47) 利光前掲註(36)書第三部第一章「奈良・平安時代に成った日本律注釈書」二二四頁。

(48) 坂上前掲註(24)論文三七・四七頁。

(49) 笹山晴生「春宮坊帯刀舎人の研究」(『日本古代衛府制度の研究』東京大学出版会、一九八五年所収。初出一九七二年)三二四頁前後。

(50) 孝謙太上天皇を指して「上臺」と称した背景は、本書第五章参照。

(51) 例えば『文選』巻三十七所収の孔融作「薦禰衡表」(後漢、建安元年、一九六年)には、禰衡が皇帝に仕えたことを指して「如得㆘龍躍㆓天衢㆒、振翼㆓雲漢㆒、揚聲㆓紫微㆒、垂光虹蜺㆖、足㆘以昭㆓近署之多士㆒、増㆗四門之穆穆㆖」とあり、皇帝を指す意として「紫微」を用いる例が見られる。

(52) 岸俊男氏は仲麻呂の政策のブレーンとして、藤原刷雄、延慶などの帰国留学生や鑑真などの唐僧の可能性を想定しており(『藤原仲麻呂』吉川弘文館、一九六九年一九〇頁)、また瀧川政次郎氏は紫微内相の号の考案者として、仲麻呂本人を想定している(瀧川前掲註(3)論文三一〇〜三一一頁)。仲麻呂に関しては、彼を語るときにしばしば引用される『続日本紀』天平宝字八年九月壬子条の仲麻呂の薨伝中に「率性聡敏。略渉㆓書記㆒」とあるように、自身も高い教養を持っていたようであるので、あるいは仲麻呂自身の発案の可能性もあろう。

(53) 『旧唐書』(巻四十二　志第二十二　職官一)に見られる龍朔二年(六六二)二月甲子の官名改称では、尚書省を中臺、門下省を東臺、秘書省を蘭臺、御史臺を憲臺とするなどの変更が見られる。この改称は咸亨元年(六七〇)に旧に復されるが、光宅元年(六八四)九月には再び改称が行われ、尚書省は文昌臺、門下省は鸞臺、御史臺は左粛政臺となり、さらに翌垂拱元年には黄門待郎を鸞臺待郎、秘書省が麟臺とされている。これらの改称はいずれも高宗、中宗の時期にあたるが、実際は則天武后の政策である。なお、これらの官名は武后退位後の神龍元年(七〇五)に「永徽已前」(顕慶の前の年号が永徽)に復されている。

(54) 『本朝文粋』の現存最古の完全な写本である久遠寺本(建治二年、一二七六年写)も、「上台」としている(『身延山久遠寺蔵　重要文化財　本朝文粋』汲古書院、一九八〇年の影印参照)。

(55) 「台記解題」(『増補史料大成　台記一』臨川書店、一九六五年)一頁。また飯倉晴武『日本史小百科　古記録』(東京

堂出版、一九九八年）の『台記』の解説は、頼長が「十七歳から大臣の座にいたことから、大臣の唐名三台、三槐をとって『台記』『槐記』という」とする（同書五八頁）。

（56）坂上前掲註（24）論文、および荒木敏夫『日本古代の皇太子』（吉川弘文館、一九八五年）一三七頁。

（57）『続日本紀』天平宝字二年八月甲子条。

なお、中国史料の語句検索にあたっては、「二十四史」・「通典」は台湾中央研究院の「漢籍電子文献」（http：//hanji.sinica.edu.tw/）、『資治通鑑』は「寒泉」（http：//210.69.170.100/S25/）を参照した。

第六章　藤原仲麻呂の大師任官

はじめに

天平宝字四年（七六〇）正月四日、大保従二位藤原《ふじわらの》恵《え》美押勝《みのおしかつ》（藤原仲麻呂）は従一位に叙され、続いて孝謙太上天皇の口勅によって大師に任じられた。大師とは令制の太政大臣のことであり、臣下が生前にこの官に就くのは初めてであった(1)。この仲麻呂の大師任官に関しては、一般に仲麻呂の権勢が頂点に達したという評価が与えられている。しかし、そこには昇進を重ねて行き着くところまで行き着いた結果であるという含みがあるようである。藤原仲麻呂には岸俊男・木本好信両氏による伝記があり(2)、仲麻呂に関する評価は、この両書での言及でおよそ尽くされている。両書においても、大師任官は太政官の極官に昇ったという評価であり、また奈良時代を扱った通史においても同様である(3)。その中にあって、坂上康俊氏は中国の三師三公に関して「魏晋南北朝時代に王朝を簒奪しようとする者が、いよいよ現皇帝に禅譲を迫ろうかという時に就いたものであった」としつつ、仲麻呂の大師任官については「果たして仲麻呂にその気があったか、それはわからない」としている(4)。坂上氏の指摘は、仲麻呂の大師任官に、単なる昇任を重ねた結果以上のものがある可能性を示唆している。

太政大臣とは、律令制下最高の官職であり、「職員令《しきいんりょう》」太政官条に「右師㆓範一人㆒。儀㆓形四海㆒。経㆑邦論㆑道。燮㆓理陰陽㆒。無㆓其人㆒則闕」とあるように、天皇の師範たるべき者が就く官である。しかし具体的な職掌は規定されていない。太政大臣の職掌の有無、太政官での位置づけに関しては古くから議論があり[5]、また研究も多く積み重ねられている[6]。本章はこれらの研究に依拠しながら、仲麻呂の大師任官が持つ意味について考えてみたい。

第一節　大師と太政大臣

大師の官名は、天平宝字二年八月の一連の官名変更によるものであり[7]、その名称は中国の三師（太師・太傅・太保）・三公（太尉・司徒・司空）の太師に求められる。

中国の三師三公は、漢代以来宰相の任とされ[8]、以後代々の王朝に受け継がれた。『大唐六典』は三師の沿革として、周の時代に三公ができ、漢代に三公の上として上公ができ、後魏（北魏）に至って上公を三師と称したとする。日本令成立に影響を与えた唐令では、三師三公に関する条文は次のように復元されている[9]。

　太師一人。太傅一人。太保一人。
　右三師、師㆓範一人㆒、儀㆓形四海㆒。
　太尉一人。司徒一人。司空一人。
　右三公、経㆑邦論㆑道、燮㆓理陰陽㆒。祭祀則太尉亜献、司徒奉俎、司空掃除。
　　竝無㆓其人㆒則闕。

三師三公は隋の煬帝の時代に一度廃止され、唐代に改めて設置された[10]。しかし、唐代ではその地位の重さから名目上の存在となり、歿後の贈官か皇族に与えられる官職とされていた[11]。

一方、日本令制の太政大臣は、中国の三師三公を合わせた地位であるとされる[12]。令制後仲麻呂の大師任官までに太政大臣となったのは、右大臣藤原不比等と、知《ち》太政官《だいじょうかん》事《じ》舎人親王が歿後に追贈されたのみであり[13]、橘諸兄は位階は正一位に至ったものの、官職は左大臣のままであった。左大臣は、右大臣とともに太政官政務を統轄する職であり、[14] 太政官の政務を掌握するには、左大臣の地位で充分である。極官であるとはいえ、仲麻呂がこうした名誉職とも位置付けられる、大師に就いた意味を見ていきたい。

第二節　仲麻呂の大師任官

(一) 大師任官と孝謙太上天皇

『続日本紀』天平宝字四年正月丙寅条には、高野天皇（孝謙太上天皇）と帝（淳仁天皇）が内安殿に出御し、叙位・任官を行ったことが見える。ここで藤原仲麻呂は従二位から従一位に昇叙し、続いて孝謙太上天皇の口勅によって大保（右大臣）から大師（太政大臣）となった。このとき、孝謙太上天皇は任官の経緯を以下のように説明している。「乾政官の大臣（大師）は、適任者がいない場合は任命しない官である。大保（仲麻呂）はその適任者であるので何度も任命しようとしたが、仲麻呂は辞退し続けてきた。さらに仲麻呂は、祖父不比等が受けなかった官を自分が受けることはできないとしてきた。しかし、仲麻呂が辞退するからといって任命しない訳にもいかず、不比等を太政大臣に任じなかったことは残念に思うことである。従って、今、藤原恵美朝臣を大師とする」というものである。

この孝謙太上天皇の口勅（宣命第二十六詔）に関しては、口頭語的性格が著しく、太上天皇の肉声がそのまま文字化されたようであるとの指摘がある。[15] またこのときの大師任官は、通常の大臣任官儀とは違い、孝謙太上天皇の意思がそのまま儀式の場で宣読されたものであること、しかし任官には天皇の権威が必要なので、淳仁天皇が同席をして正当性を示したことが指摘されている。[16] 仲麻呂の大師任官には、孝謙太上天皇の意向が強く働いていたことがうかがえるのである。

（二）天平宝字年間の太政官

天平宝字年間（七五七～七六四）は、仲麻呂の乱後まで乾政官（太政官）に仲麻呂以外には大臣は存在していなかった。天平宝字元年七月の橘奈良麻呂の変のため、藤原豊成は右大臣を解任され、以後大臣は仲麻呂のみであった[17]。太政官にあって仲麻呂の下にあったのは御史大夫（大納言）であり、石川年足が天平宝字二年から六年まで、文室浄三が天平宝字六年から八年までその任にあった。大納言の職掌は、「職員令」太政官条に「大納言四人。掌。参二議庶事一。敷奏。宣旨。侍従。献替」とあり、大臣とともに政務に当たるものである。また『令義解《りょうのぎげ》』職員令太政官条に「若右大臣以上並无者、即大納言得二専行一」とあり、大臣不在の場合は代行することが可能であった。従って、仲麻呂が職掌がないとされる大師となっても、太政官政務は運営されることになる。

しかし仲麻呂は、実際には太政官の権能を掌握していたとされる[18]。また橋本義彦氏は、天平宝字二年の官名変更の記事から、太政大臣が左右大臣と並列して三師のそれぞれに配当されており「太政大臣と左右大臣をまったく並列的に見ていたことを裏付ける」とし、仲麻呂が「大師＝太政大臣が職務・職掌のない名目的な地位とは考えていなかった」としている[19]。『日本三代実録』元慶八年五月二十九日条にある、太政大臣の職掌をめぐる菅原道真の奏議でも、太政大臣の職掌は規定されておらず、また太政大臣は唐の三師に相当するとしながら、唐の三師三公は尚書省《しょうしょしょう》の官員でないのに対して、太政大臣は分掌はないとはいえ、太政官の職事《しきじ》であるとしている。従って、仲麻呂の大師任官は名誉職的な極官に至ったというのではなく、むしろ最高位に就き、かつ他に大臣を置かないことで、大臣としての地位を独占したといえるのである。

（三）大師任官の背景にあるもの

藤原仲麻呂の政策は「唐風」という言葉で語られるように、中国の制度を意識したものが見られる。大師とは、前述のように中国の三師三公の一つであり、唐代には名目上の地位となっていた。しかし日本での大師に対する認識には、次のような例がある。

先に菅原道真の奏議で触れた『日本三代実録』元慶八年五月二十九日条に、少外記《しょうげき》大蔵善行《おおくらのよしゆき》の奏議が載せられている。ここで大蔵善行は太政大臣の待遇について、『唐太宗実録』から「三師三公在二親王上一」であり、『唐礼』から「天子臨軒、冊二授三師三公一。其位次在二親王上一」として[20]、「本朝之制、与二大唐一殊矣」とする。平安時代の認識としては、日本の太政大臣の位置づけは唐の三師三公と異なるというものである。しかし、唐の制度として三師三公は親王よりも上位という知識もあったのである。仲麻呂が大臣の官名を三師に擬えて変更し、自らのみが大保、そして大師となったのには、唐では三師三公が皇族よりも高い位置づけを与えられているという認識も背景にあるのではないだろうか。

とはいえ、親王よりも上位である大師となったからといって、仲麻呂が天皇に成り代わろうとしていたかというと、それは疑問である。仲麻呂の乱に際しても、息子たちを三品に叙しているものの、氷上塩焼《ひかみのしおやき》（塩焼王）を「今帝」として擁立しており、自らとは別に天皇が必要であるという意識を持っている。

では、仲麻呂の大師任官は、どのような意義を持つのであろうか。この大師任官が孝謙太上天皇の口勅によることはさきに述べた通りである。このとき淳仁天皇ではなく孝謙太上天皇の意思として任官が実現したことに関しては、孝謙太上天皇が任官に同意・納得したことを示すために、淳仁天皇と仲麻呂が求めたという指摘がある[21]。加えて、ここで孝謙太上天皇が仲麻呂の大師任官を納得した背景には、やはり光明皇太后の意向が大きく働いたと見るべきであろう。仲麻呂が大師となった天平宝字四年六月に、光明皇太后は崩じている。『続日本紀』天平宝字四年三月甲戌条に「詔曰。比来、皇太后御体不予」とあり、光明皇太后はこの年の前半には体調を崩している。そして六月乙丑条で「天平応真仁正皇太后崩」となる。『続日本紀』天平宝字四年正月丙寅条で、孝謙太上天皇と淳仁天皇が一緒に行動していると記されていることに関して、「光明の病状悪化により、淳仁天皇への後見機能が孝謙太上天皇に一元化されていったと考えられる」という指摘もある。(22)

第三章や第五章で述べたように、奈良時代の太上天皇は、天皇の正当性を保証する存在であり、また元正太上天皇や聖武太上天皇の場合のように、次代の皇位継承者選定にも影響力をもっていた。さらに孝謙太上天皇は、草壁皇統の最後の継承者として、淳仁天皇よりも高い権威を有していた。また淳仁天皇の後継者は決まっていない状態であり、新たな皇統を考える時期であった。こうしたなかにあって、孝謙太上天皇は、母である光明皇太后のもとで淳仁天皇を後見していた。そのため光明皇太后は、自ら亡き後の体制を考え、仲麻呂の大師任官を推したのではないだろうか。淳仁天皇への後見機能は、孝謙太上天皇の後見も含めて藤原仲麻呂に託されたということである。

光明皇太后は、淳仁天皇の父である舎人親王への皇帝号追贈などに際して、孝謙太上天皇の不同意を押し切って実現させており、(23)淳仁天皇の存在には肯定の立場を示していた。また、光明皇太后は「鎌足―不比等―光明」という藤原氏の系譜意識を持ち、それは甥である仲麻呂が支え、かつ発展させた。そして仲麻呂は自らをこの系譜意識の延長線上に位置づけようとする意図があったとされる。(24)仲麻呂自身も、鎌足・不比等の顕彰事業には積極的であり、(25)仲麻呂の紫微内相《しびないしょう》任官、そして大保（右大臣）から大師（太政大臣）任官は、鎌足（内臣）・不比等（右大臣から歿後太政大臣を追贈）の先蹤をたどったものである。(26)仲麻呂が光明皇太后の支持を受けていたことは周知のことであるが、仲麻呂の大師任官も、光明皇太后の意向のもとで仲麻呂に高い地位を与え、孝謙太上天皇と淳仁天皇の体制を後見させ、そして淳仁天皇の新しい皇統を支えることを目指したものであろう。孝謙太上天皇もこの路線を承諾したので、口勅によって天皇の師範たる大師の任官を行い、淳仁天皇が同席したということになる。

もっとも、天皇・太上天皇の後見とはいえ、仲麻呂の権力は天皇の権威に依存したものであり、天皇権力と対立をし、超えることはない[27]。この体制は、孝謙太上天皇のもとに道鏡が現れ、これが原因となって孝謙太上天皇と淳仁天皇との間に亀裂が生じるという、不慮の事態によって崩壊するのである。

おわりに

これまで見てきたように、仲麻呂の大師任官は、光明皇太后亡き後の淳仁天皇・孝謙太上天皇の後見を想定したものであり、それは光明皇太后の意向のもと、孝謙太上天皇も納得した上でのことであった。またその地位は、左右大臣の存在を統合するものであり、さらには唐制の三師三公の位置づけの中でも、名目上の存在である一方で親王の上に位置するものとされていた。従って仲麻呂が就いた大師とは、令制下の太政大臣以上の地位であり、また単に昇進をして行き着くところまで行ったという地位ではないのである。

奈良時代、天皇家との関係を深めて地位を上昇させていった藤原氏の中にあって、不比等と仲麻呂をつなぎ、不比等は歿後の贈官であった太政大臣（大師）への仲麻呂の任官を実現したのは、光明皇太后の存在と孝謙太上天皇の同意が背景にあったのである。

藤原仲麻呂の大師任官に関して、憶説を述べてきた。太政大臣の位置づけや、仲麻呂に関する理解については先学の見解と重なる部分も多く、また大師としての仲麻呂の行動や議政官組織の実例を見通した考察は、まだ不十分な点が多い。しかし、今回はこれらは今後の課題とし、ここで擱筆したい。

（1）皇族では、大宝令以前に大友皇子と高市皇子が任じられている。
（2）岸俊男『藤原仲麻呂』（吉川弘文館、一九六九年）、木本好信『藤原仲麻呂』（ミネルヴァ書房、二〇一一年）。

（3）例えば、青木和夫『日本の歴史3　奈良の都』（中央公論社、一九六五年。文庫版四五九頁）では、「自分の官位は頭打ちになったから」子供たちを要職につけたとしている。

（4）坂上康俊『シリーズ日本古代史④　平城京の時代』（岩波書店、二〇一一年）二〇二頁。

（5）古くは、本章でもふれるように、光孝天皇の時代、藤原基経のために太政大臣の職掌を勘申《かんじん》させた例がある（『日本三代実録』元慶八年五月二十九日条）。

（6）橋本義彦「太政大臣沿革考」（『平安貴族』平凡社、一九八六年所収。初出一九八二年）や酒井芳司「太政大臣の職権について——太政官政務統括の実態から」（『古代文化』五一—一一、一九九九年）など。また『譯註日本律令十　令義解譯註篇二』の太政官条の解説も参照。

（7）『続日本紀』天平宝字二年八月甲子条。

（8）礪波護「唐の官制と官職」（『唐の行政機構と官僚』中央公論社、一九九八年。初出一九七五年）二一五頁。

（9）唐令条文は、『唐令拾遺補』による。

（10）『旧唐書』志第二十二　職官二　三師の註に「後漢初、大傅置二府僚一。至二周、隋一、三師不レ置二不僚一、初拝二於尚書省上一。隋煬帝廃二三師之官一、武徳設置、一如二隋制一」とある。

（11）礪波前掲註（8）書二一五頁。また『大唐六典』三師三公尚書都省巻第一　三師に「然非二道徳崇重一則不レ居二其位一、無二其人一則闕之、故近代多以為二贈官一。皇朝因レ之、其或親王拝者。但存二其名一耳」とあり、三公にも同じように「自二隋文帝一罷二三公府僚一、皇朝因レ之、其或親王拝者。亦但存二其名位一耳」とある。

（12）日本思想大系3『律令』職員令太政官条。

（13）『続日本紀』養老四年十月壬寅条（藤原不比等）、天平七年十一月乙丑条（舎人親王）。

（14）「職員令」太政官条に「左大臣一人。掌。統二理衆務一。挙二持綱目一。惣二判庶事一。弾正糺不レ当者。兼得レ弾之。右大臣一人。掌同二左大臣一」とある。

（15）小谷博泰「宣命の作者について」（『木簡と宣命の国語学的研究』和泉書院、一九八六年所収。初出一九七七年）七五頁。

（16）鈴木琢郎「奈良時代の大臣任官と宣命」（『日本歴史』六七五、二〇〇四年）一一頁。なお孝謙太上天皇の持つ権威に関しては、本書第五章で論じている。
(17) 天平宝字元年五月に大納言のまま紫微内相を兼任。天平宝字二年八月に大保、天平宝字四年正月に大師となっている。
(18) 早川庄八「古代天皇制と太政官政治」(『講座日本歴史2　古代2』東京大学出版会、一九八四年)三一頁。
(19) 橋本前掲註(6)論文一二二頁。
(20) 『大唐開元礼』巻一百八　嘉礼の「臨軒冊命諸王大臣」は、「三師　三公　親王　開府儀同三司　太子三師　驃騎大将軍　左右丞相　京兆牧　河南牧」の順で表記されており、またこれらは「右竝臨軒冊命」とある(汲古書院本による)。
(21) 木本前掲註(2)書一四三頁。ここで木本氏は「光明皇太后の勧めもあって、孝謙太上天皇に仲麻呂の太政大臣である大師就任という事実を納得してもらうというか、確認してもらう手段とも考えて」淳仁天皇と仲麻呂が孝謙太上天皇に口勅を求めたとする。
(22) 吉川真司『天皇の歴史02　聖武天皇と仏都平城京』(講談社、二〇一一年)二一七頁。
(23) 『続日本紀』天平宝字三年六月庚戌条。
(24) 吉川真司「藤原氏の創始と発展」(『律令官僚制の研究』塙書房、一九九八年。初出一九九五年)一二九頁。
(25) 吉川前掲註(24)論文一三〇頁。
(26) 岸前掲註(2)書二五九頁。
(27) 早川前掲註(18)論文三九頁。

第三部　平安時代の太上天皇

第七章　平安時代初期の太上天皇

はじめに

天応元年（七八一）四月、光仁天皇は老齢を理由に譲位し、それを承けて皇太子山部親王が即位した。桓武天皇である。桓武天皇は周知のように、八世紀の諸天皇とは異なり、草壁皇子の系統とは関わりのない存在であり、かつ生母高野新笠が渡来人系であったため、自己の血統や天皇としての正当性に不安を感じていたとされる。そして、自らの正当性を確実なものとするために、即位の根拠を「天智天皇の法」に求め(1)、中国風の郊天祭祀を行い、さらに遷都や征夷事業を進めた。

桓武天皇の時代は、天皇の正当性の根拠が変化した時代であり(2)、また従来皇位の正当性の保証者とされていた太上天皇の位置づけが変化した時期でもある(3)。桓武天皇は最後まで譲位をせず、光仁太上天皇が天応元年十二月に歿した後は、長く太上天皇不在の時期が続いた。また桓武天皇に続く世代の時期には、平城太上天皇の変（薬子の変）(4)、嵯峨太上天皇期の太上天皇尊号宣下《そんごうせんげ》(5)、仁明天皇期の一天皇―太上天皇状態など、新たな太上天皇制の展開が見られる。本章はこうした平安時代初期の太上天皇制の展開について見ていきたい。

第一節　延暦の太上天皇

(一) 桓武天皇期の転換点

桓武天皇は天応元年四月、光仁天皇からの譲りを承けて即位した。桓武天皇即位の経緯は『続日本紀』によると、まず四月一日、光仁天皇の譲位宣命により「受禅即位」し、四日に早良《さわら》親王立太子、十一日に伊勢神宮へ即位報告使を発遣した後、改めて十四日になって大極殿で即位儀を行っている。このような桓武の即位形態は、即位儀を行う前に神器の移動によって皇位継承を行う践祚儀の始まりとされる(6)。光仁天皇から譲位されたとはいえ、桓武天皇自身が持つ出自の問題から、太上天皇による保証は不安定であり、かつ桓武天皇の即位宣命が、「天智天皇の法」に正当性の根拠を求めたこともあって、太上天皇による新天皇保証の意義は低下する(7)。

桓武天皇の皇太子は、当初は弟の早良親王であり、延暦四年（七八五）の藤原種継《たねつぐ》暗殺事件に関係して早良親王が皇太子を廃された後、桓武天皇の皇子安殿《あて》親王に交替した。その後桓武天皇と皇太子安殿親王は、早良親王の怨霊《おんりょう》に悩ませられ続ける(8)。桓武天皇は終身在位を貫いたが、太上天皇が天皇大権を共有し、天皇を補佐しながら国政に臨む存在であるのならば(9)、むしろ安殿親王に譲位して後継者を確実にした上で、太上天皇として事業を推進する方法もあった。しかし桓武天皇は最後まで譲位をすることはなかった。これは第三章で指摘したように、太上天皇は天皇大権を分有する存在ではないのであり、また奈良時代とは異なり、桓武天皇を正当付けるものが「天智天皇の法」や郊天祭祀に求められ、太上天皇が即位の正当性の根拠としての意義を失ったことによる。光仁天皇から桓武天皇の段階で、八世紀のような太上天皇のあり方は変化を迎えたのである。

（二）延暦二十四年の内侍宣

前節でみたように、桓武天皇は譲位することなく、最期まで天皇位にあり続けた。また光仁太上天皇は桓武天皇即位の年に歿しているので、桓武天皇の在位中は、ほぼ太上天皇は存在しなかった。しかし、東大寺文書に次のような文書が残されている。[10]

使内舎人従六位下安倍朝臣廣主

右被二内侍宣一偁、為二太上　天皇

御霊一、宜下令二奈良七大寺衆僧一、

一七日讀経上者、今依二宣旨一、件人差レ

使、令下賷二名香一向中東大寺上、乞察二

此状一、始レ自二今月廿六日一迄二于来十月

三日一、如レ法行レ道、至二心讀誦一、委曲之

旨、亦在二使口一

延暦廿四年九月廿四日

参議左大辨菅野朝臣「真道」

これは桓武天皇の晩年延暦二十四年（八〇五）に、「太上天皇御霊」のために南都七大寺の僧に対して七日間の読経を命じた宣旨《せんじ》であり、現存する唯一の内侍宣《ないしせん》の実物とされる。[11] この「太上天皇」は一般には、桓武天皇の皇太子で、延暦四年に藤原種継暗殺事件に関係して非業の死を遂げた早良親王を指すとされている。[12] これは延暦二十四年九月という桓武天皇の最晩年に、南都七大寺で読経を命じて慰撫する御霊は、早良親王にほかならないということによる。

早良親王は、歿後「怨霊」として桓武天皇周辺を悩ませ、延暦十九年に崇道天皇号を追贈されている。従って、早良親王が「天皇」として扱われてもおかしくはない。しかし「太上天皇」は「儀制令」天子条に「太上天皇。譲位帝所レ称」とあるように、即位してかつ譲位した場合の地位である。天皇号を追贈されたとはいえ、譲位したことがない早良親王を太上天皇と称することはできない。ここで早良親王を太上天皇と称するのならば、太上天皇とは単に過去に存在した天皇を指すか、天皇の尊称の一つに過ぎないことになり、「太上天皇」そのものの定義が大きく変わることになる。

平安時代の「御霊」は、無実の罪に陥れられた人物を指すとされる。しかし平安時代初期の段階では、まだ冤罪被害者だけではなく、歴代天皇なども対象となっていた(13)。従ってこの「太上天皇御霊」も早良親王よりは、桓武天皇の直近で実際に太上天皇であった、光仁太上天皇を指すとするのが妥当であろう。早良親王の立太子には、光仁天皇の意向が強かったとされる(14)。また平安京遷都後も、桓武天皇と南都諸大寺との関係は続いていた。特に桓武天皇の最晩年、病状が重くなるとしばしば南都諸大寺で仏事が行われている(15)。この延暦二十四年の内侍宣も早良親王ではなく、むしろ光仁太上天皇の御霊までも頼って、桓武天皇の病状を救おうとしたという事例であると考えられる(16)。

なお早良親王を太上天皇とすることに関して、『大鏡』の天　師尹に以下のような記述がある。

> 世はじまりて後、東宮の御位とり下げられたまへることは、九代ばかりにやなりぬらむ。中に法師東宮おはしけるこそ、うせたまひて後に、贈太上天皇と申して、六十余国に斎ひ据ゑられたまへれ。公家にも知ろしめして、官物の初穂さき奉らせたまふめり。

ここでは法《ほう》師《し》東宮《とうぐう》、すなわち早良親王が、「贈太上天皇」とされたとしている。これは、早良親王を太上天皇と称しても不都合がないことの傍証となり得る。しかし前後を読むと、この箇所は寛仁元年（一〇一七）、三条天皇の皇子敦明《あつあきら》親王が皇太子を辞退し、小一条院《こいちじょういん》と称されたことを述べたものである。『日本紀略』寛仁元年八月二十五日条に「以二前皇太子一為二小一条院一。准二太上天皇一賜二年爵年官受領史等一。（後略）」とあるように、敦明親王は小一条院と称して太上天皇に准ずる待遇を受けている。そして『大鏡』では皇太子を辞して「太上天皇」となることがめでたいことである例として、早良親王（崇道《すどう》天皇）が引き合いに出されているのである。『大鏡』の「斎《いわ》ひ据《す》ゑられたまへれ」の箇所は、早良親王のために全国に小倉が設けられて、祀られたことを反映したものであり、[17] 早良親王が「贈太上天皇と申し」たという表現は、皇太子を辞した敦明親王が太上天皇に准ずる待遇を受けたことを、嘉例とするための脚色と見るべきであろう。

第二節　平城太上天皇

（一）平城天皇の譲位

弘仁元年（八一〇）に発生した平城太上天皇の変（薬子の変）は、太上天皇制の大きな画期である。[18] 桓武天皇の歿後即位した平城天皇は大同四年（八〇九）四月、在位四年で皇太弟賀美能《かみの》（神野）親王（嵯峨天皇）に譲位した。譲位後の平城太上天皇は、平安京を離れて平城旧宮を整備して居住し、太上天皇宮の経営のためには太政官が奉仕を続けた。この状態は「二所朝廷」と表記され（『日本後紀』弘仁元年九月丁未条）、譲位後も天皇と同様の権限を保ち続けた事例とされる。そして、平城太上天皇の変（薬子の変）の敗北により、太上天皇は大権を喪失したと位置づけられている。[19]

従来は春名宏昭氏が説くように、大宝令制以来の太上天皇制は、この平城太上天皇の変（薬子の変）で終焉を迎えて、次に嵯峨太上天皇期に新たな太上天皇制が再編されたとする。しかし前述のように、太上天皇制は桓武天皇の登場段階からその本来の意義を喪失していたのであり、平城太上天皇の変（薬子の変）もこのような視点から見直すことが求められる。つまり、単に天皇と同等の権能を有する太上天皇が、天皇と争って敗れたというのではなく、桓武天皇期以降、本来の意義を失いながらも、譲位することは可能であったがために出現した太上天皇の、存在の矛盾と影響力の限界を見るべきである。

平城太上天皇の譲位は、八世紀段階の譲位とは異質なものであった。八世紀までは直系継承を確実にするための譲位であり、天皇も壮齢となるまで在位した上で皇太子に譲位していた。また病や老齢を理由に譲位した元明天皇と光仁天皇の場合、元明天皇は皇太子首親王（聖武天皇）の即位を前提とした、氷高《ひだか》内親王（元正天皇）への譲位であり、光仁天皇は、すでに七十三歳に達していた天皇が、四十五歳の皇太子へ譲位しているのである。そして桓武天皇は、古代の天皇としては珍しく譲位することはなかった。先述のように桓武天皇が譲位しなかった背景としては、桓武天皇即位に伴う太上天皇の存在意義の変化がある。また氷上川継《ひかみのかわつぐ》の変を鎮圧するなど聖武系皇統を排除したことにより、天皇・皇太子位が安定化したことが挙げられる。

それに対して平城天皇の譲位は、病を理由として三十歳代の天皇が譲位したことが異例である。[20]ただし、平城天皇譲位の背景に関しては諸説があり、「風病《ふうびょう》」による一時的な精神不安定状態であったとする理解のほか、平城天皇の政策に対する貴族層の反発が背景にあったという指摘、[21]自身の皇子立太子を含めた皇位継承の問題、[22]あるいは桓武天皇の「怨霊」が遠因であるとする説[23]などもある。いずれにしても、平城天皇の「病」は致命的ではなく、譲位後に国政に介入する素地を残すことになる。[24]それが現実となったのが、弘仁元年九月に発生した平城太上天皇の変（薬子の変）である。

平城太上天皇側の動きは、平城宮造営や遷都問題など、弘仁元年九月に入ってから急速に目立つようになる。その一方で平城太上天皇側は、嵯峨天皇側が反対行動に移ると、後手に回ったまま敗北している。平城太上天皇側の行動がいかに倉卒《そうそつ》であったかは、このとき藤原仲成《なかなり》が平安京に滞在していて、[25]そのまま拘禁されたことにも、その一端がうかがえる。

弘仁元年九月になって事態が急速に動いた背景の一つに、嵯峨天皇の健康状態がある。(26) 嵯峨天皇は弘仁元年、元日朝賀《がんじつちょうが》からして「廃朝。以㆓皇帝不予㆒也」（『類聚国史』巻三十四　天皇不予　大同元年正月壬寅条）とあるように健康状態が優れない日々が続いていた。その後も回復はしなかったようであり、『日本紀略』弘仁十四年（八二三）四月庚子条の、嵯峨天皇が淳和天皇に譲位したときの記事にもこのときの事情が述べられている。

帝（嵯峨天皇）御㆓前殿㆒、引㆓今上㆒（淳和天皇）曰。朕本諸公子也、始望不㆑及。於㆓太上天皇㆒（平城）、曲垂㆓褒餝㆒、超登㆓儲貳㆒。遂遜㆓位于朕㆒。躬辞不㆑獲㆑免、日慎㆓一日㆒、未㆑幾而身嬰㆓疹疾㆒、弥留不㆑瘳。為㆓万機擁滞㆒、令㆔右大臣藤原朝臣園人奉㆓還神璽㆒、朕始有㆓帰閑之志㆒、太上天皇不㆑允㆑所㆑請。当㆓此之時㆒、有㆓小人之言㆒、令㆓太上皇与㆑朕有㆑隙、公卿相共議、逐㆓君側群少㆒、太上不㆑察㆓愚款㆒、有㆓入東之計㆒。群臣不㆑安㆓社禝㆒、遣邀㆑之。

ここで嵯峨天皇は、淳和天皇に対して自らの即位の経緯を語った後、即位して間もなく病となり、平城太上天皇に「奉㆓還神璽㆒」（神器を返す＝重祚を求める）を望んだとしている。そして、平城太上天皇は嵯峨天皇の願いを受け入れなかったものの、「小人之言」により両者の間に隙間が生じて、事変に至ったとしている。嵯峨天皇の子である仁明天皇の時代に成立した、編纂史料としての『日本後紀』の立場からの事変への評価や、嵯峨天皇が平城太上天皇を擁護して、ことさらに「小人之言」（仲成・薬子）を強調したことが読み取れる一方、平城太上天皇の変（薬子の変）発生の一因が、嵯峨天皇の病にあったことも物語っている。事実、弘仁元年正月の不予による廃朝以後も、七月になって丙申（十八日）に「聖体不予」による山陵鎮祭、戊午（二十日）に「延㆓清行禅師㆒侍㆓上病㆒也」、乙丑（二十七日）・丁卯（二十九日）には崇道天皇・伊予《いよ》親王・藤原吉子の追善、戊申（三十日）に伊勢神宮奉幣と相次いで平癒祈願が続き、八月に入っても石上神宮《いそのかみじんぐう》への奉幣や太政官での薬師法祈願と続く。

平城太上天皇の変（薬子の変）は、こうした嵯峨天皇の病状悪化と退位の意向があって、平城太上天皇側からの復位の動きが顕在化したものである。

（二）平城太上天皇宮の機構

八世紀までの太上天皇は、譲位後も宮内に居住したとされる[27]。それに対して平城太上天皇は、『日本後紀』大同四年四月戊寅条に「天皇遂伝レ位。避二病於数処一、五遷之後、宮二于平城一」とあるように、平安宮内で「五遷之後」に平城旧宮に落ち着いた[28]。平城宮中央区（第一次）大極殿・朝堂跡からは、平城太上天皇期の宮殿とみられる遺構が検出されている。この遺構を検討した橋本義則氏は、概ね平安宮の内裏に準拠した構成であり、皇后がいなかった平城太上天皇を反映して、平安宮内裏での皇后宮殿舎である常寧殿《じょうねいでん》空間が欠落しているだけであること、そして南側には大極殿相当の建物があるが、他に朝堂院を構成する建物が検出されてはいないという特徴を指摘する[29]。以下に述べる「平城宮」は、平城太上天皇宮としての平城宮を指す。

『日本後紀』では平城太上天皇が平安京から離れて、平城宮に独立した宮を営んだことを「二所朝庭」と表記している（『日本後紀』弘仁元年九月丁未条）。これは一般に、太上天皇の独立性と政治的権能の高さを示すとされる。また太上天皇に仕えるために、太政官などの諸官司が分かれて平安宮と平城宮とに互いに直したことも、太上天皇が天皇大権を分有した事例とされる。しかし平城太上天皇の平城宮は橋本氏が指摘するように、内裏に準拠するとはいっても天皇と同等の規模ではなかった。また橋本氏は、この平城宮がそれまでの太上天皇宮に比べて内裏的機能が整備されていることは認めつつも、春名氏が言うような、国政の総攬者たるに相応しい官司機構の存在は想定できないとし、太上天皇宮の機能が小さいことを指摘している[30]。そもそも太政官が分離して奉仕するのは、後の院司のような太上天皇に奉仕する機関が独立して存在していなかったからであり、「二所朝庭」という言葉からそのまま独立した政治権力を認めるべきではない(31)。

平城宮に多くの太政官官人が直していたのは事実である。まず第一に挙げられるのが大外記《だいげき》である。『類聚国史』巻六十六　人部薨卒の上毛野《かみつけの》頴人《ひでひと》の卒伝に「（弘仁十二年八月辛巳）東宮学士従四位下上毛野朝人頴人卒。（中略）大同之末。太上天皇遷二御於平城一之日。外記分レ局。遞直二彼宮一。太上皇容二用女謁一。将レ向二東国一。陪従人等周章失レ図。于レ時頴人脱レ身入レ京。具奏二委曲一。（後略）」とあり、外記局が分かれて、交替勤務で平城宮に直していたこと、そして大外記であった上毛野頴人は大同五年九月に平城宮に滞在していたことがわかる。他に参議藤原仲成はもちろんのこと、中納言藤原葛野麻呂《かどのまろ》と左馬頭藤原真雄《さねお》や、参議藤原真夏《まなつ》、参議多入鹿《おおのいるか》、播磨守兼左兵衛督兼大膳大夫文室綿麻呂《ふんやのわたまろ》らが平城宮に滞在していた(32)。つまり事変が発生した弘仁元年九月以前の議政官十二人のうち、中納言を最高に四人が平城宮におり、また他に大外記が従っていたように、ある程度の官人が仕えていたことになる(33)。

一方、少納言《しょうなごん》や中務省《なかつかさしょう》、特に内記《ないき》は不在であったと考えられる。少納言は「職員令」太政官条に「掌。奏二宣小事一。請二進鈴印伝符一。進二付飛駅函鈴一。兼二監官印一。其少納言。在二侍従員内一」とあるように、小事の奏宣と、特に駅鈴・内印（天皇御璽）の管理に携わる職務である。そして中務省は、詔勅や位記の作成の最初の段階に関与しており、詔勅の発給には欠かせない存在である。また、中務省に所属する内記は詔勅の案を作成し、また御所の記録も掌っている(34)。これら少納言や内記が平城宮に直していたかどうかは、『日本後紀』などからは確認できない。しかし以下に述べるように直していなかったと思われる。

まず少納言は、前述の通り駅鈴と内印という、天皇大権発動に関わる道具を管理する職掌である。藤原仲麻呂の乱に際しては、淳仁天皇側にあった駅鈴・内印をめぐって孝謙太上天皇側と淳仁天皇側の間で激しく争奪戦が繰り広げられ、このときは太上天皇側の使者として少納言山村王が活躍している。そして孝謙太上天皇は駅鈴・

内印を手中にした後、初めて叙位・任官や地方への命令を行い、固関も行っている(35)。このように、太上天皇が非常時において天皇大権を行使する状況となったときに、駅鈴・内印の存在は欠かせないものである。ところが平城太上天皇の変（薬子の変）の場合は、駅鈴・内印の存在は全く問題とならず、固関も嵯峨天皇側が、平城太上天皇の行動を遮るように行っている。これは平城宮側には駅鈴・内印は存在せず(36)、仲麻呂の乱の時のように平城宮内で争奪戦とはならなかったからであろう。そして駅鈴・内印に関与する少納言についても、このような状況から平城宮には奉仕していなかったと考えられる。

また中務省、特に内記に関しては、『日本後紀』の欠落という事情は考慮しなければならないものの、平城宮遷居後の太上天皇を主体とした記事は非常に少なく（『日本紀略』大同四年十二月乙亥条の「太上天皇取二水路一。駕二雙船一幸二平城一。（後略）」と弘仁元年六月丙申条の観察使停止を命ずる「太上天皇詔曰。（後略）(37)」）、平城太上天皇の変（薬子の変）に関する記事も平安宮側からの記録で占められている。平城太上天皇側に内記が随行していた可能性は低く、駅鈴・内印も平城宮には置かれていなかったと推定できる。そして駅鈴・内印を管轄する主鈴を含めて、中務省の多くは平城宮に侍していなかったのではないだろうか。

従って、平城宮には天皇大権を発動するために必要な駅鈴・内印や、詔勅を発給する中務省の機能は無く、天皇大権を独自に行使できるような状況ではなかった。公式令に則った正式な詔勅は、内記と内・外印が不在の状態では発給できない。また、諸国に使者を遣わして兵を差発しようにも、駅鈴と内印がなければできない。かつて、駅鈴・内印による文書伝達制度が浸透していなかった時代には、壬申の乱に際して大海人皇子は各地で兵を差発し、挙兵から一か月後には勝利を得た。しかし大宝律令施行後の文書行政が浸透してからは、大宰大弐《だざいのだいに》という九州を管轄する地位を生かした広嗣の乱は、都から離れた九州での蜂起にもかかわらず、二か月で鎮圧される。また仲麻呂の乱も内印を手にした後の太上天皇によって、わずか一週間で鎮圧されている。そして、この平城太上天皇の変（薬子の変）は「太上天皇」という地位をもってしても、わずか二日で鎮圧されているのである。しかもこのとき太上天皇の動員できた兵は、「宿衛之兵」のみである(38)。これを平城太上天皇側の、にわかの行動によるものとしても(39)、それ以上の兵を集められなかったことに変わりはない。

また、『日本後紀』弘仁元年九月甲寅条に「越前介従五位下阿倍朝臣清継・権少掾百済王愛筌等、聞三太上天皇幸二伊勢国一、挙レ兵応レ之、捕二新任介従五位下登美真人藤津一、不レ受レ替。（後略）」という記事があり(40)、地方においても平城太上天皇に呼応する動きがあった。しかしこれも直接太上天皇の命令を受けての呼応ではなく、「太上天皇伊勢国に幸ずると聞」いてのもので、結局実際の行動に移ることはなかった。

これが「二所朝廷」の実態である。「二所朝廷」といっても両者が同等の権限を有して分離したのではなく、あくまでも政務の中心は平安宮側にあった。そして藤原薬子が尚侍として天皇への奏請・宣伝に関わっていたのも(41)、蔵人所の充実によって後退する。このような状態の中で発生したのが平城太上天皇の変（薬子の変）なのである。

（三）その後の平城太上天皇

平城太上天皇の変（薬子の変）後も、平城太上天皇は平城宮に住み続け、天長元年（八二四）七月に歿した。その平城宮には依然参議などの官人が直していた。例えば『日本後紀』弘仁二年七月乙巳条に「勅。聞、平城宮諸衛官人等、出入任レ意、不レ勤二宿衛一。宜三直レ彼参議加二督察一焉」とあり、同年九月丁未条に「勅。侍二平城宮一諸衛府官人等、任レ意不レ直、已闕二宿衛一。宜下改二前勅一、即命二少将已上一便検校上焉」とある。このように宿衛の官人の監督を参議が行う点に、院司の前身形態を見出す指摘もある(42)。しかし院司が最後まで設けられずに参議や近衛府の将官が派遣されるのは、平城太上天皇の変（薬子の変）以前と同じように、太政官が太上天皇の諸事にあたった形態が保たれているからであり、かつ太政官の奉仕の内容に宿衛の監督のようなものが含まれていたこともわかる。その一方で事変のわずか翌年には、参議や近衛少将らに監督を命じなければならないほど、宿衛官人たちの闕怠《けたい》が目立っている。院司のような独自の家政機関を持たない場合、官人は太上天皇に対して事務的に奉仕するのみなのである。

また『類聚三代格』巻四　加減諸司官員幷廃置事には、弘仁七年に造酒司《みきのつかさ》と主水司《もいとりのつかさ》が、平城宮（平城太上天皇）と皇后宮（橘嘉智子《たちばなのかちこ》）に供奉《ぐぶ》するために酒部《さかべ》と水部《もいとりべ》の増員を求めて、許可された格《きゃく》がある。

太政官符
応レ補二充造酒司酒部一事　元卌人　今加二廿人一
右得二宮内省解一偁。造酒司解偁。案二職員令一酒部数六十人。而去大同二年減二廿人一定二卌人一。今分二配平城宮幷皇后宮一。無レ人二充奉一。毎事難レ堪。望請。依レ令被レ給二六十人一。将レ済二公事一者。右大臣宣。奉レ勅。依レ請。
弘仁七年六月八日

太政官符
応レ増二加水部十三人一事　並名負雑色人
右得二宮内省解一偁。主水司解偁。水部員卌人。今供二奉御幷平城宮皇后宮一。而其数少。不レ足二充用一。望請。増二加件員数一。将レ令レ直二皇后宮一者。中納言従三位兼行兵部卿藤原朝臣縄主宣。奉レ勅。依レ請。
弘仁七年九月廿三日

前年の弘仁六年七月、嵯峨天皇の夫人《ぶにん》橘嘉智子が皇后となり、皇后宮職《こうごうぐうしき》が設置された。そのため、皇后宮に割く酒部と水部の人員が足りなくなり、増員したのである。造酒司の職掌は「掌。醸二酒醴酢一事」、主水司の職掌は「掌。樽水。饘。粥。及氷室事」であり、どちらも日常の生活を支えるものである。太政官による平城宮への奉仕というのも、実態はこうしたものであった。つまり平城太上天皇の地位は、天皇と同様の大権を保持するものではなく、太政官が人員を割くことも国政を総攬するためではなく、家政機関を有しない太上天皇のために諸事を行うためであった(43)。藤原仲成・薬子ら一部の近臣を除いて、多くの官人は機構・制度上の職務として奉仕していたのである。

平城天皇の譲位は、天皇大権を分有したのではなく天皇位を去ることに目的があった(44)。平安京から離れて平城宮を御在所としたことも、奈良時代の太上天皇とは異なり、天皇の正当性を保証して政務に助言を与える必要(45)が薄れたことによって可能となったのである。平城太上天皇の変（薬子の変）が、その後の太上天皇の位置づけの転換点となったのは確かである。しかし、この事変を境に一気に変わったのではない。平城太上天皇の存在と、平城太上天皇の変（薬子の変）の評価は、桓武天皇以来の天皇のあり方の変化に伴う、太上天皇の意義の変化がもたらす矛盾が顕在化したものであり、かつ嵯峨天皇が譲位することによって新しく秩序づけられる太上天皇制への、過渡期と評価するべきである。

第三節　譲り合う天皇・太上天皇

(一)　嵯峨天皇の譲位

平安時代に入ってからの太上天皇制は、平城太上天皇の変（薬子の変）に続いて嵯峨天皇の譲位に第二の画期がある。「儀制令」の規定では、天皇は譲位すると自動的に太上天皇と称される(46)。嵯峨天皇は、弘仁十四年（八二三）四月に淳和天皇に譲位した際、太上天皇のあり方に変化をもたらした。また内裏を出て京内の冷然院に遷り、淳和天皇に対して太上天皇号の辞退を希望し、これに対して淳和天皇が改めて太上天皇の尊号を上《たてまつ》るという過程を取ったのである。『類聚国史』巻二十五　太上天皇の弘仁十四年四月丁未（二十三日）条に、嵯峨天皇に太上天皇号を上る淳和天皇の詔がある。

　詔曰。（前略）遂乃抑二損天皇之号一、俯同二人臣之例一。稽二諸往古一、未レ有二前聞一。論二之当今一、実非二通元一。然則名不レ正則言不レ順、言不レ順則事不レ成。聖人無レ名、雖レ絶二言象一、称謂之儀、非レ無二故実一。宜下猶上二尊号一、為二太上天皇一、皇太后曰二太皇太后一、皇后為中皇太后上。

ここで淳和天皇は、太上天皇号を辞して臣下と同じ位置となるのは前例がないとして、改めて嵯峨天皇に太上天皇号を上っている。これによって太上天皇号は天皇から上られた後に称するという秩序が形成され、春名氏はこれを本来の太上天皇制の終焉と位置づけた。

　そして嵯峨太上天皇は、譲位後は国政に介入しないという意向を見せる。『類聚国史』巻二十五　太上天皇の弘仁十四年四月辛亥（二十七日）条に、嵯峨太上天皇が太上天皇号辞退を淳和天皇に要請する書状がある。

　臣諱嵯峨太上天皇言。（中略）思下欲託二山水一而送二百年一。翫二琴書一以了中一生上。故以、万機之勤、伝二於賢嗣一。八柄之権、非二復所レ知。苟欲レ答二来詔之意一、恐貽二代庖之譏一焉。因執二勅書一、奉レ達二今上一。即有二還報一、事不レ獲レ允。臣為レ省二繁費一、除二上皇号一。今上固拠二古典一、又不レ見レ許。心迹相違、伏惟垂照。

とあり、万機の勤め（国政）は賢嗣（淳和）に伝えたので、「八柄之権」[47]は自らの知るところではないとして、国政に介入しないことを表明した。以後の嵯峨太上天皇は、冷然院や嵯峨院を拠点として、嵯峨太上天皇一族を家族的秩序で統率し、その「家長」として影響力を保持した。[48]しかし嵯峨太上天皇自身は、太上天皇を天皇の下に位置づける姿勢を示した。最後に、天皇と太上天皇との間の上表《じょうひょう》のやりとりから、この問題を論じたい。

（二）太上天皇と上表

弘仁十四年（八二三）四月、嵯峨天皇は内裏を出て冷然院に遷り、皇太子大伴《おおとも》親王に譲位した。淳和天皇の即位である。嵯峨天皇の譲位は、天皇による太上天皇尊号宣下の嚆矢であり、平城太上天皇の変（薬子の変）以後の平安時代の太上天皇制を規定したと評価される[49]。また、ここに史上初めて一人の天皇（淳和天皇）に二人の太上天皇（平城太上天皇・嵯峨太上天皇）という状態が出現した。平城太上天皇・嵯峨太上天皇・淳和天皇はみな桓武天皇の皇子であり、兄弟同士ということになる[50]。そして、この譲位にあたり平城・嵯峨両太上天皇、淳和天皇の三者間での上表の往来が見られる。

この時期の上表往来に関しては「父子の義」や家族的秩序の形成例であると評されている[51]。しかし、上表をすることと、父子の義の確立は直接には結びつかない。上表は君臣関係の確認行為であり、家族的秩序とはまた違うからである。ここでは、このときの上表がいかなる意味を持つのかを考察する。上表とは、基本的に臣下が個人として君主に奉る書一般を指し、中務省が受納して天皇に上るものである。律令の規定では、上表文中で天皇は「陛下」と称され（「儀制令」天子条）、太上天皇も同じく上表の対象とされる（「儀制令」皇后条）。しかし『令集解』諸説では、太上天皇に対して上表することの当否が議論となっているのである。まずこの議論を検討した上で、弘仁十四年の問題に入りたい。

（a）『令集解』諸説の議論

太上天皇と上表の規定に関わる令文は、「儀制令」天子条の「陛下。上表所ㇾ称」と「同」皇后条の「凡皇后皇太子以下。率土之内。於二天皇太上天皇一上表。同称二臣妾名一」である。この規定のうち、天子条の天皇呼称の序列が、「陛下」が天子・天皇・皇帝に続く四番目、「太上天皇」がその次の五番目となっていることと、皇后条で上表の対象が天皇・太上天皇となっていることとの関係が、『令集解』の明法家諸説において問題となっている。

問題は、「陛下」を太上天皇に対しても用いることが可能かということと、「陛下」は上表に用いるので、太上天皇に対して上表をすることが可能かということである。これらの議論は主として、天子条の「陛下」に付された諸説に見られる。天子条「陛下」の諸説は以下の通りである。

○古記云。上表。謂進二天皇一之書。謂二之上表一也。
○穴云。問。陛下以上四号。於二太上天皇一何称。答。太上天皇不レ見レ行二詔書一。豈有二何煩一乎。於二祭祀華夷上表三事一。皆称二太上天皇一也。但於二上表一。此一色令レ習二両説一。下條云。上表。太上天皇上表。不レ云二可レ異之状一。只於二三后皇太子一上啓。別称二殿下一。或云。陛下之字居レ上故。依レ文云二太上天皇一耳。或云。尋レ義合レ云二陛下一。不レ合レ云二太上天皇一也。（師云。同可レ。称二陛下一也。）乗輿車駕二事。於二太上天皇以上一通所レ申御号。問。依二公式令一。有二天恩慈旨等事一。未レ知。為二誰時一所レ云哉。答。不レ序レ制為二其事一。仮詔書。華夷。上表等併用有耳。（或云。可レ請二正説一。師云。除二此條所レ云之外。有レ可レ称者依レ彼耳。在レ穴。）。乗輿。車駕。三后亦同二律義一也。
○朱云。於二太上天皇一上表称二陛下一。但皇帝以上名不レ可レ称者。（未レ明。）或云。天子以下諸名。太上天皇同称用者。或云。陛下以上名不レ可レ称者。（未レ明。）
○私案。依二下條一。云下於二天皇太上天皇一上表同称中臣妾名上者。則知。於二太上天皇一亦可レ称二陛下一也。依二公式令一。太皇太妃。太皇太夫人。皇太妃。皇太夫人亦同者。而則同為二平出一故。乗輿以下名同可レ称者。（未レ明。）額不レ同也。案私亦不レ同。何。跡云。従二乗輿一以下。太上天皇。三后名皆通令レ用耳。又朱云。額不レ同也。律為二科罪称一レ同耳。正不レ同耳。称二乗輿車駕一者。而不レ能二一決一。未レ知。何。

これらの諸説を整理すると以下の通りである。

①古記《こき》(52)は天皇に進める書のことを上表と謂《い》うとする。
②穴記《あなき》(53)は太上天皇が「陛下」以上の四つの呼称を用いることについて、「天皇」は太上天皇は詔書を出すこと

自体ないので、(54)用いることはないとする。そして祭祀・華夷・上表の三事の場合も、「太上天皇」と称するとする。ただし上表の場合「陛下」とすることについては諸説があるとし、下条（「儀制令」皇后条）に「太上天皇上表」の文字があるので問題はないとする一方で、「或云」として令文では「陛下」が「太上天皇」よりも上位に置かれているので、陛下ではなく太上天皇とするべきであるという説と、義を尋ねると太上天皇とせずに陛下とするべきであるとする説の両方を挙げる。

③朱説《しゅせつ》は、(55)基本的には太上天皇も陛下と称することができるとしながら「未明（未ダ明ラカナラズ）」とし、さらに「或云」と天子以下の称号はみな太上天皇にも用いるとする説と、陛下以上の称号は用いないとする説を挙げ、明快な説は述べない。

④私案《しあん》は、(56)「儀制令」皇后条を根拠として、太上天皇も「陛下」と称するとし、「公式令」平出条から、「乗輿」以下も、三后あるいは太皇太妃・太皇太夫人・皇太夫人までにも用いることができるとする。

（b）太上天皇と「上表」・「陛下」の問題

『令集解』諸説が太上天皇と陛下・上表との関係を明快にし得ないのは、天子条の構成と皇后条の規定の間の矛盾にある。「儀制令」天子条や「公式令」平出条の秩序では太上天皇は「陛下」の下位の呼称であるのに、「儀制令」皇后条からは、太上天皇も上表の対象であるので「陛下」と称することが可能となるからである。

このような不整合はどこから生じたのであろうか。ここで注目したいのは、「儀制令」天子条「陛下」注釈中の古記（「上表。謂進二天皇一之書。謂二之上表一也」）である。これを素直に解釈すれば上表とは「天皇に進《たてまつ》る書」のことであり「天皇・太上天皇に進る書」ではない。古記が成立した天平十年前後の大宝律令段階では、上表の対象は天皇のみとされ、太上天皇への上表は想定されていなかったと考えられる。それが養老律令において上表の対象となったために、「陛下」と称するに至ったのではないだろうか。このように推理する根拠として、大宝令制

下の天平十三年（七四一）の「千手千眼陀羅尼経《せんじゅせんがんだらにきょう》」残巻（京都国立博物館蔵）の跋文《ばつぶん》がある。(57)

　天平十三年七月十五日、僧正玄昉發願、
　敬寫二千手千眼経一千巻一、藉二此勝因一、
　伏願　皇帝陛下太上天皇皇后殿
　下、与二日月一齊二其明一、共二乾坤一合二其徳一、聖
　壽恒永、景福無レ疆、皇太子殿下及
　諸親王等、文武百官天下兆民（以下略）

「皇帝」が平出ではなく闕字であるなど、令制そのままではない点があるものの、「皇帝陛下」、「皇后殿下」・「皇太子殿下」に対して、太上天皇には何もつけられていない。(58)太上天皇に対してのみ「陛下」としないということは、儀制令の「陛下。上表所レ称」から太上天皇が上表の対象とされていないことになる。それが養老律令段階で、皇后条に太上天皇への上表規定が挿入されたことにより、天子条と皇后条での不整合が生じたのではないだろうか。(59)

太上皇帝を制度化しなかった唐令には、当然太上皇帝に関する規定はない。大宝律令を編纂した八世紀初頭前後の日本では、持統太上天皇の存在を追認する形で太上天皇の地位を令文に導入したものの、上表規定は、まだ上表を行うことに習熟していなかったために唐令に倣ったのであろう。(60)日本で実際に上表文が用いられるのは天平年間に入ってからである。(61)また、持統太上天皇は大宝律令制定の翌年に歿しており、上表も含めて太上天皇の待遇が問題となることはなかった。それが、霊亀元年（七一五）に元明天皇が譲位してからは、ほぼ連続して太上天皇が存在するようになり、太上天皇の待遇が実際に運用されることとなる。こうした背景があって、養老律令では太上天皇への上表規定を導入したと考えられる。

（c）太上天皇への上表の実例

八世紀段階での太上天皇への上表の実例は、『続日本紀』天平宝字二年八月庚午朔条の、孝謙太上天皇に対する「百官及僧綱詣二朝堂一上レ表」のみである。これは第五章で指摘したように、孝謙太上天皇を「皇帝陛下」と称して「宝字称徳孝謙皇帝」の尊号を奉献した特殊事情が背景にある。また太上天皇に対する「陛下」の使用例も、孝謙太上天皇に対する「皇帝陛下」二例のみである。これは養老律令施行後の特殊事例である。そして、孝謙太上天皇の次に見られるのが、弘仁十四年四月の淳和天皇が嵯峨太上天皇に対して上表をし、嵯峨太上天皇を「陛下」と称する事例となる。

『令集解』の太上天皇に言及する諸説は、九世紀初頭に成立している。これは孝謙太上天皇から嵯峨太上天皇の間のことであり、桓武天皇による天皇・太上天皇のあり方の変化、そして平城・嵯峨両太上天皇期の太上天皇制の再編の時期にあたる。『令集解』での実例からみると何ら問題のないような点に関しての議論や、「陛下」号の問題のように令文の矛盾と現実との整合性を試みる議論が展開されたのには、こうした背景がある。そして嵯峨太上天皇と淳和天皇の時期に太上天皇に対する上表が多用されたこともあり、実際に定着していったのであろう。

㈢ 天皇・太上天皇間の上表

平城太上天皇・嵯峨太上天皇・淳和天皇三者の上表は、弘仁十四年四月から六月に集中して見られる。『日本後紀』（欠落部分は『類聚国史』・『日本紀略』による）からこのやりとりをまとめると、以下の通りである。

①弘仁十四年四月庚子（十六日）、淳和天皇から嵯峨太上天皇へ上表。

※『類聚国史』巻二十五　太上天皇同日条に「今上奉レ表曰、臣聞、云々。帝不レ聴」とあり、淳和天皇が、

　嵯峨天皇に対して即位を辞退する内容。

②弘仁十四年四月十七日、淳和天皇から嵯峨太上天皇へ上表。

※『日本紀略』弘仁十四年四月庚子条に「翌日、今上朝二于冷然院一、重抗表陳譲曰、云々。帝遂不レ許」とあり、前日に続く淳和天皇の再度の上表。

③弘仁十四年四月癸卯（十九日）、嵯峨太上天皇から淳和天皇へ「書」。

※『日本紀略』同日条に「太上皇、差二権中納言藤原朝臣三守一、令レ齎下辞二皇太子一書上、上二今上一。其書函并机等装束、一同二諸臣上表一。但不レ経二中務一、直奉二内裏一。表曰、云々。即令二三守一奉レ返」とある。内容は淳和天皇が、嵯峨太上天皇の皇子正良《まさよし》親王を皇太子としたことを、嵯峨太上天皇が辞退したこと。ここで嵯峨太上天皇の「書」の書式や作法が、上表と同じであったことに注目したい。

④弘仁十四年四月甲辰（二十日）、淳和天皇から嵯峨太上天皇へ上表。

※『日本紀略』同日条に「上二表太上皇一曰、臣諱言……」とあり、淳和天皇が、正良親王を皇太子とすることに変わりのないことを嵯峨太上天皇に伝えるために、上表をしている。

⑤弘仁十四年四月丙午（二十二日）、平城太上天皇から淳和天皇へ「状」。

※『類聚国史』巻二十五　太上天皇同日条に、平城太上天皇の「可レ停二止平城宮諸司一状」があり、前大和守藤原真夏によって淳和天皇のもとにもたらされている。

⑥弘仁十四年五月甲子（十一日）、平城太上天皇から淳和天皇へ「書」。

※『類聚国史』巻二十五　太上天皇同日条。内容は、平城太上天皇が嵯峨太上天皇に倣って、太上天皇号辞退を希望するもの。散位《さんに》従五位下秦奈理《はたのなり》を差《つかわ》して淳和天皇にもたらされた「書」は「此書首尾称レ臣。此表体也。不レ可二敢開一」とあり、上表の形式を取っていた。

⑦弘仁十四年五月壬申（十九日）、平城太上天皇から淳和天皇へ「書」。

※『類聚国史』巻二十五　太上天皇同日条。内容は五月十一日と同じく太上天皇号辞退を希望。このときの「書」は、上表の形式ではない。

⑧弘仁十四年五月辛巳（二十八日）、嵯峨太上天皇から淳和天皇へ「詔」。

※『日本紀略』同日条。内容は、淳和天皇が、自らの皇子恒世《つねよ》親王ではなく、嵯峨太上天皇の長子正良親王を皇太子としたことに対して、嵯峨太上天皇が正良親王の皇太子を辞退する希望を伝えたもの。

⑨弘仁十四年六月乙酉（二日）、淳和天皇から嵯峨太上天皇へ上表。

※『日本紀略』同日条。内容は、詳細は「云々」と省略されていて不明であるが、五月二十八日の嵯峨太上天皇の「詔旨」に対する返答。「皇帝上表曰……」とある。

この他にも、この時期「勅書」としながら、太上天皇尊号辞退のやりとりで、嵯峨太上天皇と淳和太上天皇で「臣」と称し合う例もある。嵯峨太上天皇や平城太上天皇が淳和天皇に対して「臣」と名乗ることは、太上天皇号を辞退して、臣下の列に入ることと関わる。ただ、ここでは淳和天皇もまた臣と名乗るのである。四月十六・十七日（①・②）のように即位を辞退して、天皇としての礼遇が定まらない段階だけではなく。四月二十七日に即位儀を行った後も嵯峨太上天皇に対して臣と称して、上表をしている。いわば、お互いに臣と称し合うことにより、その地位を相対化しているのである。

嵯峨太上天皇は、先述のように譲位にあたって、太上天皇が天皇の下位にあることを表明する一方、嵯峨太上天皇の血縁集団の中心として大きな存在感を示すというように、二つの面を持っていた。ここで挙げたこれらの書の往来を見ると、ある場合は上表、ある場合は状・詔・書とされる。また「書」と表記されている場合でも、上表の書式に倣う場合もある。また平城太上天皇・嵯峨太上天皇・淳和天皇兄弟の間で、特定の人物との上下関係は見られず、一貫性はない。逆にいえば書式上は、嵯峨太上天皇を頂点とするようことを避け、平城太上天皇・嵯峨太上天皇・淳和天皇の三兄弟間で互いに臣下の礼を取り合うことによって、三者のうちのいずれかが突出する存在にならないようにしたのである。実際は、淳和天皇は常に嵯峨太上天皇を立てる姿勢を示し、嵯峨太上天皇が中心となっている。しかし太上天皇が天皇に上表の形式をとることもあり、太上天皇も天皇の地位を尊重するという構造が形成されたのである。

おわりに

本章は、第三章で八世紀段階での太上天皇の意義が、桓武天皇の登場によって変化したと位置づけたことを承けて、桓武天皇期の太上天皇の位置づけと早良親王の問題、平城太上天皇の変（薬子の変）前後の太上天皇宮機構、そして嵯峨天皇譲位時の天皇・太上天皇間の上表から、平城太上天皇の変（薬子の変）後の、天皇と太上天皇の関係の安定策を考察した。

大宝律令から制度化された太上天皇の存在は、本来草壁皇統の擁護と他系統の排除にその意義があった。それが桓武天皇以降、即位の正当性の根拠が変わり、かつ皇統が一元化して相対的安定を得たことによって、太上天皇は必ずしも必要とされる存在ではなくなった。しかし、制度上は天皇が譲位することと、譲位した天皇を太上天皇と称することは残った。そこに発生したのが、平城太上天皇の変（薬子の変）である。

本章はまず、平城太上天皇宮機構の分析から、平城太上天皇の変（薬子の変）発生前の段階で、太上天皇には国政に関与する権能がなかったことを確認し、平城太上天皇の変（薬子の変）発生を、桓武天皇期に太上天皇の意義が変化した延長線上のことと位置づけた。また嵯峨天皇の譲位によって、奈良時代にはみられなかった、複数の太上天皇が同時に存在する状況が発生した。このときの平城太上天皇・嵯峨太上天皇と淳和天皇との間には、上表形式での意思表明がみられる。これを考察することによって、淳和天皇期に、太上天皇尊号宣下にみられるような、天皇を頂点とする体制を指向しながらも、たがいに臣下の礼をとり、それぞれの関係の安定化を目指す状況を明らかにした。

平城天皇の弟二人が相次いで即位するという兄弟間継承により、皇位継承の有資格者は拡大・拡散する。そのような中にあって、嵯峨太上天皇は天皇や諸皇族の上位に立ち、家長的立場となった。嵯峨太上天皇歿後、承和の変が発生したことは、嵯峨太上天皇の存在の大きさを物語る[62]。この事変によって皇太子は仁明天皇の長子道康《みちやす》親王（のちの文徳天皇）となり、以後直系継承が確立すると、太上天皇の意義は前天皇というよりは天皇の父であることに求められるようになるのである。

なお、嵯峨太上天皇については、冷然院と嵯峨院の経営、仁明天皇期の淳和太上天皇との関係、朝覲行幸《ちょうきんぎょうこう》の問題などまだ論ずべきことは多い。これらの問題は、今後の課題としたい。

（1）早川庄八「律令国家・王朝国家における天皇」（『日本の社会史第3巻　権威と支配』岩波書店、一九八七年所収）参照。『続日本紀』天応元年四月癸卯条の桓武天皇即位宣命に「近江大津宮御宇天皇」、すなわち天智天皇の法により即位したとある。

（2）早川前掲註(1)論文。

（3）本書第三章参照。

（4）この事変は薬子の変と呼ばれることが多い。しかしこの名称は、平城太上天皇が主導したにもかかわらず、太上天皇を擁護して臣下の名に帰して評価することによる。ここでは橋本義彦「〝薬子の変〟私考」（『平安貴族』平凡社、一九八六年所収。初出一九八四年）や佐藤信「平城太上天皇の変」（『歴史と地理』五七〇、二〇〇三年）によって平城太上天皇の変（薬子の変）とする。

（5）筧敏生「太上天皇尊号宣下制の成立」（『古代王権と律令国家』校倉書房、二〇〇二年所収。初出一九九四年）参照。

（6）柳沼千枝「践祚の成立とその意義」（『日本史研究』三六三、一九九二年）。

（7）光仁太上天皇は、天応元年十二月に歿し、その二か月後の天応二年閏正月に氷上川継の変が発生する。これは光仁太上天皇歿後に発生した政変であるものの、承和の変が嵯峨太上天皇歿後すぐに発生したことに比べると、光仁太上天皇の不在はすぐに政変に繋がるものではなかったのであろう。

（8）早良親王の「怨霊」の初見は『日本紀略』延暦十一年六月癸巳（十日）条「皇太子久病、卜レ之崇道天皇為レ祟、遣二諸陵頭調使主等於淡路国一、奉レ謝二其霊一」である。

（9）春名宏昭「太上天皇制の成立」（『史学雑誌』九九―二、一九九〇年）。

（10）『平安遺文　古文書編第八巻』所収文書四三一八「内侍宣　東大寺文書」。なおこの文書の写真は、堀池春峰監修、綾村宏・永村眞・湯山賢一編集『東大寺文書を読む』（思文閣出版、二〇〇一年）や奈良国立博物館編『図録　大仏開眼一二五〇年　東大寺のすべて』（朝日新聞社、二〇〇二年）に収められており、どちらも横内裕人氏が解説を担当している。

（11）前掲註（10）『東大寺文書を読む』横内裕人氏の解説など。なお、土田直鎮氏はこれを「半年前に崩御された桓武天皇の為に」としているが、延暦二十四年ということから、桓武天皇のためではない（土田直鎮「内侍宣について」『奈良平安時代史論集』吉川弘文館、一九九二年所収。初出一九五九年。二四八頁）。

（12）前掲註（10）『東大寺文書を読む』一四八～九頁。ここで横内氏は「本文書の七大寺読経については、正史に見えないが、藤原種継暗殺事件は二十年前の九月二十三日におこっている。宣の期日（九月二十四日）をみるに、この読経は自死した早良親王の忌日法要として催されたとも考えられる」とする。

　しかし早良親王の忌日は十月十七日であり、国忌もこの日に置かれていた（西本昌弘「早良親王薨去の周辺」『日本歴史』六二九、二〇〇〇年。七〇頁）。むしろ、『日本後紀』延暦二十四年九月辛未（六日）条に「施二禅師等衣一」、九月壬午（十七日）条に「令下僧最澄於二殿上一行中毘盧舎那法上」とあるように、この年の九月も桓武天皇の平癒祈願が続いていたことを考えると、この内侍宣も平癒祈願に関連して東大寺に読経を命じたものであろう。

（13）櫻木潤「「平田寺勅書」と御霊信仰」（『古代史の研究』一二、二〇〇五年）七九頁。

(14) 西本昌弘『桓武天皇』（山川出版社、二〇一三年）一九頁。

(15) 桓武の晩年の病状記事は、延暦二十年代に頻発する。例えば『日本後紀』延暦二十三年十二月丙寅条に「聖体不予、遣二使平城七大寺一、賷二綿五百六十斤一誦経。又賑二恤旧都飢乏之道俗一」とあり、南都七大寺に平癒祈願をしている。これに対応するものとして『平安遺文　古文書編第八巻』所収文書四三〇〇「太政官牒（菅孝次郎氏所蔵文書）」がある。これは不予平癒祈願のために東大寺に読経を命ずる内容である。

　太政官牒

　応二読レ経行レ道事

　右、被二右大臣宣一偁、比日　御体忽有二不豫一、宜下差二使者一、令レ齎二布施料綿伍佰陸拾屯一、遣二東大寺一、令中至レ心誓願読レ経行上道、停止之限、依二使口状一者、寺宜二察レ状、依レ宣脩福一、其使経レ彼間、用二寺物一供給、事畢還日即擬補納、

　　延暦廿三年十二月廿五日　　外従五位下行大外記兼左大史下総大掾堅部使主「広人」

　　従四位下行左中弁兼近衛少将勘解由長官阿波守秋篠朝臣「安人」

(16) 本章初出時は、この「太上天皇御霊」を東大寺との関係が深い聖武太上天皇のことではないかとした。しかし発表後、近畿大学文芸学部の鈴木拓也氏から、この太上天皇は、聖武太上天皇ではなく、桓武天皇から見て直近の太上天皇にあたる、光仁太上天皇と理解するべきであるとの指摘をいただいた。これに従って本文を訂正した。

(17) 藤原行成の日記である『権記《ごんき》』長保三年（一〇〇一）三月十八日条に「諸国崇道天皇御稲倉」の修填を命じる記事があり、十一世紀にも崇道天皇の存在は意識されていた。崇道天皇の小倉に関しては、大津透「クラとカギ」（『古代の天皇制』岩波書店、一九九九年）を参照。

(18) 平城太上天皇の変（薬子の変）の概要は、橋本・佐藤前掲註(4)論文のほか、佐々木恵介「薬子の変」（『歴史と地理』五一四、一九九八年）、西本昌弘「薬子の変とその背景」（『国立歴史民俗博物館研究報告』一三四、二〇〇七年）を参照。

なお平城天皇に関する近年の研究として、春名宏昭『平城天皇』（吉川弘文館、二〇〇八年）がある。

(19) 春名前掲註(9)論文二七頁。

(20) このとき平城天皇は三十六歳、嵯峨天皇は二十四歳である。

(21) 笹山晴生「平安初期の政治改革」（吉川真司・大隅清陽編『展望日本歴史6 律令国家』東京堂出版、二〇〇二年所収。初出一九七六年）三六〇頁。

(22) 福井俊彦「平城天皇の譲位」（久保哲三先生追悼論文集刊行会編『翔古論集――久保哲三先生追悼論文集』真陽社、一九九三年所収）三八一頁。

(23) 西本昌弘「桓武改葬と神野親王廃太子計画」（『続日本紀研究』三五九、二〇〇五年）。

(24) 『続日本後紀』承和九年十月壬午条の阿保《あぼ》親王（平城天皇長子）薨伝中に「大同之季。天皇禅二国於皇太弟一。遷二御平城宮一。弘仁元年太上天皇心悔。而有二入レ東之謀一」とあり、譲位したことを悔いたという表現がある。太上天皇が譲位後に悔いることに関連して「孝謙上皇の淳仁天皇に対する主張は、ほとんど中世の「悔い返し」に近い」とする指摘もある（坂上康俊「古代の法と慣習」『岩波講座 日本通史第3巻 古代2』岩波書店、一九九四年所収。二二三頁）。

なお後世の歴史物語でも『水鏡』嵯峨天皇に「（薬子が）太上天皇に、事にふれて、位を去り給ひにし事の口惜しき由をのみ申し聞かせしかば、悔しく思す心やうやう出で来給ひしほどに」と、藤原薬子が平城の譲位を悔やんで訴えたので、平城も復位の気を起こすようになったとある。

(25) このとき藤原仲成は従四位下参議であり、右兵衛督《うひょうえのかみ》などを兼官していた。

(26) 北山茂夫『日本の歴史4 平安京』（中央公論社、中公文庫版。一九七三年）一一七頁。

(27) 橋本義則「天皇宮・太上天皇宮・皇后宮」（吉川真司・大隅清陽編『展望日本歴史6 律令国家』東京堂出版、二〇〇二年所収。初出一九九四年）三九四頁。なお橋本氏は「日本の古代宮都――内裏の構造変遷と日本の古代権力――」（『シリーズ都市・建築・歴史1 記念的建造物の成立』（東京大学出版会、二〇〇六年所収）でも同様の見解を述べている。

(28) 「五遷」の理解に関して、本章初出時は史料上に見える平城太上天皇の遷御地（東宮や右兵衛府など）をもとにして考察を試みた。

しかしその後、奈良文化財研究所の山本崇氏は、「五遷」の用語は「中国古代の故事にもとづく文飾であり、必ずしも実際に5箇所を遷ったと考える必要はない」と指摘した（「史料からみた第一次大極殿院地区」奈良文化財研究所『平城宮第一次大極殿院跡 本文編』吉川弘文館、二〇一一年、二八四頁）。平城太上天皇が、平安宮内で何度か遷御を繰り返したのは事実であろう。ただし「五遷」を「五度」の意味としてこだわる必要はなく、山本氏の指摘に従いたい。

(29) 橋本前掲註(27)論文三九三頁。なお平城太上天皇の平城宮に、朝堂院相当建物が存在しないことについては、本章の基となった花園大学史学会大会報告（二〇〇九年一一月二一日）に際して、花園大学文学部文化遺産学科の高橋克壽氏から、造営に着手する前に変が発生したため、未完成に終わったのではないかとのご指摘をいただいた。平城天皇の譲位とその後の行動に関しては、さらに検討をする必要がある。併せて今後の課題としたい。

(30) 橋本前掲註(27)論文三九三頁。橋本氏は、奈良時代の平城宮内の太上天皇宮を「内裏に寄生した存在」（三九八頁）と評価している。

(31) 「朝廷」（ここでは『日本後紀』によって、「朝庭」と表記）の語は『大漢和辞典』に、天子が万機をとるところという意味の他に、天子そのものを指すとある。この場合、二つの政府というよりは、単に嵯峨天皇と平城太上天皇の両者を指すと捉えるべきではなかろうか。

(32) 平城宮に滞在していた官人に関しては、福井俊彦「薬子の乱と官人」（『早稲田大学大学院文学研究科紀要』二四、一九七八年）と、筧敏生「太上天皇と律令国家機構」（『古代王権と律令国家』校倉書房、二〇〇二年。初出一九九一年）一三一頁の検討を参照。

(33) 筧前掲註(32)論文はこうした官人の奉仕を、平城太上天皇派・嵯峨天皇派という私的関係ではなく、自らの意思とは無関係に交替で直したとする（一三二頁）。

(34) 「職員令」中務省条にある中務卿の職掌は「掌。侍従。献替。賛二相礼儀一。審二署詔勅文案一。受レ事覆奏。宣旨。労問。受二納上表一。監二修国史一。及女王内外命婦宮人等名帳。考叙。位記。諸国戸籍。租調帳。僧尼名籍事」であり、大内記は「掌。造二詔勅一。凡御所記録事」である。

(35) 『続日本紀』天平宝字八年九月乙巳条。

(36) 太上天皇が内印を保持していた可能性に関しては、本書第三章註（14）を参照。なお平城太上天皇が内印を保持していた可能性は、本章で検討するように、無いと考えられる。

(37) これは、嵯峨天皇による観察使《かんさつし》の食封《じきふ》支給停止（『日本紀略』大同四年四月乙未条、これが嵯峨天皇即位の一週間後にあたる）に対する策で、食封を停止された観察使を、参議とするように求める内容である。

(38)『日本後紀』弘仁元年九月戊申条。
(39) 目崎徳衛「平城朝の政治史的考察」(『平安文化史論』桜楓社、一九六八年所収。初出一九六二年)六九～七〇頁。
(40) 登美藤津《とみのふじつ》は、嵯峨天皇が藤原薬子・仲成を断罪する詔を発した弘仁元年九月十日の人事で越前介となっている(『日本後紀』弘仁元年九月丁未条)。おそらくこの直後に登美藤津は任国に赴き、そこで阿倍清継《あべのきよつぐ》らの反抗に遭ったのであろう。この阿倍清継や百済王《くだらのこにきし》愛筌《あいせん》の動きを、平城太上天皇の挙兵に呼応し、嵯峨天皇側が急遽新任した介登美藤津に反抗したとして、平城太上天皇が無力ではなかったとする指摘がある(佐藤前掲註(4)論文二四頁)。しかし登美藤津の任官人事は九月十日であり、平城太上天皇の具体的行動は十一日から始まっている。登美藤津の越前介任官は、平城太上天皇寄りの越前国司に対する牽制であり、阿倍清継らの行動は、平城太上天皇挙兵の報と新任国司赴任に触発された、場当たり的なものであったであろう。
(41)「後宮職員令」内侍司条の尚侍《ないしのかみ》の職掌に「掌。供㆓奉常侍。奏請。宣伝㆒。検㆓校女孺㆒。兼知㆓内外命婦朝参㆒。及禁内礼式㆒之事」とある。
(42) 渡辺直彦「嵯峨院司の研究」(『日本古代官位制度の基礎的研究　増訂版』吉川弘文館、一九七八年所収。初出一九六五年)二六五頁。
(43) 平城宮への太政官分局に関しては「仲成と薬子の権力への執着が、こうした処置を強行したのであろう」という評価もある(目崎徳衛『日本歴史全集4　平安王朝』講談社、一九六九年。一一二頁)。
(44)『日本後紀』大同四年四月戊寅条には、平城天皇の譲位記事に続いて譲位後の平城太上天皇に対する評価がある。ここに「天皇遂伝㆑位、避㆓病於数処㆒、五遷之後、宮㆓于平城㆒、而事乖㆓釈重㆒、政猶煩出」とあり、譲位して療養をしたこと、譲位後も「事、釈重《しゃくじゅう》に乖《そむ》きて」政事が頻出したことが見える。「釈重」とは、「重きを釈《と》く」の意で重責から離れることを指す。「釈重に乖く」で、「重責から離れたことに反して」となり、平城太上天皇が譲位後必要以上に国政に介入したと評されている。「釈重」の用例として、『旧唐書』巻六十四　列伝第十四隠太子建成に、玄武門の変の際蕭瑀・陳叔達が高祖に対して「陛下如釈㆓重負㆒、蒼生自然又安」と述べており、皇帝位を退くことを「重負を釈く」と表現している。
(45) 本書第三章参照。

(46)「儀制令」天子条に「太上天皇。譲位帝所レ称」とある。
(47)「八柄の権は天子が群臣を統率する時の八つの要目」（訳注日本史料『日本後紀』頭注）。『周礼』天官・大宰に「以二八柄詔一王駆二群臣一。一曰爵。以駆二其貴一。二曰祿。以駆二其富一。三曰予。以駆二其幸一。四曰置。以駆二其行一。五曰生。以駆二其福一。六曰奪。以駆二其貧一。七曰廢。以駆二其罪一。八曰誅。以駆二其過一」とある。なお万民を駆するのは、八統詔という。
(48)目崎徳衛「政治史上の嵯峨上皇」（『貴族社会と古典文化』吉川弘文館、一九九五年所収、初出一九六九年）一〇頁など。本章では「家長」の影響力が及ぶ範囲を、皇族全体ではなく、嵯峨天皇の兄弟、子孫を中心とした血縁関係集団とする。
(49)春名前掲註(9)論文二七頁。
(50)ただし平城・嵯峨天皇の生母は藤原乙牟漏《おとむろ》、淳和天皇の生母は藤原旅子《たびこ》である。
(51)佐藤信「摂関制成立期の王権」（『古代の遺跡と文字史料』名著刊行会、一九九九年所収。初出一九九一年）三一七頁。
(52)古記は大宝令の註釈書であり、天平十年ごろの成立とされる。なお『令集解』諸説に関しては井上光貞「日本律令の成立とその注釈書」（日本思想大系『律令』岩波書店、一九七六年所収）と、水本浩典「令集解」（皆川完一・山本信吉編『国史大系書目解題　下巻』吉川弘文館、二〇〇一年所収）による。
(53)穴記の成立は延暦年間から弘仁・天長期とされ、穴太《あのう》氏の数世代間の註釈の蓄積が包含されていると考えられる。
(54)ただし「公式令」令旨式条「皇太子令旨式　三后亦准二此式一（以下略）」の『令集解』註釈に「朱云。額云。太上天皇者可レ行レ勅。何者。庶人作レ表可レ上故者何」とある。
(55)朱説は跡記（延暦年間成立）を中心として、諸説に施された朱筆の註であると考えられ、『令集解』成立（貞観年間）の少し前までにできたとされる。
(56)私案は『令集解』編者惟宗直本《これむねのなおもと》の説を指す。
(57)『特別展覧会開館一一〇年記念　美のかけはし——名品が語る京博の歴史』（京都国立博物館、二〇〇六年）所収の写真と解説を参照した。
(58)天平十三年時点でのそれぞれの対象者は、皇帝陛下……聖武天皇、太上天皇……元正太上天皇、皇后殿下……光明皇后、皇太子殿下……阿倍内親王（孝謙天皇）である。

(59) 大宝令と養老令の問題については、瀧川政次郎「律令の枘鑿」（『律令の研究』刀江書院、初版一九三一年、復刊一九六六年所収。初出一九二九年）および坂本太郎「養老律令の施行について」（『坂本太郎著作集第七巻　律令制度』吉川弘文館、一九八九年所収。初出一九三六年、改題一九六四年）参照。

(60) 大宝令の「公式令」皇后条が、養老令とは異なり唐令に近い構造であったとする復元案がある（春名前掲註(9)論文）。

凡皇太子已下、率土之内、於㆓天皇太上天皇㆒上表、皆称㆓臣名㆒対揚称㆑名。皇后已下、率土之内、於㆓天皇太上天皇太皇太后皇太后㆒、皆称㆑妾対揚称㆑名。後宮已下率土婦女、於㆓皇后㆒皆称㆑妾。百官上㆓疏於三后㆒、称㆓殿下㆒、自称皆曰㆑臣。百官及宮官、於㆓皇太子㆒、皆称㆓殿下㆒上啓表同。百官自称㆑名、宮官自称㆑臣。

というものであり、この復元案から大宝令では皇后内治制と東宮官人の陪臣制が規定されていたのが、養老令で天皇と太上天皇を頂点とした形式となり、唐令に近い形式から、日本の実情に近い形式に変更されたとされる（仁井田陞著・池田温編集代表『唐令拾遺補』東京大学出版会、一九九七年。一二一四～一五頁参照）。

(61) 黒須利夫「八世紀の上表儀――聖武朝を中心として――」（『年報日本史叢　一九九三』、一九九三年）。

(62) この政変は単に太上天皇の不在ではなく、嵯峨太上天皇その人の不在が引き金となったものである。前年淳和太上天皇が歿したときは、固関も行われているとはいえ、政局に動揺は見られない。

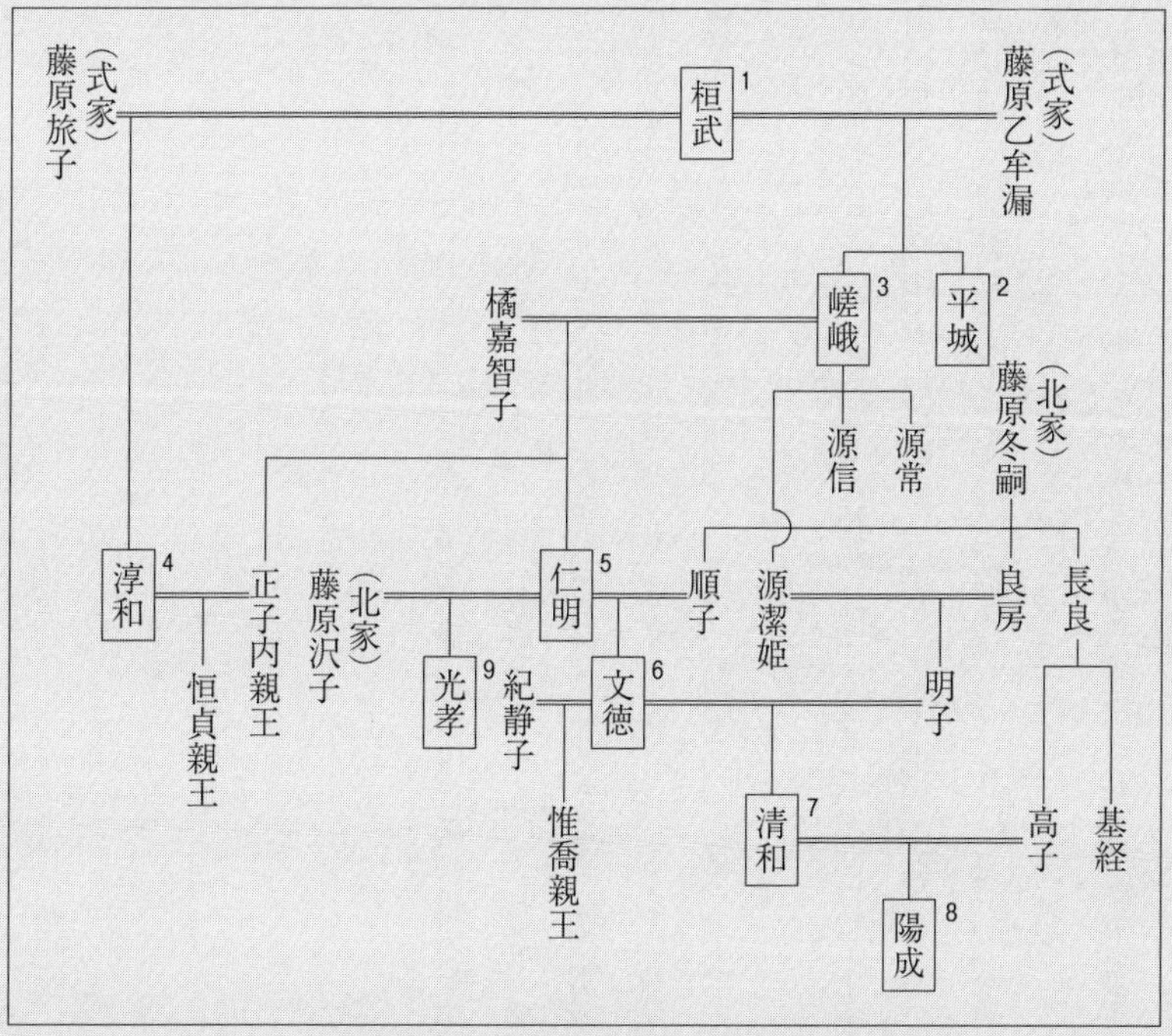

系図３　天皇家・藤原氏系図２

（川尻秋生『シリーズ日本古代史５　平安京遷都』（岩波書店、2011年）の系図を一部改変した。）

第八章　清和太上天皇期の王権構造

はじめに

前章でみたように、平安期の太上天皇制の展開は平安時代初頭の桓武天皇の登場と、平城太上天皇の変（薬子の変）を画期とする。平城太上天皇の変（薬子の変）後、嵯峨天皇は太上天皇尊号を辞退して、淳和天皇から改めて上《たてまつ》られた。これが太上天皇尊号宣下であり、天皇を頂点とする新たな秩序を形成したと評価される(1)。しかし実際は嵯峨太上天皇を頂点とする家族的秩序が優先され、太上天皇と天皇との血縁関係が強調される場合もあった。九世紀の王権は、天皇を頂点とする体制を指向する一方で(2)、父子あるいは兄弟という関係の重視と、重層的な姻戚関係を結んだ藤原氏が取り巻く構造が顕著となる(3)。

その嵯峨太上天皇が承和九年（八四二）に歿した後の仁明・文徳天皇期は、太上天皇不在の時代が続いた。太上天皇不在による政局の動揺は、嵯峨太上天皇歿時の承和の変を除いて見られず、成年天皇と藤原北家の冬嗣や良房を中心とする公卿によって国政は運営された。しかし天安二年（八五八）に文徳天皇が歿すると、九歳の幼帝清和天皇が出現する。ここで外祖父藤原良房《よしふさ》が摂政・太政大臣として後見する状況が発生した(4)。また良房が貞観十四年（八七二）に歿した後は、引き続いて猶子《ゆうし》基経が右大臣として清和天皇を支えた。ところが清和天皇は貞観十八年、わずか九歳の皇太子貞明《さだあきら》親王に譲位して(5)、三十四年振りに太上天皇が出現することとなった。

譲位後の清和太上天皇は、幼帝陽成天皇の補佐を藤原基経《もとつね》に任せて、自らは仏道修行に専念した。これは、清和天皇と藤原良房の場合と異なり、太上天皇が存在しながら、臣下が摂政として幼帝を支えたということになる。太上天皇と臣下摂政との関係については、今正秀氏の研究がある。ここで今氏は、基経の任摂政について、幼帝在位時の天皇大権代行のあり方を、太上天皇との関係も含めて決定づけたものとし、またこのときの清和太上天皇に関しては、仏道修行への執心から、譲位後に幼帝の後見を務める意図はなかったであろうとした(6)。

このことから一般に、清和太上天皇は国政に介入せず、強い影響力を持たなかったとされる(7)。しかし陽成天皇の摂政藤原基経は、清和太上天皇との個人的関係に自らの権力基盤を置き、逆に清和太上天皇や陽成天皇は忠《ちゅう》仁公《じんこう》藤原良房による補佐を前例として、藤原北家による摂政を求めるようになる。清和太上天皇の存在は、十世紀以降の太上天皇制や、天皇家と藤原摂関家の関係の画期となるのである(8)。

本章は、清和太上天皇と藤原基経との関係、清和太上天皇と陽成天皇との関係の二点から当該期の太上天皇制の画期性を述べる。そして幼い天皇の即位と引き替えに若くして譲位したということから、宇多太上天皇と醍醐天皇との関係も比較考察することによって摂関期に至る過程での太上天皇制の展開を考察する。

第一節　太上天皇と摂政

(一) 藤原基経の摂政辞表

清和天皇は貞観十八年十一月二十九日に、皇太子貞明親王に譲位した。これが陽成天皇である。『日本三代実録』(以下『三代実録』と表記)の同日条に清和天皇の譲位記事がある(9)。

皇太子出レ自二東宮一、駕二牛車一、詣二染殿院一。是日。天皇譲二位於皇太子一。勅二右大臣従二位兼行左近衛大将藤原朝臣基経一、保二輔幼主一、摂二行天子之政一、如二忠仁公故事一。

ここで清和天皇は、藤原基経に対して「忠仁公（良房）故事」に倣って天子の政の摂行を命じている。続く清和天皇の譲位詔には譲位の事情と、基経の摂政任命の理由が述べられている。清和天皇は譲位の理由として、①自らの病（「熱病頻発」、「御体疲弱」）と②災異の頻発（比年之間。災異繁見）を挙げる。(10)そして本来ならば皇太子の成人を待って譲位するべきところ、自らも幼時に即位した前例があり、「賢臣乃保佐」があれば幼帝でも問題はないとして皇太子に譲位したとある。また右大臣藤原基経は日夜政務につとめており（夙夜不レ懈）、皇太子の外戚なので（皇太子乃舅氏利奈）、幼主を寄託するべき存在であるとする。つまり文徳天皇急逝により即位した清和天皇の場合とは異なり、幼帝の出現は初めから選択されたことであり、藤原基経の補佐を前提とした譲位であった。(11)清和太上天皇は幼帝の補佐を藤原基経に託し、譲位後は直接国政に関与することなく四年後の元慶四年十二月に歿する。

このため、従来清和太上天皇の国政への影響力は評価されないままであった。しかし、清和太上天皇は国政に介入することはなかったとはいえ、陽成天皇や摂政藤原基経との関係において、無視できない存在なのである。このことを、まず藤原基経の辞表の問題を中心に論ずる。最初に取り上げるのは、藤原基経の摂政辞表が陽成天皇ではなく、清和太上天皇に上られていることである。基経は貞観十八年十一月二十九日に、清和太上天皇の譲位詔の中で「摂政行事」を命ぜられた後、十二月一日と四日の両度辞表を上っている。辞表自体は高位に就いた者の常として、謙譲の意を表すために儀礼的に行ったことである。十二月一日の辞表は以下の通りである。(12)

為二昭宣公一辞二摂政一上二太上皇一第一表　　菅贈大相国

臣基経言。伏奉二去月廿九日伝国詔命一曰。少主未レ親二万機一之間、臣基経摂二行政事一、如二忠仁公故事一。臣某中謝。伏惟、忠仁公徳崇功大、仁義兼資。況先帝之親舅、陛下之外祖。人望皆帰、官歯既貴。陛下知二其元老一、専俾レ摂レ政。天下万民、僉以為レ宜。今臣年出二不惑一、性猶童蒙。職致二大臣一、効無二匡済一。朝夕流レ汗、責深罪重。夫代レ天治レ民者人君也。導レ君従レ天者人臣也。而詔命曰。比年災異仍見。比復重二臣罪責一也。漢代以二災異一、免二三公之官一。臣所二尤可レ懼也。臣平生備レ員之日、陛下猶引二過於一人一。臣非常受レ寄之時、今上何明二徳於四海一。蹇驢既疲二坦途一、況雲巌不レ知二遠近一乎。短檝無レ利二夷浪一、況淵水不レ測二辺涯一乎。任重道悠、不レ知レ所レ処。今公卿大臣在レ位者多、皆是有徳良人。陛下察而用レ之。亦亡叔忠仁公、属纊之夕、重託レ扶二持陛下一。莫レ愆二始終之教一。臣今縁二詔命一、離二去仙砌一、摂二事朝廷一。進慙レ失レ教、退恐レ違レ命。臣始謂三穆遊之転二翠華一、誰知三尭心之脱二黄屋一。臣将下随二陛下一。為中雲中之吠犬上。何更帰二城闕一、為二華表之鳴鶴一。臣之至誠。既其如レ此。臣某誠惶誠恐、頓首頓首、死罪死罪。謹言。

貞観十八年十二月一日　　右大臣従二位兼行左近衛大将臣藤原朝臣某上表

ここで基経は忠仁公藤原良房の徳を称え、それに比して自らは摂政に相応しくないと謙遜する。そして「陛下」に対して、災異は臣下にも責があることや、基経以外の重臣を重用することを求める。また忠仁公が基経に対して「陛下」を扶持するようにと遺命したことを述べて、「陛下」に随いたいと強調する。この上表を上られた「陛下」は、上表の内容から見て陽成天皇ではなく、清和太上天皇を指す。それは「忠仁公徳崇功大、仁義兼資。況先帝之親舅、陛下之外祖」のように、忠仁公（良房）が「陛下」の外祖父であるという表現などからもいえる（「先帝之親舅」は清和の父文徳天皇の叔父であることを指す）。この上表が「不許」とされた後、基経は十二月四日に再び上表する[13]。

同第二表　　　　菅贈大相国

臣基経言。中使右近衛権中将藤原朝臣山陰至、奉レ伝二勅旨一、抑二遏臣請一。不レ知三愚款之乖二聖懐一、更疑三微誠之逸二天聴一。臣基経誠惶誠恐、頓首頓首、死罪死罪。臣位貴官重、皆是陛下之私恩。禄厚封高、亦復陛下之絶寵。殊恨淹二引日月一、偸二安非服一。不レ意綸命乍降、属以二重寄一。縦令陛下責レ臣、以レ有二一割之刀一、而復臣訴二陛下一、以レ無二再全之錦一。不二独顧レ身、亦能思レ国。以二臣思レ国之慮一、欲レ尽二報レ主之情一。陛下推而察レ之、莫レ重二臣罪一。臣以為、春蒼夏昊、猶是一天。朝東暮西、未レ為二両日一。伏願、臣心不レ離二魏闕一、将レ致二今上臣子之忠一。臣身常侍二仙階一、不レ失二亡叔臨終之命一。臣謹検二前記一、太上天皇在レ世、未レ聞二臣下摂政一。幼主即レ位之時、或有二太后臨レ朝。陛下若宝二重社稷一、憂二思幼主一、臣顧公政之可レ驚二視聴一者、将レ聞二勅於陛下一。庶事之無レ妨二施行一者、又請二令於皇母一。然則天下有二艾安之治一、愚臣免二虚受之罪一。臣願足矣、臣誠竭焉。不レ堪二悃款之至一。累表以聞。臣基経誠惶誠恐、頓首頓首、死罪死罪。謹言。

貞観十八年十二月　日　右大臣従二位兼行左近衛大将藤原朝臣上表

この場合も基経は、「陛下」から厚い私恩と絶寵を受けたといい、亡叔（良房）の臨終の命により、仙階（太上天皇）に侍したいとする。そして太上天皇が存在するので摂政を置く理由は無く、太上天皇か太后が幼主を後見するべきだとする。この上表も、内容や「陛下若宝二重社稷一。憂二思幼主一」という表現などから「陛下」は清和太上天皇を指す。また中使として「勅旨」を伝えた藤原山陰《やまかげ》は太上天皇宮別当であり(14)、清和太上天皇への奉仕に勤しんだ人物である(15)。つまり、藤原基経の摂政辞表は陽成天皇ではなく清和太上天皇に上られ、その判断を仰いでいるのである。しかもここで基経は、「臣心」は朝廷にあって今上（陽成）に臣子の忠を致すものの、「臣身」は良房の遺命により仙階（清和）にあるとして、天皇の後見は母后によるべきだとするのである。

基経の摂政辞表問題は、清和太上天皇によって再三「不許」とされたことにより落ち着いた。基経が摂政辞表を陽成天皇ではなく、清和太上天皇に上ったことに関して、摂政は清和天皇の譲位詔によって任命されたので、清和太上天皇の判断を仰いで然るべきであると考えることもできよう。しかし清和太上天皇にもたらされたのは、摂政辞表だけではない。ほかにも基経の摂政職に関わる対応を、陽成天皇ではなく清和太上天皇が行っている事例が見られる。

（二）藤原基経の左近衛大将辞表

藤原基経は、左近衛大将辞表も清和太上天皇に判断を仰いでいる。摂政辞表が清和太上天皇によって却下されて落ち着いた翌年の、元慶元年（貞観十九年）正月に兼官していた左近衛大将の辞表を上った。(16)

右大臣基経抗表。請レ罷二大将職一言云々。伏望補二武弁於蘭臺一、専二愚忠於槐署一。今上遣二大納言南淵朝臣年名一賚二此表一奉二太上天皇一。太上天皇勅曰。表請之旨、理合二容聴一。当二国重任一、摂二行万機一、不レ可三煩レ之以二一職一。但君子武備、腰底忽空。願特賜二帯剣一、厳二其儀形一。仍金銀装宝剣一寄二年名一還二奉之一。今上即日以レ剣賜二大臣一。(17)

上表の全文は「云々」と省略されて不明であるものの、今度は摂政職に専念したい（「専二愚忠於槐署一」）という理由で、武官である左近衛《さこのえ》大将《だいしょう》を辞したいという内容である。これは最初は陽成天皇に上られ、天皇は南淵年《みなぶちのとし》名《な》を使者として清和太上天皇にもたらして、判断を委ねた。その結果「太上天皇勅」によって左近衛大将辞職が認められる。清和太上天皇による辞表受理は、その勅答に「当二国重任一、摂二行万機一、不レ可三煩レ之以二一職一」とあるように、摂政職の遂行に関連しており、他の職務で煩わされてはならないということである。つまり単なる大将辞表ではなく、新帝補佐に関わる問題として、清和太上天皇が判断したのである。

なお、これに類する事例が『三代実録』元慶二年七月十七日条にもある。「進二右大臣従二位藤原朝臣基経爵一加二正二位一。又賜二随身兵仗一。是褒二崇摂政一之意也」とあり、この日陽成天皇は従二位藤原基経を正二位に昇叙する勅を出した。これは「褒二崇摂政一之意」とあるように基経の摂政としての地位を高めるためであった。これに対して七月二十三日に基経は辞表を上る。ところがこの辞表もまた「帝遣二中納言従三位兼行民部卿藤原朝臣冬緒一、賚レ表奉二太上天皇宮一」とされ、清和太上天皇により「優詔不レ許」とされるのである。この場合もまた、基経の摂政職に関わることで、太上天皇が判断を下している。

つまり清和太上天皇は、基経に対して譲位詔で指名した摂政職だけではなく、摂政職に関わる正二位昇叙や左近衛大将辞職に関しても判断を下しているのである。[18] このことはどう考えればよいであろうか。

一つには陽成天皇が元服前の幼帝であるということが考えられる。あるいは、基経は陽成天皇の摂政であり、陽成天皇に上表をして裁可を仰ぐのは基経が自身に裁可を求め、与えるようなものなので、太上天皇に判断を求めたとも考えられよう。しかし、幼帝であることは理由としては不十分である。なぜならば、この時期の公卿の辞職上表は全て太上天皇に上られたのではなく、またその辞表は、単なる儀礼的な場合に限らないからである。

基経の摂政辞表に際して清和太上天皇の使者をつとめた藤原山陰は、貞観十九年閏二月十日に右大弁辞表を上っている。[19] 山陰は、陽成天皇即位後間もなくの貞観十八年十二月八日と、翌元慶元年正月五日の上表で、太上天皇に奉仕するためとして右近衛権中将を辞している。ここでさらに「専レ志在レ侍二太上天皇一」と、太上天皇への奉仕に専念したいという理由で、右大弁辞表を上っている。この上表は、清和太上天皇のことを陛下ではなく太上天皇と表記していることから、清和太上天皇ではなく陽成天皇に宛てた上表である。

また大納言南淵年名は貞観十九年（元慶元年）四月八日に、病を理由として辞表を上っている。[20] ここで南淵年名は、高齢と重病を理由に大納言の辞職を願っている。この上表が謙譲のような儀礼的なものでないことは、文中に病が重いために自身が直接上表をすることができず息子を代わりに遣わす（起居不レ便、冠帯無レ由。故謹遣二男従五位下内蔵助良臣一）とすることや、実際年名がこの日のうちに薨じていることからもわかる。[21] この場合も上られた「陛下」は、表文中に年名が「至二于陛下即レ位、春秋甚富。臣不レ忍下逐二孤雲一以帰中骸骨上」（陛下が即位した時点ですでに高齢であるが、幼帝を見捨てて隠退することはできなかった）という表現などから陽成天皇を指す。

陽成天皇即位後間もなくのこれらの事例は、公卿の上表が通常は陽成天皇に上られていることを示す。特に山陰の場合は、清和太上天皇への奉仕に関わることであるにもかかわらず、陽成天皇に上られているのである。

また基経の辞表が陽成天皇に上られた例として、『三代実録』元慶元年七月二日辛丑条の気候不順（久旱不レ雨）を理由とした基経の摂政辞表がある。

平暁。西南遠聞レ雷五六声。雲気冥密、然而不レ雨。右大臣従二位藤原朝臣基経、以二久旱不一レ雨、上表請レ罷二摂政一言。云々。優詔不レ聴。

このときの辞表は、気候不順を理由として謙譲の意を表したものであり、一度「不レ聴」と却下されると重ねて上表することはなく済まされている。『三代実録』では全文は省略されているので詳細は不明であるものの、清和太上天皇にもたらされた形跡はなく、陽成天皇に上られたものである。

このように通常の官人の辞表や、基経の辞表でも摂政職の遂行とは関係のない場合は、陽成天皇に上られ、天皇が勅答している。(22)では基経の摂政辞表や左近衛大将辞表の場合、陽成天皇に上られながら、清和太上天皇が判断したのはなぜであろうか。次に清和太上天皇と藤原基経の関係を確認したい。

（三）藤原基経の太政大臣任官

元慶四年（八八〇）十二月四日、藤原基経は右大臣から太政大臣に昇進した。『三代実録』元慶四年十二月四日条に「天皇御二紫宸殿一、喚二公卿及百官於殿庭一、策二拝右大臣正二位藤原朝臣基経一、為二太政大臣一。公卿百寮拝舞而罷。策命曰」と任官記事があり、続いて任太政大臣宣命が載せられている。

この宣命で基経を太政大臣とする理由として、①基経が宣命にあるように陽成天皇の「親舅」であり（右大臣正二位藤原基経朝臣波朕之親舅奈利）、清和太上天皇の詔命で摂政として天皇が幼少の時から「輔導崇護」した人物であること（又朕未レ及二初載一之時与り、輔導崇護供奉礼留所母安利。因レ茲掛畏太上天皇乃詔命乎持天摂政乃職尓事与佐之治賜倍利）、②しかも「帯びる所の官（右大臣）は摂政の職には相当」らず（而所レ帯官波、摂政乃職尓波不二相当一）、太上天皇の意思もあって摂政に見合う官職に就けたいということが述べられている。基経の太政大臣任官は前年から陽成天皇の懸案事項であり、基経が辞退し続けて実現していなかった。ではなぜここで太政大臣任官となったのであろうか。

　この十二月四日は、基経の太政大臣任官だけではなく、清和太上天皇が歿した当日でもある。『三代実録』元慶四年十二月四日条の構成は、まず藤原基経の太政大臣任官の記事があり、続いて清和太上天皇の不予・大赦記事、そして「申二刻。太上天皇崩二於円覚寺一」となる。そして、任太政大臣宣命には、まず「太上天皇の詔命を持ちて、摂政の職に事よさし治め賜へり」と基経の摂政の根拠を清和太上天皇の意思に求め、さらに「今掛畏太上天皇詔旨」によって摂政に見合う官に就けたいので「掛けまくも畏こき御命の任に上げ給ひ治め給はむ」とする。そして、清和太上天皇の病により「本御意」を早く果たすために、基経が辞退し続けていた太政大臣とするという経過が述べられている。

　つまり、ここで基経を太政大臣としたのには清和太上天皇の意思が強く反映しているのである。また基経が辞退し続けた結果とはいえ、清和太上天皇の崩御と引き替えのように太政大臣となっているのである。このときの太政大臣任官が、単に従来から帯びていた摂政職掌の確認ではないことは、宣命中に太政大臣となっても「但し摂政の職は、今も弥益々に勤み仕へ奉れ」とあることからわかる。太政大臣の職掌は、「職員令」太政官条にあるように、天皇の師範であることが求められている。また、上卿などの公事からは離れて、天皇の師範・補佐とともに、太政官の統括も担っていたとされる[23]。

　清和太上天皇は直接国政に介入することはなかったとはいえ、前天皇として基経を始めとする公卿たちとの関係は深かった。前述の藤原山陰は、清和太上天皇への奉仕に専念するために、右近衛権中将と右大弁を辞している。基経の場合も、先に触れた貞観十八年十二月四日の摂政辞表で「臣身常侍二仙階一、不レ失二亡叔臨終之命一」と藤原良房の遺命により清和太上天皇に奉仕する姿勢を明らかにし、清和太上天皇からは左近衛大将を辞した際、武官から離れて「腰底忽空」となることを案じて「願特賜二帯剣一、厳二其儀形一」にするという配慮が示されている[24]。また『江談抄《ごうだんしょう》』第四には、内宴で昭宣公（基経）が詠んだ漢詩の一節があり、それにまつわる挿話が「公家伝」から載せられている[25]。

酔望二西山一仙駕遠　微臣涙落旧恩衣　　内宴　昭宣公

公家伝文云、元慶四年正月廿日侍二宴座一、謂二左右一曰、前陪二太上皇一命二此宴一。今日所レ着太上皇脱下御衣也。此日応製詩末句及レ之。満座感動、或有二拭レ涙者一、于レ時太上皇御二水尾山寺一。

この詩の一節は、西山の仙駕（清和）を想い、旧恩の衣を見て涙を落とすという内容である。引用される基経の「家伝」によると、基経はこの内宴には太上皇（清和）の命によって出席し、今日着ている衣は太上天皇から下賜されたものであると語っている。そして水尾山寺に滞在している[26]清和太上天皇を想って詩を詠んでいる。天皇主催の内宴で、基経は敢えて清和太上天皇を話題とし、同席した公卿たちも「満座感動、或有二拭レ涙者一」となっているのである。このような清和太上天皇と基経を始めとする公卿たちとの関係を考えると、清和太上天皇の不在は、公卿たちを統合していた存在の喪失を意味する。

当然のことながら、天皇と公卿の関係は官僚制的関係だけではなく、在位が長くなるにつれて、近臣とでもいうべき人格的関係が形成されることがある。八世紀以降天皇の譲位が行われるようになると、譲位した前天皇と親しい関係にある公卿も現れる[27]。清和太上天皇以前のように天皇も成人に達していれば、前天皇と関係が深い公卿も、官僚として天皇の下で国政にあたるという意識を持つ。しかし清和太上天皇と陽成天皇の場合、陽成天皇が幼帝であるので、公卿たちは清和太上天皇との関係を重視し続けた。藤原基経の太政大臣任官は、摂政として幼帝を補佐するだけではなく、譲位後も公卿層に影響力を保持し続けた清和太上天皇に代わって、天皇の輔導・天皇大権を補完することが求められたのであり、かつ太政官を統括することによって、公卿層と陽成天皇との関係を取り結ぶ意味を持っていたのである。

そもそも基経の摂政・太政大臣の任命根拠は清和太上天皇の譲位詔であり、また基経の清和太上天皇への奉仕関係は譲位後も継続していた。これは基経の上表に再三述べられているように、基経が良房から清和天皇への奉仕を託されたことに因るのであり、その清和天皇から補佐を託されたということで、陽成天皇の後見を行ったのである。従って、陽成天皇と基経との関係は官僚制的というよりは、清和太上天皇を介した人格的（個別的）関係の要素が強いのである。(28)これは、それぞれの天皇個人との親疎が奉仕の具合に影響するという点において、その後の天皇と摂関家との関係の源流となる。また、基経の摂政辞表で「又察二前修一、幼主之代、太后臨レ朝」と、漢代の例を引いて太后（母后）が後見するべきであるとしながら、基経が摂政として後見をするのも、幼帝補佐において太政官の掌握（＝官人の統率）が重視されたことによるのであり、(29)天皇と貴族層の相互依存関係の現れといえるのである。

初の人臣摂政であり、かつ平安時代最初の太政大臣である藤原良房は、妻に嵯峨天皇皇女源潔姫《みなもとのきよひめ》を迎えている。その潔姫所生の明子は清和母后となり、良房は清和天皇の外祖父となった。(30)良房は、幼帝清和天皇の後見、そして応天門の変の処理を乗り切ることにより、天皇の「師範」となるに至った。良房薨去時には、天皇や太上天皇と同様に固関が行われている。(31)臣下の歿時に固関が行われるのは、このときが初例である。つまり良房は、それまでの藤原氏に比して突出した待遇を与えられているのである。(32)これは良房と清和天皇との関係が背景にあり、その権威・権力の基盤は清和天皇の存在に求められるのである。そして良房の後継者基経もまた、良房の遺命をもとに自らと清和太上天皇との関係を強調した。その一方で、文徳・清和・陽成の三代の天皇も、藤原良房・基経を太政大臣や摂政としてその補佐に依存した。(33)

十世紀以降の王権は、天皇とそのミウチである藤原摂関家による「権力の環」が構成される。(34)このような構造が発生する画期となったのが、清和太上天皇期なのである。八世紀から九世紀半ばまでは、天皇と藤原氏の関係は密接であったとはいえ、官職上は大臣として仕えるに止まっていた。それが、外祖父であるということで天皇の代行者となり得たのが清和天皇の時代であり、また清和は太上天皇となっても天皇の補佐を藤原氏に委ねるようになった。清和太上天皇の存在はこうした位置づけから評価することができるのである。

第二節　太上天皇と天皇

(一) 清和太上天皇と陽成天皇間の上表

ここまでは、清和太上天皇と藤原基経との関係を述べた。続いて清和太上天皇と陽成天皇との関係を扱う。清和が譲位後存命したのはわずかに四年間であり、さきに述べたように国政に直接関与することはなかったので、両者の関係を物語る史料は少ない。しかし、譲位後間もなく、太上天皇への御封納入の問題が発生する。このとき天皇と太上天皇の間で上表のやりとりがあり、この上表の書礼問題は、太上天皇の位置づけに新たな展開をもたらすのである。

上表とは臣下が君主に奉呈する書のことであり、意見を具申するだけではなく、君臣関係を明らかにする機能を持っていた(35)。九世紀前半には、天皇が太上天皇に上表する場合や、逆に太上天皇から天皇に上表する場合が見られる。例えば、第七章で検討したように『日本後紀』・『類聚国史』・『日本紀略』には、弘仁十四年（八二三）四月から五月にかけて、平城太上天皇・嵯峨太上天皇・淳和天皇という三兄弟の間で、互いに表の形式によって意見を表明した例がみられる。これは長幼の序や嵯峨太上天皇の存在を尊重しつつ、天皇を頂点とする秩序を保つために行われたものである。

ところが清和太上天皇と陽成天皇の場合、上表の奉呈先は天皇から太上天皇への一方通行になる。陽成天皇は清和太上天皇に上表をするのに対して、清和太上天皇は陽成天皇に「勅」するのである。(36) 譲位後間もなくの元慶元年（八七七）春、清和太上天皇への御封納入をめぐって、陽成天皇・清和太上天皇間で書状の往来があった。太上天皇に対する経済保証として、封二千戸を充てるのは嵯峨・淳和太上天皇の先例があり、(37) 清和太上天皇にも貞観十八年十二月八日に充てられている。(38) ところが、翌元慶元年閏二月十五日、清和太上天皇は、御封の辞退を陽成天皇に伝える。

十五日丁亥。太上天皇宮別当右大弁従四位下藤原朝臣山陰上二奏今上一言。依二太政官去年十二月八日符旨一、応レ納二太上天皇御封二千戸一。而奉二太上天皇勅一偁。王風不レ競、国弊民亡。此故褫二夫衮竜一、爰二此蘿薜一。豈復享二太上之尊名一、致二公家之煩費一乎。宜三其封物等莫二敢納用一者。勅命如レ斯。仍請レ奉レ返。(39)

ここでは、太上天皇宮別当の藤原山陰が陽成天皇に対して、清和太上天皇が勅命で「国弊民亡」を憂えて御封の辞退を希望していると上奏している。これに対して閏二月二十七日、陽成天皇は清和太上天皇に、御封辞退を思い止まるよう上表する。

奉レ答三太上天皇辞二御封一　第一表　皇帝上表

臣諱言。今月十五日右大弁従四位下藤原朝臣山陰至。奉レ宣二天旨一曰。譲二還御封一。恭承二慈綸一。伏増二震駭一。中謝。臣諱誠兢誠惕。頓首頓首。臣若稽二故事一。太上天皇者。御供有レ数。所司祇陪。陛下顧二重国家一。申レ詔抑損。敦訓切至。奉以周旋。然国之通規率由漸久。一旦頓廃千歳貽レ譏。故仍先代。冲レ之挹レ之。旧割二二千戸一以為二御封一。臣猶恨壌少二連亘一。物非二奇贏一。而今更慮二公費之繁多一。不レ享二土地之所レ輸。臣聞二諸遺老一。承和之始。前後太上天皇並存二於世一。当二斯時一也。封分二二天一。租入二両処一。理之所レ定。未レ為レ多レ煩。況今陛下。一天覆育。四海幽顕。頼二其徳化一。公私有二何艱労一。加以。古之所レ行。今有二成典一。至レ臣而闕。謂二論者何一。伏願陛下。日月照臨之明。必察二寸款一。河海含容之量。莫レ厭二微涓一。無レ任二悚戦之至一。謹奉レ表以聞。

臣諱誠兢誠惕。頓首謹言。

元慶元年閏二月廿七日[40]

ここで陽成天皇は、院司官人を維持するために太上天皇御封は必要であるといい、嵯峨・淳和両太上天皇の例から、封二千戸は国家にとって負担ではないとして、御封を受けることを求める。しかし、この上表は清和太上天皇の容れるところとはならず[41]、陽成天皇は三月二十九日に再び上表する（奉レ答三太上天皇辞二御封一第二表）[42]。陽成天皇は「臣諱言」と書き出して、太上天皇に仕える官人の歳費を理由として（縦令陛下上僊之厨。取足二朝夕之饌一。則恐左右下従之類。難レ給二歳時之資一）、御封納入を求める。

これらの往来では、清和太上天皇の意思は「勅」や「天旨」として太上天皇宮別当藤原山陰を通して天皇に伝えられ、逆に陽成天皇の意思は上表の形式で清和太上天皇にもたらされている。このときの御封辞退問題は、四月二十一日の「太上天皇勅答」によって納入が受け入れられた。しかし今度は代わりに宿衛を辞退したいと言い出す。それに対して陽成天皇は四月二十五日「帝上表曰」として拒み、一段落する[43]。この御封の問題はさらに尾を引き、元慶三年二月清和太上天皇は御封の一部辞退を表明する。『三代実録』元慶三年二月十七日条に「先レ是、太上天皇勅返二御封一千戸一。至レ是、皇帝上表不レ奉二勅旨一、猶奉レ充二二千戸一曰」とあり、清和太上天皇は「勅」により封一千戸の返納を願い出た。これに対しても、陽成天皇は「臣諱言」で始まる上表で応えている[44]。

清和太上天皇の「勅」が例えば弘仁十四年の嵯峨太上天皇の場合のように[45]、実際は上表の体裁を取っていたという可能性はない。一例を挙げると『菅家文草《かんけぶんそう》』巻八に、二月十七日の陽成天皇上表に対する清和太上天皇の「勅」がある。元慶三年二月二十六日の「奉清和院太上皇勅重請減封戸状」である[46]。

奉二清和院太上皇勅一重請レ減二封戸一状

今月十七日来状丁寧。不レ忍三半二折封戸一。追二尋宿念一、澄二審本謀一。不下以二用足一為上レ情、将下以二静心一為上レ楽。

況一畦一畝、未㆓必旅生㆒。自㆑寸自㆑分、皆出㆓機杼㆒。国用倍㆓多於昔日㆒、民労緊㆓急於当時㆒。雖㆑有㆓成章㆒、豈無㆓権議㆒。夫竹窓之曉、水閣之暮、閑送㆓春秋㆒、遠翫㆓風月㆒。取㆓諸一身之事㆒、蕞㆓尓千戸之資㆒。容量以莫㆑為㆓相累㆒耳。

元慶三年二月二十六日

ここには、「臣」と名乗ることや書止《かきとめ》の語句に見られる表文の要素はない。この二月二十六日の書状が「勅」とされていたことは、『三代実録』にある二月二十九日の陽成天皇の上表に「伏奉㆓今月廿六日勅㆒」とあることからもいえる(47)。

長々と事例を挙げたように、両者の関係を見ると、陽成天皇は父である清和太上天皇には上表をするのに対して、逆に清和太上天皇は陽成天皇に対しては上表の礼を取らない。前に触れた弘仁十四年四月から六月にかけての平城・嵯峨太上天皇、淳和天皇の例と比べると、天皇を頂点とする姿勢から、父と子という関係を優先させる姿勢への変化が見て取れるのである。後述する元慶元年四月二十一日の大江音人《おおえのおとひと》の奏議にも、

夫父者子之天也。故礼節之相去、如㆓天地之懸隔㆒。豈有㆔父為㆑子称㆓其名㆒乎。夫天子之礼、雖㆘与㆓庶人㆒異㆖、而至㆓于父子之間㆒、未㆑有㆓差別㆒。

とあり、父は子にとって天であり、天地のように隔たりがあるとして「天子の礼」よりも「父子の間」の礼遇を優先させる意識が表れる。本来上表は君臣関係の確認行為であり、父子の義とは性格を異にする。しかし清和太上天皇と陽成天皇の場合、上表によって親子関係が強調されるようになるのである。

(二)太上天皇の礼制的待遇

天皇と太上天皇の親子関係については、この時期礼制的待遇の再確認も見られる。例えば『三代実録』元慶元

年四月二十一日条には、先に触れた太上天皇に御封納入を求める陽成天皇の上表に対する、清和太上天皇の勅答の署名をめぐる議論が見える。

　これによると清和太上天皇は、陽成天皇の奉表に対する返書で年月日の下に、諱《いみな》「惟仁《これひと》」の「惟」字を署名した。この署名について陽成天皇は、儒者としても知られる大江音人に「太上天皇送二皇帝一之書。可レ注二御諱一将否」と、太上天皇から天皇に宛てる書の署名について、諱を書すべきか論じさせている。ここで大江音人は、『礼記《らいき》』や漢代の故事などを勘案して奏議した。すなわち諸家書儀は、父母から子への書には名を記さず、同じように勅書も誰が出したかは明らかなので名は記さないとする（父母与レ子書、皆云二耶告嬢告一。遂无下注二其名一者上。然則書二御諱一、事未レ知レ攸レ拠也）。しかし、孔子の母を例として、名前の一字を名乗るのは先例（孔聖之前蹤）に適うともする。そして、清和太上天皇が採った名前の一字のみを署する方式を「随レ礼随レ俗」であり、適当であるとする。音人の奏議は、議論を展開した挙げ句に清和太上天皇のやりかたに追随したきらいがあるものの、現実を礼制に摺り合わせる傾向が見てとれる。

　また、『三代実録』元慶元年二月十四日条では、清和太上天皇の叔母に対する服喪が問題となっている。『三代実録』元慶元年二月十日条に「無品平子内親王薨。皇帝不レ見レ事三日。内親王者、仁明天皇之女也。母贈従二位藤原朝臣女」とあり、仁明天皇の女で清和太上天皇の叔母にあたる平子《ひらこ》内親王が薨じた。天皇の服喪に関しては「喪葬令《そうそうりょう》」服錫紵条に、

　凡天皇。為二本服二等以上親喪一。服二錫紵一。為二三等以下及諸臣之喪一。除二帛衣一外。通用二雑色一。

とあるように、臣下に対して服喪することはせず、二等親以上の場合は錫紵《しゃくじょ》（薄墨色の衣）を服して、心中で哀悼の意を示すという規定があった。またこの条の義解には、

　凡人君即レ位。服絶二傍朞一。唯有二心喪一。故云二本服一。其三后及皇太子。不レ得レ絶二傍朞一。故律除二本服字一也。

依二儀制令一。子為二一等一。故称二一等以上一。即外祖父母亦同。（以下略）

とあり、君主は臣下のために服喪はしないこと、三后と皇太子は服喪をすること、そしてこの規定の場合、親だけではなく子も一等親として扱うという論理から、「一等以上親」には外祖父母も含まれるとする。(48) ところがこの『三代実録』元慶元年二月十四日条では、「詔曰。天子絶二傍朞一。但未レ審二太上天皇応レ絶以不一。宜下令二博士等一権中議之上」とあり、太上天皇が傍親（三等親である叔母）の喪に服することの当否が問題となっている。『令集解』の「喪葬令」服錫紵条の諸説では、穴記が「太上天皇亦同也」と天皇と服喪の扱いは同じとしている。しかし、ここで改めて太上天皇の服喪に関して議論されているのである。

大学博士の善淵《よしぶちの》永貞《ながさだ》ら五名は、『中庸《ちゅうよう》』や『礼記正義《らいきせいぎ》』を引き、天子は傍親のために服喪することはなく、そして「揖譲《ゆうじょう》之《の》君《きみ》」（譲位した徳の高い天子）である堯《ぎょう》・舜《しゅん》・禹《う》も尊号を失うことはなかったとして、「太上天皇不レ降」との結論に至る。そのため太上天皇も天皇と同様に傍親のためには服喪をしないのが「不レ違二礼意一」と奏議した。(49)

九世紀中期は、中国の礼制受容の頂点となった時期であり、特に清和天皇の時代は註(48)で触れた太皇太后順《のぶ》子《こ》服喪の問題、唐制に則った清和天皇元服(50)、応天門の名称の由来論議(51)というように、政務全般に唐制・礼制を意識した意味の再確認が行われた時代でもあった。

清和太上天皇は、三十四年間の太上天皇不在を経ての太上天皇であり、かつ陽成天皇の即位は、光仁天皇から桓武天皇へ以来の父子間譲位であった。清和太上天皇の存在は、天皇と太上天皇との関係において、礼制的待遇の再確認を伴いつつ、天皇の父として父子の義が強調される画期となったのである。

第三節　宇多太上天皇の場合

清和・陽成に続く父子間譲位の例は宇多・醍醐の場合である。宇多太上天皇と醍醐天皇との関係については、菅原道真の処遇をめぐる問題がある。最後に清和太上天皇と宇多太上天皇の比較を行う。

（一）清和太上天皇と宇多太上天皇との相違点

宇多天皇は周知のように、陽成天皇譲位後に即位した光孝天皇の皇子であり、一度臣籍に降ってのち、光孝天皇の希望により皇族に復して即位した。その後在位十二年、三十一歳で皇太子敦仁《あつぎみ》親王に譲位する。これが醍醐天皇である。宇多天皇と醍醐天皇との関係は、若くして実子に譲位したことや、譲位後に出家した点において、清和太上天皇・陽成天皇と共通している。しかし異なる点もある。

それは①陽成天皇は元服前（九歳）に即位して、摂政が置かれているのに対して、醍醐天皇の場合は、『日本紀略』宇多天皇紀寛平九年七月三日条に「卯二剋。皇太子於㆓清涼殿㆒加㆓元服㆒。年十三。午剋。天皇御㆓紫宸殿㆒、譲㆓位於皇太子敦仁親王㆒。宣制如㆓常儀㆒。（後略）」とあるように、十三歳で元服をした上で即位していること、②陽成天皇の場合は、外戚（叔父）の藤原基経が清和太上天皇の意思により摂政として後見したのに対して、醍醐天皇を後見した藤原時平の場合は、醍醐天皇と外戚関係になく[52]、菅原道真と共に議政官（大納言、のち左大臣）に止まったことである。また③清和天皇の場合は藤原氏との重層的な姻戚関係[53]にあったのに対して、宇多天皇は藤原氏との関係が稀薄である。そして、終始藤原氏の政権独占を回避しようとした。このような宇多太上天皇と醍醐天皇との関係を探る一例が、有名な昌泰四年（延喜元年、九〇一）の菅原道真左降事件（昌泰の変）である。

この事件の経緯は『日本紀略』や『扶桑略記』に載せられている[54]。発端は『日本紀略』延喜元年正月二十五日

条に見える。同条によれば、

諸陣警固。帝御二南殿一。以二右大臣従二位菅原朝臣一任二大宰権帥一。以二大納言源朝臣光一任二右大臣一。又権帥子息等各以左降。

とあり、紫宸殿に出御した醍醐天皇の前で菅原道真の左降が決定された。これに対して、宇多太上天皇は正月二十五日に内裏を訪れて、醍醐天皇に翻意を求めようとする（『扶桑略記』昌泰四年正月二十五日条）。しかし宇多太上天皇は、警固の衛士に遮られて内裏に入ることができず、醍醐天皇を説得することに失敗している。さらに道真が配所に向かう前日の正月三十日にも、内裏建春門《けんしゅんもん》外にある左衛門陣《さえもんのじん》を訪れるものの（『日本紀略』延喜元年正月三十日条・二月一日条）このときも内裏に入ることはできなかった。

『扶桑略記』の記事と『日本紀略』の記事は混同されて、宇多太上天皇が内裏に赴いたのは一度だけのようにも見える。しかし『扶桑略記』の正月二十五日条には宇多が「馳二参内裡一」じたのは「（二十五日の左遷人事の）同日」のこととする。また『扶桑略記』の正月二十五日条の構成が、宇多太上天皇が朱雀院に還ったことに続いて、左降勅使藤原真興《まおき》が、摂津に至って道真の前で落涙したことを載せるので、宇多太上天皇が二十五日に行動を起こした後は何もしないまま事態が進展したかのように見えるが、『日本紀略』に二月一日に道真が左降したとあるので、『扶桑略記』正月二十五日条の宇多太上天皇の話と藤原真興の話の間には、日時の省略があるとみるべきであろう。このように考えた上で、流れを整理すると以下のようになる。

①正月二十五日に菅原道真の左降が決まると（『日本紀略』・『扶桑略記』）、宇多太上天皇は内裏に赴いたものの、取り次いでもらえず、しばらく侍従所《じじゅうしょ》西門の前で座り込んだ後、夜になって院に帰還した（『扶桑略記』）。

②その後宇多太上天皇は三十日になって建春門外の左衛門府の陣に赴き、これも遮られて終日その場にいたものの果たせず、翌二月一日に宇多は院に戻り、道真は大宰府に向かった（『日本紀略』）。

ということになる。つまり、宇多は二度にわたって道真左降を阻止しようと試みたものの、いずれも実現しなかったということになる。このとき、宇多太上天皇が内裏に入ることができなかったのは、蔵人頭《くろうどのとう》藤原菅根《すがね》が天皇に取り次がなかったからである。(55)『公卿補任《くぎょうぶにん》』延喜八年の、藤原菅根の項の尻付《しつけ》に「同（昌泰）四正廿六左二貶大宰大貳一。今日止二蔵人頭一。廿七日如レ故昇殿。二月十九日式部少輔。廿一日如レ元蔵人頭」とあり、道真左降翌日の正月二十六日に蔵人頭を解かれて大宰大貳とされるが、二十七日には昇殿を復活され、二月二十一日には蔵人頭に復帰するという移動が見える。この人事に関して『古今和歌集目録』の藤原菅根の項に、

> 藤原菅根。蔵人補任云。（中略。延喜元年までの菅根の経歴）延喜元年右丞相左遷事。亭子法皇有レ御二内裏一而不レ奏二事由一。仍正月廿五日（二十六日カ）左二貶太宰少（大カ）貳一去レ頭。同月日更昇殿。

とあり、正月二十五日の宇多太上天皇の来訪を醍醐天皇に取り次がなかったことにより、左遷されたとする。しかし、実際は大宰府に下向することなく昇殿を許され、蔵人頭にも復帰している。このことは菅根に対する処分が形式的に終わり、道真左遷は宇多太上天皇の影響力が排除された上で進められたことを物語っている。

そもそも醍醐天皇の即位が元服と同時に急ぎ行われた背景には、宇多天皇による基経や時平のような藤原氏との外戚関係の弱体化の意図があった。そのため醍醐即位を既成事実化し、譲位後も天皇に対する影響力を保持するために、天皇の心得を細かに記した「寛平御遺誡」を醍醐に与えている。また基経の女穏子《やすこ》の醍醐後宮入内を、生母班子皇太后とともに妨害し、かつ自らの女の為子《ためこ》内親王入内を進めている。(56)このような状況ならば、宇多太上天皇と醍醐天皇の間には、清和・陽成期のように父子の義が重んじられることとなり、昌泰の変に際しても宇多太上天皇の意思が尊重されたはずである。しかし、清和太上天皇とは異なり、宇多太上天皇はその意思を通すことはできなかった。

（二）太上天皇の意思伝達

宇多太上天皇と清和太上天皇で異なる点は、意思の伝達手段である。九世紀段階の太上天皇の意思は、天皇・摂政・上卿に対する口頭伝達・書札によって国政に反映されていた[57]。醍醐天皇の場合、宇多天皇の意向もあって、元服と即位が同時に行われた。そのため、天皇の代行である摂政は置かれず、天皇と太政官機構によって国政が運営された。ところが、このことは太上天皇の意思を国政に反映させる媒介となるべき摂関（外戚）の存在を欠くことになる[58]。もともと宇多太上天皇は藤原氏との姻戚関係が稀薄であり、先に述べたように藤原氏との関係に距離を置いていた。このため、宇多太上天皇の意思が天皇にもたらされない状況が発生する。自らの意思を実現してくれるミウチとしての摂関を持たず、内裏に赴いても天皇の意向を体した蔵人頭や衛門府に遮られて、子である天皇への影響力を行使できない状態となるのである。いわば宇多太上天皇は、自らが再建しようとした律令官司機構（太政官機構）に阻まれることになったのである。道真の左降は、その決定が「帝御二南殿一」して天皇の面前で行われたように、醍醐天皇の意思が強く働いていた。

宇多太上天皇の存在は、藤原氏の勢力を排除して直接天皇に対する影響力を持とうとした点[59]とともに、藤原氏との関係を欠くという点で清和・陽成期からすると異質であった。九世紀以降、幼帝の補佐が後宮ではなく太政官に基盤を持つ外戚に委ねられたのは、太政官が国政運営の主体であり、太政官と天皇によって意思決定がなされるという構造が生き続けていたことを物語る[60]。清和太上天皇や宇多太上天皇は、天皇の父としての権威は持っていても、天皇と政務運営上で同様に扱われる存在ではなかった。天皇と太政官機構による政務運営に太上天皇が介入しようとするとき、天皇のミウチにして太政官機構の一員という二つの顔を持つ藤原氏の存在が不可欠となるのである。

おわりに

清和天皇の譲位は幼帝の出現を招いた点において、それまでの譲位とは異なる性格を持つ。そしてこのような状況は、幼帝の後見を外戚に依存する結果となった。清和太上天皇の場合は、藤原良房・基経という清和天皇を取り巻く外戚環境によって幼帝の後見が行われ、良房の摂政就任、基経の摂政・関白・太政大臣就任というように、外戚としての藤原氏が天皇の代行者となる条件・環境が整えられていく。これは次第に慣例化し、天皇と藤原摂関家との相互依存状態が形成される。

清和天皇は、いわば自らの「都合」だけで譲位したのであり、これを可能としたのは外戚藤原氏の存在であった。また「都合」で容易に譲位できる状況は、逆に藤原氏に都合よく用いられ、摂政となるための「外祖父」出現条件発生の手段となる(61)。

こうした意味で、清和太上天皇期は画期となるのである。清和太上天皇の評価は従来、仏道修行専念のため国政を領導することはなく、外戚藤原基経の陰に隠れていたとして、政治的影響力は低いとされてきた。しかし実際は、幼帝陽成天皇に対して、父として影響力を行使し、かつ唐制に範を借りた礼制整備などによって権威を持つに至った。このような清和太上天皇の待遇は、前天皇としてというよりは、天皇の父であるからという要素が大きい。これは仁明天皇以来数代続いた直系継承の事実が背景にある。また外祖父藤原良房との関係は、良房の猶子基経の万機摂行の根拠となり、「忠仁公故事」を引き継ぐことにより藤原摂関家の確立をもたらした。このことは、天皇家内の権力状態が藤原摂関家の介入の度合いに左右される結果となり、天皇・太上天皇と摂関家との関係如何が個々の太上天皇の扱いにも影響するようになるのである(62)。

本章は九世紀中期段階で、太上天皇が天皇の後見者としての性格を失う一方で、中国的礼制に飾られた父子関係によって、新たな位置づけを得たこと、(63)そして太上天皇に代わる後見者として、外戚としての藤原氏がその地位を確立したことを述べた。平安時代の太上天皇については、平城太上天皇の変（薬子の変）後の嵯峨太上天皇期に画期を見出す指摘が多い。またそれ以降については、中世の院政出現の前提として、宇多太上天皇や円融太上天皇の存在を捉える研究が多い(64)。そのため平安前期から摂関期を経て院政期に至る間の、太上天皇を取り巻く環境の変化が論じられることが少ない(65)。清和太上天皇の時期は、従来いわゆる前期摂関政治の幕開けと評価されてきたが、天皇と藤原氏との相互依存関係が顕著となり、太上天皇が天皇の父としての性格を強めたことに特色がある。このような点から、後の摂関期の藤原氏と天皇・太上天皇との関係の基礎が形成された時期として評価されるのである。

（1）春名宏昭「太上天皇制の成立」（『史学雑誌』九九―二、一九九〇年）、筧敏生「太上天皇尊号宣下制の成立」（『古代王権と律令国家』校倉書房、二〇〇二年所収。初出一九九五年）。

（2）坂上康俊『日本の歴史05　律令国家の転換と「日本」』（講談社、二〇〇一年。講談社学術文庫版二〇〇九年）。

（3）藤原氏は、文武天皇夫人藤原宮子（聖武生母）や聖武天皇皇后光明子（孝謙生母）のように、奈良時代になって后を輩出する一族としての地位を築き始めた。しかし、光仁天皇は藤原氏出身の后を持たず、嵯峨天皇は橘嘉智子（仁明生母）を、淳和天皇は正子《まさこ》内親王（恒貞《つねさだ》親王生母）をそれぞれ皇后としたように、九世紀初頭は必ずしも藤原氏との外戚関係は確実なものではなかった。それが、藤原冬嗣が嵯峨天皇の皇女潔姫を妻とした時期から関係が深まる。そして仁明天皇女御藤原順子（冬嗣女、文徳生母）以降藤原氏出身の后が連続し、所生の皇子が即位する例が定着する。

（4）摂政制の研究としては、坂上康俊「関白の成立過程」（『日本律令制論集　下巻』吉川弘文館、一九九三年所収）、今正秀「摂政制成立考」（『史学雑誌』一〇六―一、一九九七年）を参照。

（5）清和天皇も九歳で即位したとはいえ、これは文徳天皇の死去によるものであり、外祖父藤原良房が摂政太政大臣として後見した。陽成天皇の場合は、皇位継承に問題がないにもかかわらず清和天皇が譲位した、いわば初めから選択された幼帝である点が、清和天皇即位時と異なる。吉岡真之「幼帝が出現するのはなぜか」（『争点日本の歴史3　古代編Ⅱ』新人物往来社、一九九一年）を参照。

(6) 今前掲註(4)論文五三頁・六三頁註(56)。

(7) この時期に関する評価は、目崎徳衛「文徳・清和両天皇の御在所をめぐって——律令政治衰退過程の一分析——」（『貴族社会と古典文化』吉川弘文館、一九九五年所収。初出一九七〇年）、佐藤信「摂関制成立期の王権」（『古代の遺跡と文字資料』名著刊行会、一九九九年所収。初出一九九一年）などを参照。

(8) 近年の清和太上天皇の存在に対する評価としては、相磯達夫「譲位宣命からみた太上天皇制の展開」（『白山史学』四二、二〇〇六年）が、譲位宣命の形態から清和太上天皇の画期性を指摘している。

(9) 『日本三代実録』（以下『三代実録』とする）は新訂増補国史大系に拠る。なお『三代実録』の写本は、新訂増補国史大系の底本である谷森本系統の、三条西家本系統（卜部本《うらべぼん》系統）が唯一の写本であり、略本のみが伝来した巻もある。そのため叙位任官記事や、上表文が「云々」と省略される場合が多い。国史大系は省略された上表文に対応するものが『本朝文粋《ほんちょうもんずい》』や『菅家文草』などに収録されている場合、それによって補っている。しかし『本朝文粋』などの文章をそのまま『三代実録』本文として用いることは問題がある。また『三代実録』に全文が採録されている場合も、『本朝文粋』などと比べると一部文字が改変されていることがある（遠藤慶太「『三代実録』の写本について」『平安勅撰史書研究』皇學館大学出版部、二〇〇六年所収。初出二〇〇五年、参照）。本章では『三代実録』の上表文が省略されていて、対応するものが『本朝文粋』や『菅家文草』などに収録されている場合は、それらに拠った。

(10) この譲位詔中に「災異繁見」とあるように、清和天皇の末年には京内で火災が頻発する。応天門の焼失は貞観八年であるが、その後貞観十六年四月に淳和院《じゅんないん》が焼失（『三代実録』貞観十六年四月十九日条）、貞観十七年正月には冷然院が焼失する（『三代実録』貞観十七年正月二十八日条）。そして貞観十八年四月十日には大極殿《だいごくでん》・小安殿《こあどの》・蒼竜《そうりゅう》白虎《びゃっこ》両楼などが焼失している。

(11) 幼帝の補佐者としては、清和天皇即位時は太上天皇は不在であり、外祖父藤原良房（忠仁公）が存在した。一方陽成天皇の場合は外戚藤原基経に加えて、父である清和太上天皇が存在する。また後宮も、太皇太后正子内親王（淳和后）・皇太后藤原明子《あきらけいこ》（文徳后、清和生母）・皇太夫人藤原高子《たかいこ》（清和后、陽成生母）が存在するものの、いずれも幼帝の政治的補佐は行っていない。皇太后明子については理由ははっきりしないが、太皇太后正子は出家していたうえに、太皇太后号を受けようとしなかったこと（『三代実録』元慶三年三月二十三日条正子太皇太后崩伝）、皇太夫人高子は不行跡（最終的に皇太后を廃される）が背景にあると考えられる。

(12)『本朝文粋』第四　表上　摂政関白辞職表。

(13)『本朝文粋』第四　表上　摂政関白辞職表。

(14)『三代実録』元慶元年閏二月十五日条に「太上天皇宮別当右大弁従四位下藤原朝臣山陰」とある。

(15)後述するように、藤原山陰は太上天皇への奉仕に専念したいという理由で、右近衛権中将を辞して、右大弁の辞表も上っている。

(16)このときの基経の官位は従二位摂政右大臣左近衛大将である（『公卿補任』元慶元年の項）。

(17)『三代実録』元慶元年正月九日条。

(18)陽成天皇の勅によって叙された正二位辞表はともかく、左近衛大将辞表も最初は陽成天皇に上られたのは、摂政とは違ってどちらも律令官制に基づいた叙位任官なので、天皇に辞表を出すという意識があったからであろう。なお基経の左近衛大将任官は貞観十年である。

(19)『菅家文草』巻九「奏状」所収。なお、このときの上表は『三代実録』同日条によると「不許」とされている。

(20)『菅家文草』巻十「表状」所収。

(21)『三代実録』元慶元年四月八日条は年名の上表に続いて「是日薨」とし、薨伝を載せる。なお『扶桑略記』は翌日（九日）薨去とする。

(22)この場合、九歳の陽成天皇が「実際に」判断を下したかは問題としない。

(23)臣下では、八世紀に藤原仲麻呂が「大師」となった後は（本書第六章参照）、藤原良房が最初に生前に太政大臣となり、文徳天皇・清和天皇を支えている。太政大臣の職掌の理解は、山本信吉「一上考」（『摂関時代史論考』吉川弘文館、二〇〇三年。初出一九七五年）、橋本義彦「太政大臣沿革考」（『平安貴族』平凡社、一九八六年所収。初出一九八二年）、酒井芳司「太政大臣の職権について――太政官政務統括の実態から――」（『古代文化』五一―一一、一九九九年）、米田雄介『藤原摂関家の誕生　平安時代史の扉』（吉川弘文館、二〇〇二年）に拠る。

(24) 安田政彦氏は「勅授帯剣について」（亀田隆之先生還暦記念会編『律令制社会の成立と展開』吉川弘文館、一九八九年）で、これを基経と清和太上天皇との密接な関係によるものと指摘し（二五〇頁）、剣を下賜することを「天皇との信頼関係、親近感を標榜するもの」とする（二六一頁）。清和太上天皇が基経に対して「厳二其儀形一」を願って剣を贈ることは、基経の権威を清和太上天皇が保証し、摂政として陽成を補佐することを寄託した証と見ることができよう。

(25) 基経の伝記である「家伝」は現存しないものの、『公卿補任』貞観六年の藤原基経の項の尻付にも「家伝」から「年十八。於二東宮内寝殿上一加冠。天皇覧」と元服記事が引用されている（新日本古典文学大系『江談抄』の補註参照）。「家伝」は「職員令」式部省の式部卿の職掌に「掌。……功臣家伝田事」とあり、義解が「謂。有功之家。進二其家伝一。省更撰修」と註するように、臣下の家で作成され、式部省に進られて、国史編修の材料として用いられていた。なお「家伝田」の「田」は衍字《えんじ》の可能性が高い（『訳註日本律令十　令義解訳註篇二』東京堂出版、一九八九年。一五一頁の坂本太郎氏による当該条註釈）。日本思想大系『律令』当該条頭註（主な担当は青木和夫氏）も「「田」に対しては古記から義解まで皆注釈がない。「田」は或いは後の攙入《ざんにゅう》か」とする。

(26) 水尾山寺は清和太上天皇がしばしば滞在した寺院で、現在の京都市右京区嵯峨水尾にあった（『平安時代史事典』）。従って、平安宮内裏からは西方となる。

(27) 例えば、八世紀の元正太上天皇と橘諸兄の関係がある（直木孝次郎「天平十六年の難波遷都をめぐって――元正太上天皇と光明皇后――」（『難波宮と難波津の研究』吉川弘文館、一九九四年所収。初出一九七〇年）一五四頁参照）。

(28) 清和太上天皇の殁後、陽成天皇と基経の関係は悪化する。元慶六年正月に陽成天皇が元服した後も、基経は摂政を続けていた。ところが元慶七年、基経は摂政辞表を陽成天皇に上る（『三代実録』元慶七年八月十二日条・十月九日条）。このときの辞表は儀礼的とはいい難く「請レ停二摂政一。累レ月不レ視レ事」と長い間政務を見ようとせず、陽成天皇が「勅遂不レ聴」としても再度上表する（抗表）こともなく、出仕しない状態を続けた。そのため政務の遅滞が生じて、弁官などが基経の堀河第に参じて「白二庶事一」す事態となる。こののち、同年十一月には陽成天皇の乳人子《めのとご》源益《みなもとのまさる》の「格《かく》殺《さつ》」事件が起こり、続いて陽成天皇が宮中で密かに飼っていた馬と、その世話をしていた「宮中庸猥群少」が基経によって追放される。そして陽成天皇は元慶八年二月、基経に屈する形で退位するに至る。

(29) 奈良時代でも、孝謙天皇生母の光明皇太后は直接天皇の後見をしたのではなく、甥の藤原仲麻呂が主導して設置した紫微中臺が、太政官に取って代わることによって国政に介入している。

(30) 在位中の天皇の外祖父となったのは、藤原良房が最初である。この後の摂関期でも、在位中の天皇の外祖父となったのは兼家・道長父子くらいであり、意外に少ない。

(31) 藤原良房は貞観十四年九月二日に薨じた（『三代実録』同日条）。『日本紀略』貞観十四年九月三日条に「又遣二伊勢・近江・美濃等国一。警固」とあり（この日の『三代実録』の記事は欠落）、『三代実録』貞観十四年九月八日条に「解二伊勢・近江・美濃等国関警一」とある。

(32) 貞観十三年四月十日、清和天皇は良房が辞退していた封戸《ふこ》と随身兵仗《ずいじんへいじょう》を復活させ、かつ従一位の良房を正一位とすると勅した。ここで清和天皇は良房のことを「義為二君臣一。恩過二父母一」とまで述べている。正一位叙位は良房が辞退したとはいえ、清和天皇の良房に対する厚遇が表れている。また『三代実録』貞観十八年十一月二十五日戊戌条には、良房が書写させた大般若経を図書寮《ずしょりょう》に安置することを命じた太政官符がみえる。

太政官符。金字大般若経一部。安二置図書寮一。故太政大臣忠仁公。天安元年奉二為三界諸天十方衆類。一切霊鬼一。至心発願。書二写是経一。測二其元図一。尋二其本誓一。頼二功徳之妙力一。増二聖主之休符一。玉扆曾無二霧露之侵一。綿区永断二風塵之警一。中宮殿下。同保二吉祥一。右大臣奉レ勅。宜下以二此大乗経一。安二置図書寮一。彰二大相之遠慮一。歴二千秋一而長伝上。凡厥荘厳色目。具在二別紙一。

清和天皇譲位直前のこの措置は、良房が発願した金字大般若経を図書寮に安置することで、聖主之休符（聖主のよろこばしいしるし）を増し、中宮（藤原明子）の吉祥を保つことによって「大相之遠慮」を彰《あき》らかにすることを期したものである。ここでは、良房は清和天皇とその一族を加護する存在として見られている。

なお、大般若経を図書寮に安置するのは、「職員令」図書寮の図書頭の職掌に「掌。……内典。仏像。宮内礼仏」とあることによる。

(33) 『三代実録』貞観十三年二月十四日庚寅条に「天皇御二紫宸殿一視レ事。承和以往、皇帝毎日御二紫宸殿一、視二政事一。仁寿以降、絶無二此儀一。是日、帝初聴レ政。当時慶レ之」とある。仁明天皇の後、久しく天皇が紫宸殿に出御して政務を執ることが絶えていたのが、ここで二十二歳になった清和天皇によって復活したという記事である。つまり文徳天皇の時期は天皇が出御して政務にあたるということがなく、それだけ藤原良房の存在に依存していたということになる。そして良房は惟仁（清和）立太子を実現させている。

(34) 黒板伸夫「藤原忠平政権に対する一考察」（『摂関時代史論集』吉川弘文館、一九八〇年。初出一九六九年）参照。

(35) 上表は、臣下個人が君主に対して名乗りに「臣某」と称して、直接意見を奉る書である（女性の場合は「妾某」）。君主に対して明確に「臣」と名乗ることから、奉呈者と被奉呈者の間に、君臣関係が明らかになるのである。上表に関しては、本書補論「古代日本における公卿上表と皇位」を参照。

(36) この場合の太上天皇の「勅」は、「公式令」の勅旨式などに則った勅書を発給するということではなく、太上天皇の言葉（意思）を伝えるという意味で用いる。

(37) 『日本紀略』弘仁十四年六月乙酉条に「奉レ充二封戸太上天皇一千五百烟。皇太后一千烟」とあり、淳和天皇は嵯峨太上天皇に千五百戸、皇太后橘嘉智子に千戸の封戸を給している。これは翌天長元年に二千戸に増額される（『同』天長元年八月甲申条に「詔曰。云々。奉レ加二太上天皇封五百戸一」とある。増額は前月に平城太上天皇が歿したことと関係があろう）。そして『続日本後紀』承和二年三月丁巳条では「勅。後太上天皇御封二千戸。皇太后御封一千戸。准二冷然院御封一行レ之。若当二有損年一以レ公相補、令二全進一之」とあり、後太上天皇（淳和）に対して冷然院（嵯峨）に準じて二千戸が給されている。以後清和太上天皇の場合を経てこれが通例となり、『拾芥抄』中　御給部にも太上天皇の封戸は二千戸とある。

(38) 『三代実録』貞観十八年十二月八日条。

(39) 『三代実録』元慶元年閏二月十五日条。

(40) 『都氏文集《としぶんしゅう》』巻三所収。

(41) 『三代実録』同日条に「太上天皇不許之」とある。

(42) 『都氏文集』巻三所収。

(43) 『三代実録』元慶元年四月廿五日条は以下のようになっている。

先レ是。去廿一日太上天皇勅答曰。「諸司及諸衛府分直者、皆当下復二供職於平昔一、得上専二此虚閑之望一矣者」。是日。帝上表曰。「臣諱言。伏奉二今月廿一日天誨一。許二上御封一。更有二別制一。諸司及諸衛府分直者。遣二還本職一。恭承二命旨一。情慮驚廻。氷炭交懐。喜懼兼至。中謝（中略）伏願推二陛下懐中之慈一。允二微臣膝下之請一。无レ任二悾款之至一。謹重奉表。陳乞以聞」。

(44)『菅家文草』巻十「表状」所収。

(45)『日本紀略』弘仁十四年四月癸卯条に「太上皇（嵯峨）、差二権中納言藤原朝臣三守一、令レ齎下辞二皇太子一書上、上二今上一。其書函并机等装束、一同二諸臣上表一。但不レ経二中務一、直奉二内裏一。表曰、云々。即令二三守一奉レ返」とあり、嵯峨太上天皇が淳和天皇に充てた「書」が、実際は上表の書式であった例がある。本書第七章参照。

(46)『菅家文草』巻八「太上天皇贈答天子文。附中宮状」所収。

(47)『三代実録』元慶三年二月二十九日条には「先レ是。天皇遣二参議正四位下行左大弁兼左近衛中将近江権守源朝臣舒於清和院一、奉レ表曰。『臣諱言。伏奉二今月廿六日勅一、重降二宸衷一、命減二封邑一。（後略）』太上天皇遂固譲不レ受」とある。

(48)日本令は唐制と異なり、天皇が着すべき喪服の規定は無く、錫紵を服して心喪《しんそう》をする規定のみがあった。このため貞観十三年には、清和天皇の祖母で太皇太后の藤原順子崩御に際して、天皇は祖母の喪のために錫紵を着するだけなのか、あるいは服喪をするべきか、そして服喪をする場合の、天皇の喪服の規定はどうかということで議論が起こっている（『三代実録』貞観十三年十月五日条）。このときは、最終的に菅原道真の「誠宜下哀戚積二於内一。而衰服除中於外上」という意見や、明法博士桜井田部貞相《さくらいのたべのさだすけ》の「為三一日万機事異二臣下一故也」という意見が通り、「朝議定二心喪五月。服制三日一焉」となっている。大津透「天皇制と律令・礼の継受——衣服令・喪葬令をめぐる覚書」（池田温・劉俊文編『日中文化交流史叢書2　法律制度』大修館書店、一九九七年所収）参照。

(49)唐礼を意識しているとはいえ、実際は中国と同様の礼制ではなく、祖先祭祀を前提とした中国的な先帝の扱いは、日本では親子関係の尊重にすり替わっている。官文娜「「皇考」をめぐる論争から見た人の後たる者の「礼」——日本との比較において——」（『日中親族構造の比較研究』思文閣出版、二〇〇五年所収）参照。

(50)清和天皇の元服は貞観六年正月一日である。『三代実録』では唐礼を用いたことは明記されていない。しかし『北山《ほくざん》抄《しょう》』巻四拾遺雑抄　下　御元服儀に「当日早朝、所司設二御冠座於紫震殿御帳内之南面一」とあり、その注に「貞観・元慶之例、依二唐礼一設二平敷一」とある。また藤原宗忠《むねただ》の日記である『中右記《ちゅうゆうき》』大治四年正月五日条にも、「助教信俊来談云、我朝清和帝初御元服時、大江音人卿引二唐礼元服儀一作二出式一也」とあり、清和天皇の元服に唐礼が参考とされていたことがわかる。

(51)　『三代実録』貞観十三年十月二十一日条。

(52)　醍醐天皇の生母は藤原高藤の女胤子《たねこ》。ただし、『扶桑略記』寛平九年七月二十六日条に「立㆓皇太夫人温子㆒。為㆓中宮㆒。是天皇継母也」とあり、時平の妹で宇多天皇の女御だった温子《よしこ》が、皇太夫人として醍醐天皇の養母となっている。

(53)　清和天皇の母は良房と嵯峨天皇皇女源潔姫の女明子であり、清和天皇の父文徳天皇の母は良房の妹順子である。また、清和天皇の皇后で陽成天皇の生母は、良房の兄長良の女高子である。

(54)　この事件の関係史料は、所功「菅原道真の配流」（太宰府天満宮文化研究所編『菅原道真と太宰府天満宮』太宰府天満宮御神忌千七十五年大祭菅公会、一九七五年所収）第一節「事件の経過」に詳しい。

(55)　このときの蔵人頭は藤原菅根のみである（市川久編『蔵人補任』続群書類従完成会、一九八九年参照）。

(56)　『御産部類記』所収『九暦』天暦四年六月十五日条逸文参照。

(57)　春名宏昭「平安期太上天皇の公と私」（『史学雑誌』一〇〇―三、一九九一年）および山本崇「宇多院宣旨の歴史的前提」（『古文書研究』四八、一九九八年）一六頁参照。

(58)　春名前掲註(57)論文五四頁。

(59)　宇多天皇は、基経歿後の藤原北家の嫡子時平が若年であることから摂関を置かず、時平を太政官の首班とするも、菅原道真を常にその下につけている。また『寛平御遺誡』には、醍醐の立太子と即位は宇多天皇が道真のみに諮って行ったとある。

(60)　橋本義彦「貴族政権の政治構造」（『平安貴族』平凡社、一九八六年所収。初出一九七六年）参照。

(61)　例えば十世紀の藤原兼家は、外孫懐仁《かねひと》親王（のちの一条天皇）即位を早めるために、円融天皇に譲位を迫っている。さらに懐仁親王を皇太子とする花山天皇の退位を強行することによって一条天皇即位を実現して、摂政となっている。

(62)　例えば、退位の事情が特殊であった上に、次第に摂関家との外戚関係が稀薄となった陽成太上天皇は、その長い太上天皇期間（六十五年間）に政治の表面に出ることはなかった。また逆に冷泉太上天皇は、藤原道長が「さらざらましかば、この頃わづかに我らも諸大夫ばかりになり出でて、所々の御前・雑役につられ歩きなまし」（冷泉天皇がいなかったら、自分たちは諸大夫程度で人に使われていただろう）といったとされるように（『大鏡』師輔）、外戚関係において重要な位置にあり、道長は終始奉仕していた。

(63) 十世紀になると、天皇と太上天皇との関係が、父子間か兄弟間かで礼遇の差違が明確化する。十世紀半ばの朱雀太上天皇と村上天皇は兄弟関係にあり、礼遇に関して「行二幸朱雀院一。（中略）申刻就二寝殿一謁二上皇一。無二敬礼一。非二父子一験二先例一無二比事一之故也」（『吏部王記《りほうおうき》』天暦元年正月四日条）とあるように、父子か兄弟かで差違が意識されるようになる。拙稿「朝覲行幸と父子の礼・兄弟の礼」（『国史談話会雑誌』五六、二〇一五年）参照。

(64) 円融太上天皇の院庁は目崎徳衛「円融上皇と宇多源氏」（『貴族社会と古典文化』吉川弘文館、一九九五年所収。初出一九七二年）参照。

(65) 平安期の太上天皇の個別研究としては、後院を扱った渡辺直彦「嵯峨院司の研究」（『日本古代官位制度の基礎的研究増訂版』吉川弘文館一九七八年所収、初出一九六五年）、橋本義彦「後院について」（『平安貴族社会の研究』吉川弘文館、一九七六年所収。初出一九六六年）や春名宏昭「院について」（『日本歴史』五三八、一九九三年）などがある。
また平安初期から摂関期までを通して太上天皇の位置づけを考察したものとしては、春名宏昭前掲註(57)論文がある。ここで春名氏は、太上天皇が次第に国政から排除され、「公人」から「私人」となっていく過程を、太上天皇の意思伝達の方法から論じている。なおこの春名論文でも、本章で扱った清和太上天皇の「勅」に言及しているものの、春名氏はこれを清和太上天皇の意思が「私的」に扱われる例として用いている。本章は春名氏とは異なる視点から考察しており、太上天皇の「勅」と天皇の「上表」の関係を論じている。

補論　古代日本における公卿上表と皇位

はじめに

上表とは、表（表文）を天皇に上《たてまつ》ることであり、臣下が天皇に対して意見を具申することである。臣下から天皇に対して意見具申する場合として、「公式令」に論奏《ろんそう》・奏事《そうじ》・便奏《びんそう》の各式が定められている。しかし論奏・奏事・便奏と上表とでは、前者は諸司などの意向を太政官を経て上申するものであり、後者は臣下個人が太政官を経ずに直接天皇へ意見を上申するとされた点に相違がある。「職員令《しきいんりょう》」中務省《なかつかさしょう》の中務卿の職掌に「受㆓納上表㆒」とあるように、表文は中務省が取り次いで天皇に達するのである。

ただしこれまでの上表に関する専論において、『令集解』職員令中務省条の解釈から、上表に際しての太政官の関与が問題となってきた。同条令釈に「経㆓中務㆒而先由㆓太政官㆒。後経㆓中務㆒上表」とあることから、中務省が上表を天皇に取り次ぐ前に太政官を経由することが想定され、その意味が論じられてきたのである。また上表が持つ機能も論じられてきた。例えば谷口昭氏は、任官時の上表や上表の手続きから、上表を一般的な解や奏とは異なった、非日常的要素を持つとしつつその内容に実質性を求め、さらに太政官行政機構の隙間を埋める一事象とする[1]。森田悌氏は上表は日本の伝統には馴染まず、天皇専制に結びつくものではないとする[2]。これは上表受納に太政官が関与しないとする解釈から生じている。また上表の儀礼的側面を「重々しい」とし、律令原則や施策の改訂上申のような場合に用いられたとする。そして九世紀以降、仰々しい上表よりも、簡便な奏状が用いられるようになったとする。黒須利夫氏は、上表の儀礼的側面を重視し、上表文の文例である「書儀」の受容と、天平年間を中心とした儒教に基づく中国文化の受容との関係を指摘する。(3)

専論以外にも相田二郎氏は「臣下から至尊に、祥瑞《しょうずい》慶事を祝賀し、若しくは官職等を拝辞する為めに奉る文書を表と申」し、「表は儀礼上重ずべきものであったが故に、その作成の上にも至極鄭重な作法を尽くしたのである」とし、(4)また大津透氏は「皇太子以下百官、庶人が天皇に奉る書で、中務省が受納して天皇に奏上し、太政官は関与しない。僧侶の場合は玄蕃寮《げんばりょう》、治部省《じぶしょう》ないし諸国を経て中務省が受納した。儀礼的用途に限られるが、九世紀前半は実質的政治献策も行われた」と説明する。(5)

このように上表はいずれも「儀礼的」要素が強調される。しかし上表の実例を見ると、実質的な内容を持つ臣下の意思を、天皇に示す場合もある。そもそも表とは、臣下（個人）が天皇に奉る書一般を指すので、その内容は多岐に渡るが、主として、賜姓、致仕、改元要請など、天皇独自の権限に関わる事項である。それに加えて即位・立太子請願など皇位継承に関わる問題に際して、公卿上表の形を取り議政官が百官の代表として上表する場合がある。この場合は単なる儀礼的上表に止まらない。皇位継承に関して臣下が天皇にその意思を示し、また天皇や皇太子の正統性を確認する意味を持つのである。

本章はまず『令集解』職員令中務省条を読み直し、太政官の関与の有無を再検討する。続いて特に公卿上表を取りあげて、上表が有した機能や臣下と天皇との関係を考える。この公卿上表の検討から、奈良時代以降見られる臣下による皇位継承への意思表示の分析と、また十世紀以降、公卿上表の影響力が低下することの考察を課題とする。

第一節　「上表」とは

(一)「表」の字義

上表は史料上様々な場合に用いられ、その実態は一定しない。「上表」とは「表を上る」ことである。ここではまず「表」の字義を述べる。『大漢和辞典』は「事理を明白にして君上に告げる文。封事などの外見を憚るものに対し、外見を憚らぬもの」とする。古字書では例えば、『説文解字《せつもんかいじ》』に「上衣也、从レ衣从レ毛、古者、衣裘以レ毛為レ表陂矯切」とあり、「表」そもそもの意味として、表《おもて》に着る上衣であるとする。漢代の『独断』は臣下が君主に上る書の書式として章・奏・表・駁議《はくぎ》の書式を定め(6)、表について需頭《じゅとう》(7)をしないことや、名乗りに臣某と称することとその位置(8)、尚書に詣でて上ることなどを説明する。そして表はみな封を開く（表皆啓封）が、密事の場合は封のまま上ることができるとする（其言密事得二嚢盛一）。また『文選《もんぜん》』表　李善註には「表者。明也、標也。（後略）」とある。このように字義から見る上表は、「表者。明也」という『文選』註や、封を開いて上るという『独断』の説明から、『大漢和辞典』の「外見を憚らぬもの」という解釈がその本質を衝いていよう。内容を明らかにして君主に上るということが、上表が持つ特徴なのである。

(二)日本令の上表規定

唐制では上表は令に規定があり、また『大唐六典』巻一　尚書都省《しょうしょとしょう》に「表上二於天子一」とあるように、天子に上る書を表とするとされていた。唐令を継受した日本令では、上表規定は主として以下の条文に見られる。

①「職員令」中務省条　「卿一人。掌。（中略）受二納上表一」（復旧唐三師三公臺省職員令中書省条に対応）

②「僧尼令」有事可論条　「凡僧尼。有レ事須レ論。不レ縁二所司一。輙上二表啓一。幷擾二乱官家一。妄相嘱請者。五十

日苦使。（後略）」（唐令には僧尼令なし。道僧格も、対応する格は復元できない）

③「選叙令」官人致仕条　「凡官人年七十以上。聴㆓致仕㆒。五位以上々表。（後略）」（復旧唐選挙令一四に対応）

④「儀制令」天子条　「陛下　上表所㆑称」（復旧唐儀制令一に対応）

⑤「儀制令」皇后条　「凡皇后皇太子以下。率土之内。於㆓天皇太上天皇㆒上表。同称㆓臣妾名㆒。（後略）」（復旧唐儀制令三に対応）

⑥「公式令」訴訟条　「凡訴訟。皆従㆑下始。（中略）至㆓太政官㆒不㆑理者。得㆓上表㆒」（復旧唐公式令四〇に対応）

①は上表受納の担当が中務省であることを定め、③は五位以上の官人が致仕《ちし》を望む場合には、上表によるとする。また④と⑤は上表の対象に触れる。④は上表する際には天皇を陛下と称することを定め、⑤は皇后・皇太子と臣下が上表する対象を天皇と太上天皇とし、上表する際は臣・妾と称することを定める。②と⑥は官人や僧尼が上表する場合の規定である。②は僧尼が所司[9]を経ないで上表することを禁ずる。この場合の上表は『令義解』によると、⑥の官人以下が訴訟を起こし太政官の裁決にも不服であった場合、上表によって自らの意見を天皇に伝えることができるとする上表と同種であるとする。

これらをまとめると、上表の対象は天皇・太上天皇であり、臣下からの受納は中務省が担当する。そして、上表の内容には官人の致仕請願、訴訟の不服などがある。また僧尼の上表も認められていたが、関係所司を経ない上表は認められていなかった。

しかし上表は、令文で中務省が受納を担当することになっているにもかかわらず、前述の『令集解』諸説に、太政官の関与を説く解釈がある。このことについて、次項で私見を整理する。

（三）太政官の関与――『令集解』諸説の検討――

これまで上表の専論で議論となってきたのは、中務省の職掌である上表受納に対する太政官の関与の有無である。これに言及したものとして、まず谷口昭氏は、中務省は太政官機構の一部であるから、太政官も上表内容を把握するとしながら、太政官を経由するか否かは副次的な問題であるという[10]。森田悌氏は、大宝令制下では太政官が関与していたが、養老令制下では太政官の関与が除外され、中務省のみが上表事務を扱うようになったとする[11]。また黒須利夫氏は中務省条「受二納上表一」の令釈や「僧尼令《そうにりょう》」有事可論条などの古記から上表が太政官を経由するとし[12]、天平年間の段階では、上表儀の特質が理解されなかったため、太政官が関与することとなったとする[13]。一方角林文雄氏は「由二太政官一」を公式令訴訟条に関することとして解釈する[14]。ただし、角林氏は「まず太政官に提出して受理されないという経過を経た後、中務を経て上表する」とし、この場合の上表も中務省が担当するとする[15]。

これらの議論の基となるのは『令集解』職員令中務省条の中務卿の職掌「受二納上表一」の註釈であり、特に令《りょう》釈《しゃく》の「経二中務一而先由二太政官一。後経二中務一上表」の箇所である。まず「受二納上表一」の集解諸注釈を挙げる（各註釈ごとに便宜上番号を振る）。

①義解……謂。凡上表者。不レ由二太政官一。直向二中務省一。省受取奏二進至尊一也。

②令釈……釈云。選叙令。官人年七十以上。聴二致仕一。五位以上上表。表碑矯反。広雅。表書也。釈名。下言二於上一書曰レ表也。又公式令。訴訟従レ下始条云。至二太政官一不レ理者。得二上表一。又職制律称三律令不レ便二於時一条云。詣レ闕上表者不レ坐。如レ此之類経二中務一。ⓐ経二中務一而先由二太政官一。後経二中務一上表。ⓑ但公式令云。有レ事陳二意見一欲二封進一者。即任封上。少納言受得奏聞。幷諸条中。申レ官奏聞等之色。経レ官奏耳。為レ非二上表一。故云。拠二公式令一。至二太政官一不レ理者得二上表一。故知。上表。直進二中

務一。不レ申二太政官一。ⓒ官判依二先説一。

③穴記……穴云。受二納上表一。謂。凡諸上表皆悉入二中務一。不レ合レ由二太政官一。故異二官判一。云二先経レ官者。旧令情耳。

④跡記……跡云。受二納上表一。謂五位以上致仕。又至二太政官一不レ理者得二上表一。又律令之不レ便。至レ闕而上表等。如レ此之類。皆先由二太政官一。官召二中務一。奏而収置也。(16)

この註釈の構成はまず、①義解《ぎげ》の解釈として上表は太政官に由らず、中務省が受理するとある。次に②令釈は、令文中の上表の例として「選叙令《せんじょりょう》」官人致仕条の、五位以上官人致仕を挙げ、「表」の反切《はんせつ》と中国の古字書（『広《こう》雅《が》』と『釈名《しゃくみょう》』）の註に触れる。続いて、「公式令」訴訟条と「職制律《しきせいりつ》」称律令不便於時条（称律令式不便於事条）の上表の場合を挙げる。訴訟条は、訴訟が太政官判断に至っても納得しない場合は上表をすることができるという規定であり、称律令不便於時条は、律令条文の改訂は太政官に申し出るべきであり、太政官に申さずに改変してはならない。ただし上表した場合は罪に問わないというものである。ここで令釈は、ⓐこれら選叙令・公式令・職制律の上表は中務省を経るとするも、先に太政官に由《ふ》れてから、中務省を経て上表する。(17) ⓑ「公式令」陳意見条を引いて、意見封進の場合は少納言が受理して奏聞するとあるように、太政官に申して奏聞すると規定する場合は、上表ではないので太政官を経る。そして「公式令」訴訟条の場合を例に挙げながら、上表は直接中務省に進《たてまつ》り、太政官に申さない。以上の二説を示す。

この二説に対してⓒ官判（太政官の判断）は先説、すなわちⓐの先に太政官に由れるべきであるとの説を採るとする。

また③穴記《あなき》は、上表の受納はみなことごとく中務省が行うのであって、太政官には由れないとする。そしてこの解釈は官判と異なるとし、先に太政官に由れるというのは、旧令（大宝令）の解釈であるとする。

続く④跡記《あとき》は上表の受納の例として、令釈と同じく「選叙令」官人致仕条と、「公式令」訴訟条と「職制律」称律令不便於時条を挙げる。そしてこれらの場合は、先に太政官に由れて、その後太政官が中務省を召して奏進するとする。

　これを整理すると、養老令制下において、上表受納は原則として中務省の担当であり、中務省を経て天皇に奏進される（義解）。しかし実際の運用はまず太政官にもたらされ、太政官が中務省を召して上表文を渡し、中務省が天皇に奏進するというものであった。これは太政官の判断に拠る（令釈・跡記）。中務省が受納する前に太政官を経ることに関しては、上表は太政官が受納する意見封進ではないので、太政官を経るべきではないとする説もあるが（令釈・穴記）、大宝令制期からの運用によって、先に太政官を経るのであるとする（穴記）。以上のようになる。従って、上表受納に太政官が関与する場合があるということは、先学が指摘した通りである。

　なお臣下と天皇を結ぶ機能を持つ上表受納が、太政官を経ることを、太政官が臣下と天皇の間に介入する問題として捉えることもできよう。しかし、谷口氏がこれは手続き上の問題であり、太政官の関与を副次的としたように(18)、先に太政官を経由するということは、必ずしも上表の内容への介入を意味しない。集解諸説では太政官に「由《ふ》」れた後に中務省に「経《ふ》」れるとするが、「由」も「経」も経由するということであり(19)、太政官ないし中務省が内容に介入をしたり、判断を加えるということではない。

　本来中務省が担当する上表受納が太政官も経由することは、穴記の指摘に依れば「官判」（太政官の判断）であり、その根拠は「旧令情」にあるとされる。旧令すなわち大宝令条文に、太政官を経由する規定があったか否かは復元できない。しかし大宝令施行後、中務省がその職務に習熟するまで、太政官が上表受納の経過を把握するという意図により、実際の運用判断として「官判」が下されたのであろう(20)。具体的には跡記にあるように、上表しようとする者は、まず太政官に申し出、それを受けて太政官は中務省を召して、奏上するということになる。

ただし太政官を経由することは、養老令文には見えない。またこれまで見てきたように、『令集解』諸説も、令釈は太政官を経由する説としない説を挙げ、経由する根拠として令文ではなく官判を持ち出すのみであり、穴記ははっきりと自説は官判と異なるとする。同じく『令集解』の陳意見条では、穴記が引く跡記は「申レ官。但作レ表者。申二中務一合レ奏者」とし、意見書は太政官に申すが、表の形式ならば中務省に申して奏上するという。また穴記が引く私案も[21]「仮有。人申レ官者。官送二弾正一。若至二太政官一。不レ理之徒作レ表者。申二中務一。中務送二弾正一可二三審一。為二中務上表事一也」とあり、上表を取り次ぐのは中務省の担当であるとする。つまり陳意見条集解諸説は、上表は中務省が受納するのであるという立場を崩さず、太政官が関与することに言及しないのである。

何よりも義解は「凡上表者。不レ由二太政官一。直向二中務省一」といい、『延喜式』中務省上表条も上表者（またはその子弟）が中務省曹司に表函をもたらすとする（太政官式に上表のことは見えない）。平安時代の運用解釈・実例を見ても、あくまでも上表の受納を中務省としており、太政官の関与に触れることがない[22]。森田氏は、養老令制下になって太政官の関与が除外されたとするが、令釈・跡記・穴記が議論の対象としたように、施行後即除外というのではなく、次第に中務省のみが受納するように収斂していったのであろう。

太政官の関与といっても、それは上表の内容の審議に関わるのではなく、上表が行われることを把握するに過ぎない。上表受納はあくまで手続きであり、臣下から天皇に表がもたらされることが重要なのである。例えば天平十二年（七四〇）の広嗣の乱勃発時における藤原広嗣の上表文は、当時の太政官首班である橘諸兄政権を批判する内容であるにもかかわらず天皇のもとに届いており、太政官が介入した形跡はない[23]。

第二節　日本における上表の事例

上表の早い事例として『宋書』夷蛮伝倭国条に、倭の五王の讃や武の奉表が見える。また朝鮮諸国から表文が奉られており、早くから対外関係の場において用いられていた。また国内の場合も、『日本書紀』にいくつか上表の事例が見える(24)。ただし上表の受納官司である中務省の職掌は浄御原令段階でも未確立であり(25)、前節で検討したような令制に則った上表は、七世紀までは行われていなかった(26)。

大宝律令施行に伴って上表は、受納官司、上表の対象、対象への呼称、上表の使用例が令文に盛り込まれて制度化された。大宝令における上表規定は、『令集解』儀制令天子条「陛下」の註釈に「古記云。上表。謂進㆓天皇㆒之書。謂㆓之上表㆒也」とあることや、同皇后条古記も上表に言及しているので、その存在が確認できる。中務省が受納官司であったか否かは、「受㆓納上表㆒」の職掌が復元できないので確定できない。しかし、唐開元七年・二十五年令の三師三公臺省職員令に中書令の職掌として「敷奏文表」があることや、『続日本紀』にも大宝令制期の上表が対外関係以外でも見られることから、大宝令は養老令と同様に中務省の担当であったと見てよい。もっとも、上表が多く見られるようになるのは八世紀半ばを過ぎてからである。これは黒須氏が指摘するように、文章を整えることが多い上表の書式が官人層に浸透するには、文書行政の習熟や天平七年の遣唐使帰国による唐礼などの輸入を待たなければならなかったからであろう。

上表によって奏進される内容は、辞官、致仕、封戸辞退、改姓、放賤従良、政策建議など多岐に及ぶ。政策建議は別として、いずれも天皇の勅によって裁定が下されるべき事項に属する。八世紀段階での実例として、賜姓請願では例えば『続日本紀』天平八年（七三六）十一月丙戌条の、県犬養橘三千代を母とする葛《かづら》城《き》王・佐《さ》為《い》王らが、臣籍降下と母の姓にちなむ橘姓賜姓《しせい》を願い出た例(27)や、天平十一年四月甲子条の高安《たかやす》王らが大原《おおはらの》真《ま》人《ひと》姓賜姓請願の上表を行い、約半年後に裁可された例がある。臣籍降下や賜姓のような身分の変更を要する事項は、天皇に対しての上表によって表明され、天皇からの詔によって可否が示された。

賜姓請願の場合はほぼ上表が裁可されているが、上表が常に裁可されたのではない。却下されることを前提に上る儀礼的辞表の他に、事情によって裁可されない上表もあった。例えば、『続日本紀』宝亀元年（七七〇）十月丙申条の吉備真備《きびのまきび》の右大臣辞表（厳密には啓）(28)や、宝亀五年十二月乙酉条の大中臣清麻呂《おおなかとみのきよまろ》の右大臣辞表の場合、高齢にもかかわらず却下されている。両者とも後に、再度上表をして辞職が認められているものの(29)、上表に対しては機械的な回答ではなく、天皇の判断によって時宜に応じた対応が取られているのである。

　身分の変更を天皇に求める場合としては、『続日本紀』天平十六年七月丁卯条に、紀男人《きのおひと》と紀国益《きのくにます》が奴婢について争った事件に関連して、紀国益の子の清人《きよひと》が上表して従良を行った例がある。良から賤、賤から良という人間の身分の移動もまた天皇の決定事項であり、上表によって臣下から意思表示されることがあった。

　このように臣下個人が天皇に対してその意思を表明する以外に、個人ではなく複数の官人が同時に天皇に対して意思を表明する場合もある。これは太政官が奏上する論奏などとは異なり、官人個々の意見を集約したものである。例えば『続日本紀』天平三年八月辛巳（五日）条には舎人親王が諸司の主典已上《さかんいじょう》を内裏に召して、人材の推挙を求める勅を伝えるとある。これに対して八月癸未（七日）条に「主典已上三百九十六人、詣レ闕上表、挙レ名以聞」とあり、主典以上の官人が上表して人材を推挙し、丁亥（十一日）条で藤原宇合《うまかい》ら六人が参議となった。この結果議政官には、藤原氏から現任の大納言武智麻呂《むちまろ》、参議房前《ふささき》に続いて宇合、麻呂《まろ》の二人が参議として加わり、藤原四子が全て議政官となった。この時代藤原氏の勢力が拡大し始めたとはいえ、同一氏族の兄弟四人が同時に議政官に加わることは異例である。このような異例な人事が波紋を招かずに行われたのは、これが上表による官人の推挙に基づいた人事であり、官人たちの承認のもとに行われたという構図が背景にあろう。

　上表による意思表示は、政務運営関係だけではなく、臣籍降下・賜姓、致仕のような官人の身分、あるいは良賤問題のような人間の身分に関わることなどに及ぶ。官人から自らの身分や官職の進退について、太政官ではなく天皇に対して直接上申して判断を求めることは、天皇独自の権限に関して、個人としての官人と天皇を結ぶ機能を果たし、天皇と官人（あるいは庶人まで）との君臣関係の確認の意味を持つ。上表に際しての臣下の名乗りである「臣某」形式は君臣関係の象徴である。(30) また、例えば前述の吉備真備の致仕上表に対する勅答の結語には「指不㆓多及㆒」とあり、これは唐の慰労詔書《いろうしょうしょ》、論事勅書《ろんじちょくしょ》に多く使用され、臣下の表に直接回答する形式である。(31)

さらに政策建議に上表が用いられることは、官人が政策決定に関与し、その結果を認める意味も持つ。十世紀以降時代が降るに従って、上表は公家社会において辞表や朔旦冬至《さくたんとうじ》の賀表にのみ用いられ、「形式化」する。しかし平安時代中期までは、様々な面で「実質的」に用いられていた。平安時代中期から上表の実質性が失われたのは、外交関係の消極化による対外関係表文の低調化、平安期以降の改姓請願の落ち着きや、藤原氏・源氏による政権寡占などがもたらした身分の安定・固定化(32)といった時代の変化が背景にあろう。このような結果、上表は辞表の場合など特定の儀礼的要素に固定化したのである。

第三節　公卿上表と皇位継承

これまで述べてきたように、上表は個人の意見上申が多く、また平安時代に入ると辞表など限られた場合に用いられるようになる。しかしその一方、公卿が百官を代表して連名で上表をする例もある。『西宮記』臨時二上表事には「国家有㆓慶事㆒異㆓恒所㆒者、即百官詣㆑闕共上㆓賀表㆒」とあり、私事以外の国家慶事に際して百官が上表をする場合が見える。「国家慶事」とは、『西宮記《さいきゅうき》』では「立㆓皇太子皇后㆒、及瑞物賀表」を例として挙げる。上表は個人の意思を表すだけではなく、立太子や立后のような皇位に関わる事項について、臣下が意思表明する場合にも用いられたのである。

皇位継承に際して公卿が上表を行うことは、藤森健太郎氏が公卿による即位勧進の点から論じている。(33) ここで藤森氏は公卿による上表を、臣下の側からの天皇や皇太子の正当性に対する意思確認や合意形成の機能を持つと指摘した。この見解は首肯できるものであり、本章もこれを継承する。ただし公卿上表は、藤森氏が論ずる天皇即位時だけではなく、立太子や即位要請、改元、祥瑞祝賀など皇位継承に関わる様々な局面で行われている。最後にこうした公卿上表と皇位継承との関係を考察する。なお史料上、上表をする際に議政官が百官を率いて行うという表記が見られる。このような場合も、意思の主体は議政官であるとして、公卿上表として扱う[34]。

（一）皇太子の地位確認の上表

（a）聖武天皇皇子に関する上表

神亀四年閏九月、聖武天皇と光明子との間に皇子が生まれた。『続日本紀』神亀四年（七二七）十一月己亥（二日）条には「天皇御二中宮一。太政官及八省各上レ表。奉二賀皇子誕育一、并献二玩好物一」とあり、続く庚子（三日）条に「僧綱及僧尼九十人上レ表、奉レ賀二皇子誕生一。施レ物各有レ差」とある。ここで聖武天皇が平城宮中宮に御し、太政官と八省[35]が皇子生誕を祝う上表と玩好物を献じ、翌日には僧綱と僧尼が皇子生誕を祝する上表を同様に行った。しかも皇子は、この太政官・八省による上表と同日の聖武天皇の詔によって、皇太子に立てられている。聖武天皇の詔の内容は、皇祖の加護を受けたことにより皇子を得たので皇太子とするというものであり、天皇の意思で皇太子を立てたという論理となっている。しかし、立太子詔が官人たちの上表の後という点に注目したい。このときの立太子は、光明子所生の皇子の即位を目指す藤原氏の思惑もあり[36]、生後一月余の幼児を皇太子とした点で大いに異例な事であった。己亥条では上表の後、文武百寮已下使部までを朝堂に宴し、五位以上に綿を賜い、さらに「累世之家」の嫡子で五位以上の者に絁《あしぎぬ》を賜るという恩典を与えている。皇子生誕による恩典付与としては、すでに七夜にあたる十月癸酉条と翌甲戌条で大赦や賜物・賜禄が行われている。また、己亥条の構成は①官人の上表、②恩典の付与、③立太子詔となっており、恩典付与は単に立太子の結果としてではない。つまり、まず官人による皇子生誕の祝意表明があり、それに対する天皇の恩典付与があった上で、立太子が行われている。上表によって太政官や八省を構成する官人が皇子の存在を承認し、それを承けて立太子が行われるという構図なのである。

（b）大炊王立太子に関する上表

同じく立太子にあたって上表が行われた例として、『続日本紀』天平宝字元年（七五七）四月辛巳（四日）条の大炊王立太子の場合がある。この四月辛巳条は、①孝謙天皇が群臣を召して皇太子候補者を議し、②孝謙天皇が大炊王を指名、③孝謙天皇の勅による、道祖王廃太子と大炊王を皇太子とする経緯の説明、そして承塵《しょうじん》の裏の文字出現がこのことに対応することの説明、⑤大炊王立太子に伴う恩典付与となっている。この日の記事は「百官詣二朝堂一。上レ表、以賀二瑞字一」で終わる。この記事の前の三月には、三月戊辰条（二十日）で寝殿の承塵の裏に天下太平の四字が現れ、丁丑条（二十九日）で皇太子道祖王を廃している。ここで上表して賀したのは三月に現れた瑞字のことであるが、瑞字と大炊王立太子の関係(37)からしても、百官の上表は大炊王の立太子を賀したことにもなる。廃太子と藤原仲麻呂の息のかかった大炊王の皇太子決定という事態に際し、百官による上表という行為を通して、天皇の前で大炊王を賀するという支配者層の意思確認行為が必要とされたのである(38)。事実、この三か月後には橘《たちばなの》奈良麻呂《ならまろ》の変が発生するなど孝謙天皇の後継者をめぐる動向は不安定であった。

（c）皇后藤原乙牟漏に関する上表

『西宮記』が百官上表の場合として挙げる「立二皇后一」上表は実例がない。しかし皇后に関する上表の一例として、『続日本紀』延暦四年（七八五）六月辛巳（十八日）条に、皇后宮に赤雀が現れたことを百官が賀した記事がある。まず「右大臣従二位兼中衛大将臣藤原朝臣是公等、率二百官一上二慶瑞表一」とあり、右大臣藤原是公《これきみ》が百官を率いて慶瑞の表を桓武天皇に上った。その内容は、皇后宮に赤雀が現れたことを祥瑞として賀し、桓武天皇と皇后藤原乙牟漏《おとむろ》（式家）の徳を称えるものである。そして桓武天皇はこの上表を嘉納するとともに、佐伯今毛人《さえきのいまえみし》ら皇后宮職の官人に叙位を行っている。

この祥瑞をめぐる一連の流れは、『続日本紀』延暦四年五月癸丑（十九日）条に「先レ是、皇后宮赤雀見」とあり、皇后宮大夫佐伯今毛人の祥瑞出現の上奏により、桓武天皇の詔により叙位などが行われている。そして六月癸酉（十日）条で皇后宮職の主典以上の官人に叙位があり、さらにこの六月辛巳条で右大臣藤原是公以下の百官が上表して祝賀の意を表している。

この祥瑞出現は、五月癸丑条の桓武天皇による恩典付与として、叙位のほかに山背国《やましろのくに》の田租《でんそ》全免・長岡村（長岡京域）の百姓《ひゃくせい》の京戸《きょうこ》化があることから、前年の長岡遷都に関係する。しかし右大臣藤原是公以下百官の上表内容を見ると、五月癸丑（十九日）の桓武天皇の詔を承けて「新邑之嘉祥」に触れるとともに、天皇・皇后の徳を称え、「母儀方閫」と皇后の母としての儀容を賞賛しているのである。藤原乙牟漏は安殿親王（平城天皇）と神野親王（嵯峨天皇）の生母であり、延暦四年には安殿親王が生まれている。延暦四年の皇太子は桓武天皇の弟の早良親王である。しかし同年十月の藤原種継暗殺事件に連坐して廃太子となり、十一月には安殿親王が新たに皇太子となっている。

皇后は場合によっては天皇に代わって臨朝称制《りんちょうしょうせい》が可能であり(39)、皇后所生の皇子は最有力な皇位継承者となる。ここで皇后藤原乙牟漏の存在を強調して「母儀」を称えることは、その皇子の皇位継承権を確認することでもある。安殿親王の立太子は結果的に早良親王の廃太子によって早まった。しかし、事件の前から天皇と臣下の間では、安殿親王を皇位継承の有資格者とみなす合意形成が進んでいたのである。

（二）祥瑞出現に際しての上表——改元をめぐる天皇と臣下——

公卿上表による皇位継承に関する意思表明は、時として天皇そのひとに対しても行われる。それが祥瑞出現に際しての天皇の正統性確認である。ここでは『続日本後紀』に見える仁明天皇の事例を挙げる。

仁明天皇は天長十年（八三三）二月、淳和天皇から譲位された。仁明天皇は嵯峨太上天皇の皇子であり、嵯峨太上天皇の弟である淳和天皇の皇太子に立てられていた。そして仁明天皇の即位には何ら不安となる要素はなく円滑に譲位は行われた。その即位の翌年承和元年正月十六日に、大宰府から報告された慶雲出現の祥瑞を祝う公卿上表が行われている。『続日本後紀』承和元年（八三四）正月丁卯（十六日）条には、公卿による上表文と、それに対する仁明天皇の勅報がある。

先レ是、大宰府上言。慶雲見二於筑前国一。

至レ是、太政官左大臣正二位臣藤原朝臣緒嗣。右大臣従二位兼行左近衛大将臣清原真人夏野。従二位行大納言兼皇太子傅臣藤原朝臣三守。正三位行中納言兼兵部卿臣源朝臣常。正三位行権中納言臣藤原朝臣吉野。中納言従三位兼行民部卿臣藤原朝臣愛発。参議従三位行治部卿兼美作守臣源朝臣定。参議右近衛大将従三位臣橘朝臣氏公。参議従三位行左兵衛督臣源朝臣信。参議正四位下兼行相摸守臣三原朝臣春上。参議従四位上行式部大輔勲六等臣朝野宿祢鹿取。参議左大弁従四位上兼行左近衛中将春宮大夫武蔵守臣文室朝臣秋津。参議従四位上右大弁兼行下野守臣藤原朝臣常嗣等上表言。（中略。上表文）

勅報曰。禎符之応、不レ肯二虚行一。（中略）日慎二一日一、雖レ休勿レ休。賀レ瑞之言、閉而不レ聴。

ここでは上表を行った主体として、まず太政官と書き出して、左大臣藤原緒嗣《おつぐ》以下参議藤原常嗣《つねつぐ》まで議政官十三名の名がある[40]。そして彼らは太政官の構成員でありながら、太政官という組織ではなくそれぞれが「臣」と名乗って上表に名を連ねているのである。これは論奏のように太政官組織として天皇に意見を述べるのではなく、議政官各人の総意として天皇に上申していることになる。この上表は、慶雲が現れたことを「累聖之皇基」を承けて即位した天皇の徳の高さに依るものであるとして、祥瑞出現を賀している。

　このときの上表は、仁明天皇が自らには祥瑞を受ける徳がない（「朕之菲薄、何以当レ是、論不レ云乎」）と勅報して、受納されなかった。しかし四月壬午条で「公卿重上下賀二慶雲一表上曰」と改めて慶雲出現を賀し、ついに天皇もこれを受け入れている。この正月丁卯条と四月壬午条の上表は、「公卿以下」ではなく公卿のみの上表とされる。実際は他の史料に見える上表も、公卿が主体となって発議したものであり、百官はそれに付き従ったものであろう。従ってこの記述はむしろ「公卿以下」も含むとされる上表の実質を表したものであるといえる。このような公卿上表は「百官」を巻き込み、臣下の総意の形態を取りながら、臣下の意思を天皇に示すのである。

　仁明天皇に対する公卿上表は、この後承和十五年（八四八）にもある。『続日本後紀』承和十五年六月庚寅（三日）条には公卿が白亀出現を賀して上表したことが見え、左大臣源常《みなもとのときわ》以下の議政官十三名全員が臣と称して上表をしている。これに対して仁明天皇は六月壬辰（五日）条で、再び自らに徳がないことと（朕之菲虚、何以克レ任）、政治の理想を祥瑞出現ではなく道に求めて（宝祚之慶、在レ道不レ在レ神）、祥瑞の祝賀嘉納を拒んでいる。

　しかしこのときの祥瑞慶賀は、六月乙未（八日）条に「左大臣以下重詣二朝堂一。上レ表曰。（中略）。復式部省及僧綱等抗レ表賀二白亀瑞一」とあるように再び上表が行われ、さらに念を押すかのように式部省と僧綱も慶賀の上表を行っている。そのため仁明天皇もこの慶賀を拒みきれずに、六月庚子（十三日）条で「改二承和十五年一為二嘉祥元年一。（後略。嘉祥改元の詔）」と祥瑞出現を受け入れて、十五年続いた承和から嘉祥へ改元した。

　このときも仁明天皇は当初祥瑞の出現を喜ばず、改元もしない意向であった。それが公卿たちからの再三にわたる上表によって嘉祥改元となった。この祥瑞祝賀上表と天皇の不受のやりとりは、通常の儀礼的上表のように謙譲の意味を込めた祥瑞嘉納辞退と、臣下からの再要請として行われたかに見える。しかし佐伯有清氏はこの上表に、皇位継承に関わる祥瑞出現の嘉納を迫る臣下（具体的には藤原良房）と、それに難色を示す天皇という背景があることを指摘している。[41] つまりこの上表は、実質的には臣下の意思表示とそれに対する天皇の回答であり、藤原良房を中心とする、臣下の意思による祥瑞出現と改元要請は、天皇としても無視することはできなかったのである。[42] ここに改元という天皇の決定事項に臣下が介入する手段として上表が用いられ、上表による臣下の意思は、天皇も拒みきれないという事例が見て取れるのである。

(三) 即位・立太子請願の上表

臣下が上表によって示す意思が天皇に対して影響力を持ち得た事例として、最後に最も重要な皇位継承そのものについて関わる場合を扱う。取り上げるのは、平城天皇と文徳天皇の即位をめぐる事例、承和の変の際、そして冷泉天皇の立太子の事例である。

(a) 平城天皇即位の上表

延暦二十五年（八〇六）三月十七日、桓武天皇は在位のまま歿した。そして桓武天皇の歿後直ちに皇太子安殿親王に剣璽が奉られている（『日本後紀』大同元年三月辛巳条）。ここで天皇からの譲位に因らずとも、神器の移動による皇位継承が行われたのである。[43] また、安殿親王の皇位継承は他に対立候補もなく問題なく行われた。しかし『日本後紀』大同元年（八〇六）四月丙午（十三日）条には、安殿親王すなわち平城天皇が未だ天皇となっていない様子が見える。

右大臣神王等上啓曰。（中略）伏惟皇太子殿下、禀二惟叡之神姿一、承二元嗣之洪緒一。誠孝過レ礼、哀慕靡レ追。神等遐観二往冊一、緬歴二前脩一、莫レ不下俯就二弘規一、式纂中洪業上。伏乞殿下、可下割二荼毒一而存二至公一、率二典章一而昇二宝位一、裁二成四海一、字中済万方上。无レ任二懇性之至一。謹奉レ啓以聞。

とあり、右大臣神王《みわ》たちは皇太子に上啓をして、天皇位に就くことを要請している。しかし平城天皇はすぐには要請を受け入れず、大同元年四月辛亥（十八日）条は「百官重復上啓曰」と再び即位を要請する上啓《じょうけい》を「殿下」に行い、その発する命令を令旨《りょうじ》ではなく勅とすることを求めている。このときも平城天皇は依然「余小子、未㆑忍㆔即称㆓帝号㆒」とし、大同元年五月庚午（七日）条に至って「陛下」に対して「群臣上表曰」と即位と釈服《しゃくふく》を要請し、ここでようやく平城天皇も「因依㆓来請㆒」として受け入れるのである。そして五月十八日に至って大極殿で即位儀を行った。

平城天皇は即位儀を行うまでの間に、叙位や、地方行政に関する政務を行っており[44]、皇位をめぐる政変もないことから、平城天皇が天皇であることは既定のことである。しかしそれでも平城天皇は、陛下と称されて天皇として扱われることを拒み、百官が再三上啓・上表をして即位を要請した結果、ようやく即位する。その間に、五月七日の段階で上表は「陛下」に対して行われており、平城天皇に対する天皇としての礼遇は段階的に進められ、天皇であることは自明のこととなっている。それでも即位するまでには、臣下からの数度の上表による即位要請を要したのである。このように皇太子が前天皇の歿後すぐに即位せず、再三の公卿上表の後に即位した例はもう一つある。それが仁明天皇の後を継いだ文徳天皇の例である。

（b）文徳天皇即位の上表

『日本文徳天皇実録』嘉祥三年（八五〇）三月己亥（二十一日）条は、仁明天皇が在位のまま歿したことと、皇太子道康親王が皇位を継承した記事である。

仁明皇帝崩㆓於清涼殿㆒。于㆑時皇太子下㆑殿、御㆓宜陽殿東庭休廬㆒。左右大臣率㆓諸卿及少納言左右近衛少将等㆒、献㆓天子神璽宝剣符節鈴印等㆒。須臾駕㆓輦車㆒、移㆓御東宮雅院㆒。陣列之儀、一同㆓行幸㆒。但無㆓警蹕㆒。

ここで皇太子道康親王は左右大臣以下から神器を奉られて践祚した。しかし平城天皇の場合と同様に、すぐには天皇としての礼遇を受けず、公卿は即位を要請する上表を再三行っているのである。概略をまとめると、三月二十一日に仁明天皇が歿した後、三月二十七日に公卿が奏言し、令旨を勅に代えることを請うも許さず、四月二日には公卿が上啓し、「殿下」に対して周漢故事や柩前即位の例を挙げて、即位を要請する。このときも令旨により要請を拒むが、その一方で国司などの任官を行っている。そして翌三日に至って公卿の重ねての上啓で、殿下に対して位を正すことを請い、ここで令旨により来啓に依るとする。その後四月十一日に東宮雅院《とうぐうがいん》より中殿（内裏仁寿殿《じじゅでん》）に移御し、四月十七日に大極殿で即位儀を行った。

この場合も、皇太子道康親王の皇位継承に問題はないにもかかわらず、天皇とならず、臣下もまた殿下に対する上啓を行い、依然として皇太子としての礼遇を取り続けている。また三月己亥条には、内裏宜陽殿《ぎようでん》で剣璽を受けた道康親王が東宮雅院に戻る際、輦車《れんしゃ》に駕したとある。その陣列は行幸に同じとするが、天皇の乗物である鳳《ほう》輦《れん》ではなく皇太子が乗る輦車のままであったのである。橋本義則氏は嵯峨太上天皇以降、鳳輦は天皇だけの乗物とされ、太上天皇も含めて皇太子などは輦車を使用するようになったことを指摘している(45)。それにもかかわらず、ここでは身位を表す乗物も皇太子のままだったのである。一般に、剣璽が移れば皇位継承が行われるとされるが、平城天皇の場合と同様、即位までの一月弱を皇太子として過ごし、公卿の再三の上啓の結果即位しているのである。

平城天皇と文徳天皇の場合、両者とも即位時点で皇太子決定をめぐって問題を抱えていたために、即位に踏み切るのが遅れたという事情があり(46)、また九世紀初頭、桓武・平城天皇期に始まる践祚儀による皇位継承は、当初どの段階で天皇としての礼遇が確定するかは流動的であった(47)。このようなことから、平城天皇も文徳天皇も、皇太子として皇位継承者の地位は確立していてもなお、さらに臣下からの天皇としての礼遇確認行為を要したのである。

（c）文徳天皇立太子の上表

文徳天皇は、皇太子になるときも上表によって立てられている。仁明天皇皇子道康親王が皇太子に立てられたのは、承和九年（八四二）八月であり、承和の変によって皇太子恒貞親王が廃されたことによる。『続日本後紀』承和九年七月乙卯（二十三日）条に皇太子恒貞親王を廃する宣命があり、その一週間後の承和九年八月壬戌朔条に「左大臣正二位藤原朝臣緒嗣。右大臣従二位源朝臣常已下十二人上表言」と公卿が新皇太子を立てることを求める上表がある。この上表文の奉呈者は、左大臣藤原緒嗣、右大臣源常以下十二人であり、それはこの時点での議政官全員である。そして文中に「方今上嗣佇レ賢。前星虚レ位。其皇太子者、国之元基、不レ可二暫曠一」とあるように、虚位にあった前皇太子に代わって仁明天皇の賢明な皇子を、「国之元基」である皇太子に立てることを求めている。これに対して仁明天皇は、翌二日（癸亥条）の詔で不徳の自分には賢明な後嗣はいないとして、上表に応えなかった。公卿はさらに四日（乙丑）に「天下之望」として皇太子を立てることを求め、その結果道康親王立太子が実現する。

公卿重上表。言乙応下任二天下之望一早立中儲貳上之状甲。（中略）今者皇子道康親王、系当二正統一。性在二温恭一、率土宅レ心、群后帰レ美。豈棄二宸方之元長一、択二蕃屏之諸王一。伏願。准二的旧儀一、立為二太子一、不レ勝二丹款之至一。謹重上表以聞。
是日。立二皇太子一。詔曰（以下略）。

この上表で公卿は道康親王を「蕃屏之諸王」に比して「系当二正統一」たるとして、皇太子に相応しいと称揚する。この場合も、再三の上表によって、道康親王が皇太子として相応しく、正統性を持つ要素が列挙され、最終的に臣下の総意に応える形で、仁明天皇が道康親王を皇太子としているのである。

道康親王は仁明天皇と、藤原冬嗣《ふゆつぐ》の娘にして良房の妹である藤原順子の皇子である。従って道康親王の立太子は、仁明天皇にとって望ましいだけではなく、外戚藤原良房の強い希望でもあった。承和の変の背景として、道康親王立太子を望む太皇太后橘嘉智子と藤原良房の動きがあり、仁明天皇に影響を与えたことが指摘されている[48]。ここでも政変による廃太子後の新皇太子決定にあたって、公卿上表は公卿側の意思を伝え、かつ新皇太子を正統な存在として認めるという役割を果たしているのである。

もっとも、これまで見てきたような上表は、三度の辞譲など儀礼的に行われているに過ぎないと見る向きもあろう。そこで、最後に立太子に関する上表が実質的意味を持っていたこと、そしてその公卿上表の意義が薄れていく過程を示す事例を見る。

（ｄ）冷泉天皇立太子の上表

十世紀半ばの右大臣藤原師輔《もろすけ》の日記『九暦《きゅうれき》』天暦四年（九五〇）六月十五日条（『御産部類記《ごさんぶるいき》』所収逸文《いつぶん》）には、村上天皇皇子憲平《のりひら》親王（のちの冷泉天皇。憲平の親王宣下《しんのうせんげ》は正確には七月であるが、ここでは便宜上全て親王とする）立太子に際して、村上天皇が右大臣藤原師輔へ上表の有無を諮った記事がある。まず長くなるが全文を引用する。

参内、召二御前一仰云、儲宮事、往代之例、速以行レ之、於二大臣心一如何者、復命云、左右只在二聖断一、非三愚臣之可二定申一、但承二伊尹傳仰之旨一、戦懼無レ極、抑勘二公卿上表之例一、①承和九年者。恒貞親王彼年七月依二伴継峯等謀反一、被二廃黜一也、至二八月一、諸卿上表也、其時田邑天皇生年十有餘年、承運雖レ在二彼親王一、至三于忽行二其事一、必可レ有レ所レ憚、見二此気色一、所レ献レ表也、②仁和三年八月者、是忠親王為二同腹之一男一、抑勘二次第一、法皇是第七郎也、仁和天皇鐘愛雖レ深、依二其臈次之下一、非レ無レ所レ憚、太政大臣昭宣公伺二天気之如一レ此、相議所レ表也、彼帝又生年十有餘年、然則件両例非レ可二相准一、③但延喜初皇太子四（三）年十一月晦日降誕、至二于明年正月一公卿上表也、幼稚皇子雖レ無二表例一、至二于此般一、頗有二内謀一云々、其故者、延喜天皇初加二元服一之夜、東院后御女妃内親王幷今太皇太后共欲二参入一、而法皇承二母后之命一、被レ停二中宮之参入一也、其後彼妃内親王不レ幾而依レ産而薨、其時彼東院后宮聞二浮説一云、依二中宮母氏之寃霊一、有二此妖一云々、因レ之重可レ被レ停二中宮之参入一云々、而故贈太政大臣時平左右廻令二参入一也、法皇雖レ有二怒気一、事已成也、不レ能二遏給一、大后不レ経二幾程一産二男皇子一、延喜天皇雖レ存二旧例一為レ恐二法皇之命一、不三敢及二其儀一、贈太政大臣見二此気色一、相議上表也、此事不レ見二文簿一、又雖レ乏二相知之人一、昔側所二伝承一也、然則件例亦非レ可レ令レ准、又天安皇子三月降誕、十一月立為二太子一、今茲雖二諒闇一依二事不レ得一レ止也、貞観皇子十二月降誕、明年二月為二太子一、是経二三ヶ月一也、朱雀院太上天皇延長元年降誕、三年十月為二太子一、件等例已無二上表一、若早可レ被レ行者、何必待二表請一、加以左右大臣以下重服之人、何行二其儀一、若猶可レ待二上表一者、大臣等除服之後、八月以後被レ行者宜歟、仰云、遠期非レ所レ羨、勘二先例一、七月多行二大事一、無二殊妨一者、来月可二遂行一之、抑進二向中宮一将レ語二聞此由一者、

この記事の構成は、まず村上天皇が藤原師輔に対して、憲平親王立太子の可否を問い、それに対して師輔は立太子公卿上表の例を挙げる。それは、①承和の変による恒貞親王廃太子の後、道康親王は十六歳であり適格者であったものの、変後すぐ立太子を行うことへの批判を封ずるために、天皇の意向を体して上表した（承運雖レ在二彼親王一、至三于忽行二其事一、必可レ有レ所レ憚、見二此気色一、所レ献レ表也）。②光孝天皇が同腹の長男を差し置いて七男の源定省《みなもとのさだみ》（宇多天皇）を皇太子に立てようと望んだ際、藤原基経が「伺二天気之如一レ此」い相議して上表した。③醍醐天皇が、宇多法皇と皇太后班子《なかこ》女王の不興を買っていた、藤原穏子《やすこ》所生の保明《やすあきら》親王を立てる際、宇多法皇の影響力を抑えるために、藤原時平《ときひら》が相議して上表した。以上三例である。

この後師輔は、幼児が立太子する場合には必ずしも上表を要しないとするのであるが、師輔が挙げた例から、承和の変による廃太子に伴う立太子の場合、長子を差し置いた立太子の場合(49)、法皇の意向に背いた立太子の場合というように立太子にあたって何らかの問題がある場合には、公卿上表によって臣下の賛意を必要とする意識が

あったことがわかる。

また、この直前の『九暦』天暦四年六月十日条（『御産部類記』所収逸文）には、蔵人藤原伊尹《これまさ》（師輔の長子）が師輔に、村上天皇が早く皇太子を立てたいと考えている旨を伝えている記事があり、村上天皇の言葉として、

就中皇太子位不レ可二暫曠一之由、古今所レ誡、近者陣中幷后宮頻示二物怪一、不慮之妖非レ可二測知一、加以如二云々一者、有下成二祈願一之輩上者、若早不レ行、恐有二噬臍之悔一、而大臣期二明年一云々、頗似二緩怠一、抑件事或依二公卿上表一、或雖レ不二表請一而定行之。

とある。村上天皇は、物怪などを恐れて生後一月にも満たない（五月二十四日生）憲平親王の立太子を急ぐために、(50)

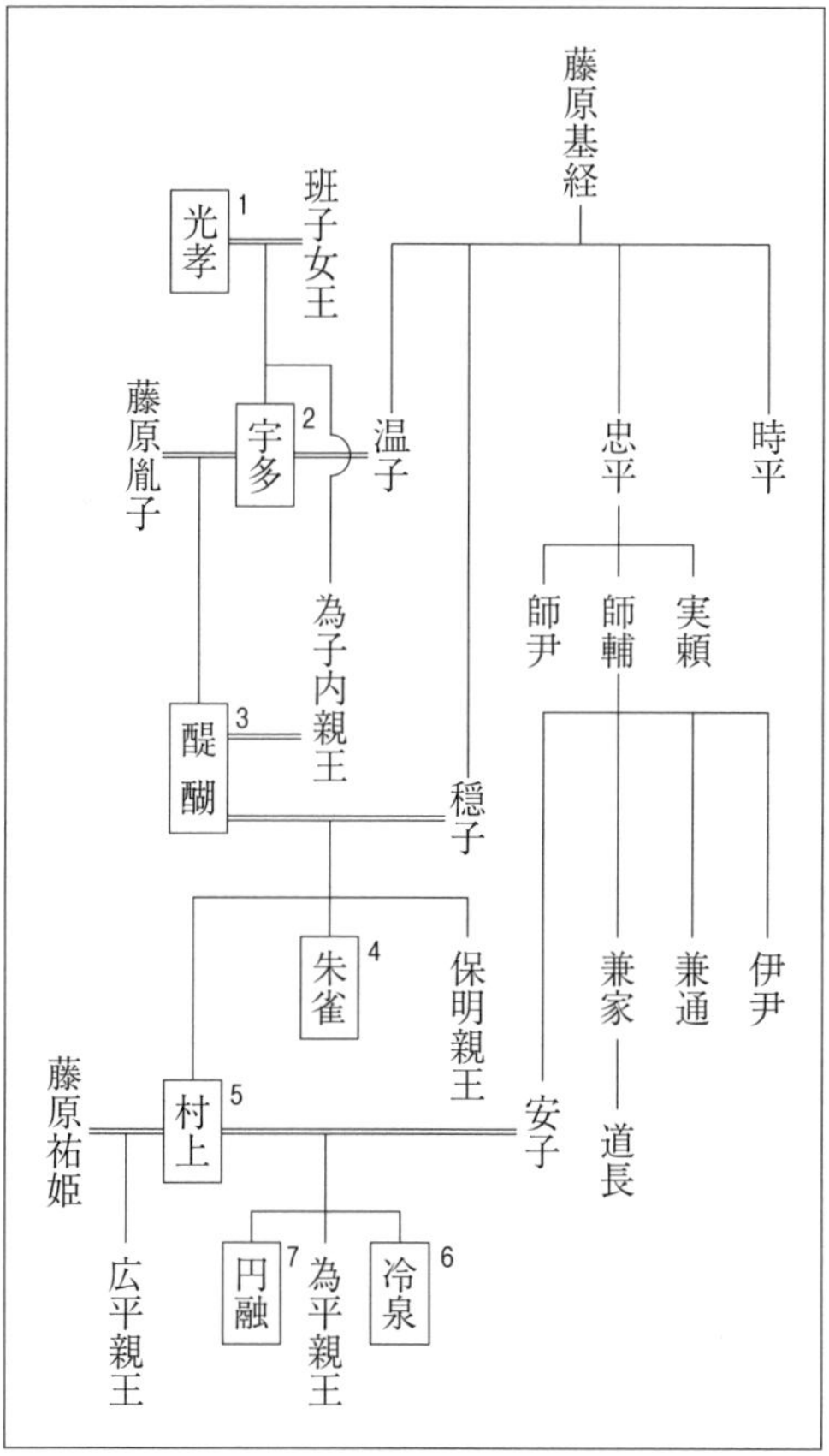

系図4　天皇家・藤原氏系図3

公卿上表によるべきかどうかを相談しているのである。憲平親王に対して良からぬ祈願をする者を抑えて（有下成二祈願一之輩上者、若早不レ行、恐有二噬臍之悔一）、立太子を急ぎ行うために公卿上表を要するという意識は天皇の側にもあり、公卿上表が形式的なものとはされていなかったのである。

　しかし、その一方でこれら『九暦』の記事は公卿上表の意義が薄れている様子も示す。ここで藤原師輔は幼児の場合は上表を必要としないとするだけでなく、敢えて上表を行うのならば、この時左右大臣（藤原実頼《さねより》・師輔兄弟）が父藤原忠平の喪中であるので、除服が済む八月以降に行うべきではないかと述べ、さして上表を行うことに積極的ではない。さらに村上天皇が立太子を相談したのは、公卿筆頭の左大臣藤原実頼ではなく、憲平親王の外祖父右大臣藤原師輔である。外祖父に対して相談する辺りに、天皇が正統性を求める根拠の変容が表れている。すなわち、公卿の「総意」よりは外戚との合意が皇位継承に影響を及ぼしているのである。

　黒板伸夫氏は、十世紀半ば以降の王権の構造が、天皇と外戚によるミウチ的権力の環の中にあることを指摘している。[51]この時期から、立太子などの重要事項も、必ずしも臣下の総意を示す手段としての上表という行為を必要としなくなっていったのであり、皇位はいわゆる摂関家と天皇との間で決定されるようになったのである。このような状況は十世紀後半からの藤原師輔流による摂関独占期において、さらに顕著となる。

おわりに

　以上検討したように、上表は律令制の整備とともに、君主（天皇）と臣下を直接結ぶ手段として用いられ、臣下の意思表示の機能を有していた。上表の内容に関しては太政官が介入することはなく、中務省を通じて天皇のもとにもたらされる。上表は、基本的には個人が、天皇に対する意見具申や致仕・賜姓などの請願を行うために用いられる。しかし本章で検討をしたように、公卿上表のように臣下全体の意思を示すために用いられることもあった。これは皇位継承に関わる側面で使われることが多く、天皇と臣下との支配者層間での意思確認や合意形成の役割を持っていた。上表によって示される「臣下の意思」は基本的には、天皇と臣下の合意形成のための手段であるものの[52]、形式的ではなく、皇位継承者（皇太子）やその生母たる皇后などの正統性を臣下の側から確認する実質的意味を持っていた。また時として、上表による「臣下の意思」は天皇や法皇の意思を掣肘することまであった[53]。

しかしこうした公卿上表は、議政官が諸氏族によって構成されていたのが、天皇との血縁関係を権力基盤とする藤原氏や源氏が主となると、その意義は低下する。さらに十世紀半ばになってから藤原氏の優位と摂関政治が確立すると、実質的な意味を持たなくなる。皇位に関することは天皇と摂関家のミウチ間の合意で完結し、臣下全体による推戴や合意形成は必要とされなくなるのである。

臣下の意思が王位継承などに影響を及ぼすことは大化前代から始まり、臣下としての貴族の性格が変わりながらも平安時代中期まで残り続けた[54]。この段階までは臣下に天皇が支えられるという意識が存続していたのである。その現れが公卿上表という手段であった。しかし平安時代中期までの藤原氏優位体制への変容の過程で、次第に臣下の総意によって天皇の地位が支えられ、また臣下の総意が必要であるという意識は薄らぐ。これは言い方を変えると、十世紀を一つの画期として、皇位継承から藤原摂関家以外の臣下の存在が排除されたということであり、また天皇が、臣下の推戴を必要としなくとも成立する、安定した地位を確立したということなのである。

（1）谷口昭「律令上申制の一考察――上表を中心として――」（『矢野勝久教授還暦記念論集　現代における法と行政』法律文化社、一九八一年所収）。
（2）森田悌「上表と奏状」（『日本古代の政治と地方』高科書店、一九八八年所収。初出一九八五年）。

（3）黒須利夫「八世紀の上表儀――聖武朝を中心として――」（『年報日本史叢　一九九三』一九九三年。以下黒須Ⓐ論文とする）及び「平安初期の上表儀」（虎尾俊哉編『日本古代の法と社会』吉川弘文館、一九九五年所収。以下黒須Ⓑ論文とする）。なお書儀に関しては、黒須Ⓐ論文と山田英雄「書儀について」（『日本古代史攷』岩波書店、一九八七年所収。初出一九六八年）参照。

（4）相田二郎『日本の古文書』（岩波書店、一九四九年）七六五～七六六頁。

（5）『平安時代史事典』（角川書店、一九九四年）「じょうひょう」の項目。

（6）『独断』は後漢、蔡邕の撰。後漢末に成る、漢代の制度・事物を解説した書（神田信夫・山根幸夫編『中国史籍解題辞典』燎原書店、一九八九年）。

（7）「漢代、上奏文の書式。書首に詔旨批頭を書込まれるやうに一幅の空所を存し、陳請する時にのみ用ひる。転じて章奏をいふ」（『大漢和辞典』）。

（8）臣某と称することの意味は、尾形勇「「臣某」形式と君臣秩序」（『中国古代の家と国家』岩波書店、一九八三年）参照。

（9）この所司とは玄蕃寮、治部省ないし諸国のことである（僧尼令義解）。

（10）谷口前掲註（1）論文二九四頁。

（11）森田前掲註（2）論文六四頁。

（12）黒須前掲註（3）Ⓐ論文六二～六三頁。

（13）黒須前掲註（3）Ⓐ論文六九頁。

（14）「意見具申と古代の天皇」（『日本古代の政治と経済』吉川弘文館、一九八九年所収）八三頁。

（15）②令釈ⓐにある「由二太政官一」は訴訟条だけではなく、称律令不便於時条の場合も含んでいる。称律令不便於時条は「本来律令規定の改変は太政官に申して審議するべきであり、勝手に変えてはならない。ただし天皇に上表して改変した場合は罪に問わない」という内容である。従って「先由二太政官一後経二中務一上表」は太政官不理の後、中務省が担当するということにはならない。

（16）この箇所を、新訂増補国史大系本は「収置（収メ置ク）」とする。これは頭註にあるように、底本以下諸本はとももと「収量」とあったものを、萩本（萩野由之旧蔵塙保己一校本写本）によって改めている。「置」と「量」は字形が似ているので、もともと「置」であったのが書写の際に書き誤られたと考えることもできる。しかし『令集解』三十五巻本系金沢文庫本（東山御文庫本、鷹司本、田中本、船橋本）、十巻本系金沢文庫本（内閣文庫本）ともに「量」である。『令集解』文中では、「収置」の用例は多く見られるものの、「収量」の用例は見られず（水本浩典・村尾義和・柴田博子『令集解総索引』高科書店、一九九一年参照）、塙保己一校本が改めたのもこうした理由に因ると思われる（萩野本は未見）。しかし無理に改めなくとも、「公式令」陳意見条「凡有レ事陳二意見一」の古記に「其密封進者。於二太政官曹司一。案量」とあることや、同条義解に「其意見書。皆先奏聞。而後随レ事各下二所司一也」（其レ意見ノ書ハ、皆先ズ奏聞シテ、而シテ後ニ事ニ随ヒテ、各所司ニ下スナリ）とあることと併せて、「奏而収量（奏シテ、収メ量レ）」とするべきであろう。

(17) 谷口氏は、「経二中務一而先由二太政官一。後経二中務一上表」を上表者―中務省―太政官―中務省―天皇と解釈し、跡記が上表者―太政官―中務省―天皇とするのと異なるとする。しかし「経二中務一而先由二太政官一」は、直前の「如レ此之類経二中務一」を受けて、中務省を経るというが、先ずは太政官に由れてから…ということであり、両者に違いはない。

(18) 谷口前掲註(1)論文二九四頁。

(19) 『大漢和辞典』には「経」に「すぢ。すぢみち」、「由」に「へる。経歴する」の意があるとする。また公式令集解陳意見条の義解には「凡意見書者。其製稍異。不レ可レ為レ表。而直上二太政官一。不レ由二中務省一」とある。これは「意見書」は上表ではないので、中務省が受納するのではないということを「不レ由二中務省一」とする。

(20) 大隅清陽氏は律令制成立期にあたって、諸司の職務分担が確立するまでの移行措置として、弁官に事務が集中したこと、また律令制成立期の弁官が「諸司間における文書・事務の流れを直接かつ具体的に把握し、集中管理」しており、時代が降ると次第に弁官への集中が低下することを指摘している（「弁官の変質と律令太政官制」『史学雑誌』一〇〇―一一、一九九一年。七頁、二一頁）。なお前述のように、黒須氏は太政官の関与を、上表儀の特質の習熟度にも求める。

(21) この私案が穴記中に記される一学説であることは、伊村吉秀「令集解「私案」と割注について」（『浜松短期大学研究論集』三〇、一九八四年）一〇〇頁参照。

(22) 『日本後紀』弘仁十四年四月癸卯条の嵯峨太上天皇が淳和天皇に上表した記事には「其書函幷机等装束、一同二諸臣上

表一、但不レ経二中務一、直奉二内裏一」とあり、太上天皇の上表は中務省を経ない点が諸臣の上表と異なるとする。また『西宮記』臨時二抗表事は、臣下が辞表を出す際の手続きを述べるが、辞職者の「家司姪弟」が中務省に辞表を入れた函を進め、中務省は内侍に付して奏上するとある。十世紀の儀式書では、「預由二太政官一」などということはなく、上表の受納は中務省が行うとする。なお『北山抄』巻第四拾遺雑抄下　賀表事には、承平七年正月七日、太政大臣の宣により上表文が作成され、その後中務省を召して上表をした例がある見える。これは公卿が主体となり連名で上表する賀表の場合であり、臣下の上表に太政官が関与することとはいえない。なおこの太政大臣は藤原忠平、賀表は朱雀天皇元服の賀表である。

(23) 『続日本紀』天平十二年八月癸未条。

(24) 例えば『日本書紀』推古天皇即位前紀に、崇峻天皇が暗殺された後に空位が続いた際「群臣請二渟中倉太珠敷天皇之皇后額田部皇女一、以将レ令二践祚一。皇后辞譲之。百寮上表勧進。至二于三一乃従レ之。因以奉二天皇之璽印一」とあり、即位を辞退する額田部《ぬかたべ》皇后（推古天皇）に対して、百寮が上表して即位を勧進するとある。『日本書紀』の潤色の問題はあるものの、ここで群臣（百寮）の即位要請意思を表す手段として、上表の語が用いられていることに注意したい。また持統天皇六年二月乙卯条には、農繁期の行幸を三輪高市麻呂《みわのたけちまろ》が上表をして諫めた記事がある。

(25) 早川庄八「律令制の形成」（吉村武彦・小笠原好彦編『展望日本歴史5　飛鳥の朝廷』東京堂出版、二〇〇一年所収。初出一九七五年）一七一頁。

(26) 黒須前掲註(3)Ⓐ論文六四頁。

(27) この上表文は、橘宿祢《たちばなのすくね》姓を賜わりたい旨の経緯を述べており、文末に「志在レ尽レ忠」という語句がある。『文選《もんぜん》』李善註《りぜんちゅう》にはこれと似た語句「得レ尽二其忠一」があり、黒須氏が指摘するように、前年の遣唐使帰国による唐制導入の影響が窺われる。

(28) 称徳天皇の「遺宣」によって皇太子に立てられた白壁王は、即位までの間、皇太子として政務を行った。従ってこの間の白壁王に対する上申文書は、制度上皇太子に対する上啓であるものの、実際は天皇に対する上表と同じ意味を持つ。

(29) 『続日本紀』宝亀六年十月壬戌条の吉備真備薨伝に「（宝亀）二年、累抗レ啓乞二骸骨一。許レ之」とあり（『公卿補任』も宝亀二年三月に「依二累抗レ表許レ之一」とする）、大中臣清麻呂は天応元年（七八一）六月庚戌条で致仕が認められている。

(30)　尾形前掲註(8)論文。
(31)　新日本古典文学大系『続日本紀　四』(岩波書店、一九九五年)補注二五—二三。
(32)　長山泰孝「古代貴族の終焉」(『古代国家と王権』吉川弘文館、一九九二年所収。初出一九八四年)参照。
(33)　藤森健太郎「九世紀の即位に付属する上表について」(『古代天皇の即位儀礼』吉川弘文館、二〇〇〇年所収。初出一九九六年)。
(34)　公卿は辞書的には摂関・太政大臣以下参議までの議政官と、三位以上を指す。本章で用いる公卿上表とは、これら議政官が名を連ねて行う上表のことである。これは百官の総意を議政官が代表して述べるという形式を取るが、実際は議政官のみ、あるいは場合によっては議政官の中の特定の貴族の意思を示すものと考える。
(35)　この場合の「太政官」は具体的には議政官を指し、八省は八省の各官人を指す。従って、これは百官の総意といってよい。なお、このときの議政官は、知太政官事舎人親王、左大臣長屋王、大納言多治比池守《たぢひのいけもり》、中納言大伴旅人《おおとものたびと》・藤原武智麻呂、参議藤原房前・阿倍広庭《あべのひろにわ》、非参議藤原宇合の八名である。
(36)　『続日本紀』神亀四年十一月辛亥条に「大納言従二位多治比真人池守引二百官史生已上一、拝二皇太子於太政大臣第一」とあり、光明子の実家である故藤原不比等第で百官が皇太子を拝している。なお、このとき左大臣長屋王ではなく大納言多治比池守が官人を率いていることに関しては、この立太子に対する長屋王の意思が反映しているとの指摘がある(寺崎保広『長屋王』吉川弘文館、一九九九年。二五七頁)。
(37)　この四月辛巳条中の孝謙天皇の勅は「故朕窃計、廃レ此立二大炊王一、躬自乞二三宝一、禱二神明一、政之善悪、願レ示二徴験一。於レ是、三月廿日戊辰、朕之住屋承塵帳裏、現二天下太平之字一、灼然昭著。斯乃上天所レ祐、神明所レ標」とあり、道祖王廃太子と大炊王立太子を考えていたところに、天下太平の瑞字が現れたと述べている。
(38)　こうした百官上表は、議政官の主張(意思)を示す手段として用いられ、官人全員が賛意を示しているという形式が整えられている。従って、ここで官人たちに仲麻呂派と反仲麻呂派があることから、百官上表が百官全員の賛成意思であるかを問題とするのは無意味である。
(39)　岸俊男「光明立后の史的意義——古代における皇后の地位——」(『日本古代政治史研究』塙書房、一九六六年所収。初出一九五七年)二四九頁。

(40)　これは当時の議政官全員ではなく、従四位上参議清原長谷《きよはらのはせ》の名が欠けている。しかも新訂増補国史大系本の底本である谷森本では、清原長谷だけではなく参議源信《みなもとのまこと》の名も欠けている。国史大系本はこのうち源信は『公卿補任』により補うとするが、清原長谷は『公卿補任』承和元年の項に名があるにもかかわらず補っていない。記事の前後関係からは、源信を補って清原長谷を補わない理由はない（清原長谷はこの年十一月に卒《しゅっ》しているので、あるいはそれに引きずられたのであろうか）。
　公卿上表に源信と清原長谷の名が落ちていることの説明として断案はない。しかし『続日本後紀』の現存写本に関しては、多くの錯簡《さっかん》があることが指摘されている（佐伯有義「続日本後紀解説」（『増補　六国史』朝日新聞社、一九四〇年）、笹山晴生「続日本後紀」（『国史大系書目解題』吉川弘文館、二〇〇一年）、遠藤慶太「『続日本後紀』現行本文の問題点」（『平安勅撰史書研究』皇學館大学出版部、二〇〇六年所収。初出二〇〇〇年））。従って写本を重ねる過程で両者の名が脱落した可能性がある。

(41)　佐伯有清『伴善男』（吉川弘文館、一九七〇年）一一八頁。

(42)　仁明天皇の父である嵯峨天皇は、在位十四年で弘仁十四年に大伴親王（淳和天皇）に譲位した。承和十五年の仁明天皇の在位は十五年である。あるいはここで嵯峨天皇の在位年数や元号の年数が意識されたことも考えられる。

(43)　柳沼千枝「践祚の成立とその意義」（『日本史研究』三六三、一九九二年）。

(44)　『類聚三代格』延暦二十五年三月二十四日官符（巻十四借貸事　応㆑聴㆔新任国司借㆓貸正税㆒事）は、桓武天皇歿後一週間後に出された太政官符である。これは平城の令旨を奉《うけたまわ》っており、平城が皇太子礼遇のまま地方行政のような実質的政務を行っていたことを示している。

(45)　橋本義則「古代御輿考――天皇・太上天皇・皇后の御輿――」（上横手雅敬監修『古代・中世の政治と文化』思文閣出版、一九九五年所収）六二頁。

(46)　西本昌弘「桓武改葬と神野親王廃太子計画」（『続日本紀研究』三五九、二〇〇五年）参照。平城天皇の場合は、弟の賀美能親王（のちの嵯峨天皇）と長子の高岳《たかおか》親王（のち嵯峨天皇の最初の皇太子）、文徳天皇の場合は、第一皇子惟喬《これたか》親王（紀名虎《きのなとら》の外孫）と第四皇子惟仁《これひと》親王（藤原良房の外孫）の、それぞれいずれを皇太子とするかという問題を抱えていた。

(47) 柳沼前掲註(43)論文四五頁。

(48) 遠藤慶太「『続日本後紀』と承和の変」（遠藤前掲註(40)書所収。初出二〇〇〇年）二七五頁。

(49) 光孝天皇の子女の数は諸説あるが、宇多天皇は『日本三代実録』仁和三年八月二十六日条（源定省立太子の記事）に第七皇子とある。宇多天皇の場合、光孝天皇と班子女王との間の長子是忠《これただ》親王を差し置いたことや、臣籍降下していたことが立太子にあたって問題となったと思われる。

(50) 醍醐天皇の皇太子は、保明親王と慶頼《やすより》王が相次いで夭折し、菅原道真の怨霊によるとされた。そのため、慶頼王に代わって皇太子となった寛明《ゆたあきら》親王（朱雀天皇）は三歳まで外に出さず御帳台《みちょうだい》の中で養育されたとある（『大鏡』朱雀院）。また村上天皇には憲平親王よりも先に藤原元方《もとかた》女祐姫所生の広平《ひろひら》親王があった。ここで村上天皇が「物怪」や「不慮之妖」を恐れて立太子を急いだのは、こうした皇太子夭折の先例や、対立候補となるべき皇子の存在が念頭にあった。

(51) 黒板伸夫「藤原忠平政権に対する一考察」（『摂関時代史論集』吉川弘文館、一九八〇年。初出一九六九年）二二六頁。

(52) 丸山真男は、天皇と豪族層の「合議」や「共治」に関して「君主の権力に対するチェックやコントロールの権利が問題なのではなくて、むしろ君主の側からの諮問に対する応答と翼賛である」と指摘する（「古代王制のイデオロギー的形成」（『丸山真男講義録［第四冊］日本政治思想史１９６４』東京大学出版会、一九九八年。一四頁）。

(53) 『九暦』にその事情が述べられているように、保明親王の生母藤原穏子（基経女）入内にあたっては、為子内親王入《じゅ》内《だい》を推す班子女王と宇多太上天皇が、穏子入内を妨げ、為子内親王歿後、穏子の兄である藤原時平が参入を謀ったとある。穏子入内は宇多太上天皇を怒らせたものの、どうすることもできなかった。そして、その穏子所生の保明親王立太子は、時平が醍醐天皇の意向を察して上表をして実現したとある。

保明親王立太子は延喜二年であり、菅原道真左遷の後である。宇多太上天皇の政治的影響力は後退していたとはいえ、公卿の総意が保明親王立太子にあることを上表によって示すことは、宇多太上天皇の意向に反する立太子を、円滑に実現するために効果があったのである。

(54) 貴族層が次第に天皇に依存する都市貴族化していくことに関しては、長山前掲註(32)論文及び笹山晴生「平安初期の政治改革」（吉川真司・大隅清陽編『展望日本歴史6　律令国家』東京堂出版、二〇〇二年所収。初出一九七六年）参照。

終章　本書の成果と展望

本書の成果

本書は、奈良時代から平安時代中期（九～十世紀）までの太上天皇に関して、天皇の正当性や皇位継承などの問題とともに考察した。各章の論旨は以下の通りである。

第一部　天智天皇と不改常典

第一章　奈良時代の天智天皇観――皇統の問題から――

即位宣命や山陵祭祀対象陵墓などの分析から、奈良時代においても天智天皇の存在は、依然として重視されていたことを論じ、草壁皇統が持統天皇を通して天智天皇にも繋がることの意義を述べた。奈良時代において草壁皇子の存在が特別視され、その子孫の即位の正当性に関わるのは、草壁皇子が天武天皇と天智天皇双方の血統を継承しているからである。そして藤原氏が奈良時代に急速に台頭したことも、天智天皇と藤原鎌足の関係から説明できる。

このことによって、奈良時代の皇位継承の特質を明らかにするとともに、皇統が変化する画期は光仁天皇期ではなく、天武天皇と全く関係を持たない桓武天皇期が相応しいことを指摘した。これは第三章で述べる「本来の太上天皇制」の変化が桓武天皇期であることにも関連する。

第二章　不改常典試論

第一章に関連して、「天智天皇が定めた法」とされる不改常典に関して論じた。「不改常典」は、『続日本紀』慶雲四年（七〇七）七月壬子条の元明天皇即位宣命が初見であり、その具体的な内容をめぐっては研究史上多くの議論がある。基本的には、岩橋小彌太氏が指摘したように、各天皇が「不改常典の法によって即位した」と述べる以上、皇位継承に関する内容であると考えるのが妥当である。本章はこの「不改常典」に関して、奈良時代の各天皇の即位宣命中で不改常典に言及した箇所での、「発言者」に注目して考察した。

その結果、「不改常典」に関する発言者は元明・元正天皇に限られ、首親王（聖武天皇）即位に関わる場面で用いられることを明らかにした。そして、「不改常典」は「不改」と表現されるとはいえ、永続的な法ではなく、文武天皇歿後の状況の中で、聖武天皇への継承を確実にするという限定された目的のために、嫡系継承を主張するものであったことを指摘した。

また、聖武天皇即位を目的とした限定的なものであったことから、天智天皇が実際に定めた特定の法ではなく、元明天皇が即位する段階で新たに持ち出されたものであり、天智天皇の娘である元明天皇が発言することにより、「法」としての説得力と権威を持って説明されるようになることを指摘した。さらに、奈良時代における天智天皇の位置づけから、天智天皇と聖武天皇との関係を論じ、天智天皇が定めた法が、「天武系皇統」とされる聖武天皇即位の正当性に関わることを指摘した。

第二部　奈良時代の太上天皇

第三章　八世紀太上天皇の存在意義

太上天皇制の通説となっている春名宏昭氏の説に対する批判から、八世紀、奈良時代における太上天皇の意義を考察した。その結果太上天皇は、身位上は天皇と同格であるものの、実際の権能は春名氏が説くような、天皇と同等のものではないことを明らかにした。また太上天皇の存在意義として、これまでの早川庄八氏などの天皇制研究の成果を承けて、八世紀の王位継承観の特色でもある、天皇の正当性が神話を背景として連綿と皇位が続いていく点に求められることを、可視的に保証する存在であるとした。つまり譲位し、前天皇としてその後も新天皇を支えることが、重要なのである。

さらに、太上天皇の地位が大宝律令に規定されたのは、八世紀の皇位継承の基調ともなる、草壁皇子の子孫への限定的継承を確実なものとするためであり、太上天皇の本来の意義はそこにあることを明らかにした。このような皇位継承は桓武天皇即位を契機として変化する。その変化が太上天皇の位置づけにも変化をもたらし、平城太上天皇の変（薬子の変）のように、天皇と太上天皇の対立に至ることを指摘した。

第四章　天平十六年難波宮皇都宣言をめぐる憶説

第三章に関連して、天平十六年（七四四）二月の難波宮皇都宣言と元正太上天皇の問題を論じたものである。『続日本紀』天平十六年二月条にみえる、聖武天皇の紫香楽宮行幸とその二日後の難波宮皇都宣言との問題は、これまで聖武天皇・光明皇后と、元正太上天皇・橘諸兄の間の政治的対立が背景にあるとされ、太政官が分裂することの問題などとともに論じられてきた。

しかし、この両者の「対立」は、史料上明確に語られているものではない。この前後の『続日本紀』条文を検討すると、天平十六年二月の聖武天皇紫香楽行幸に際して、元正太上天皇が難波宮に留まり、橘諸兄が難波宮を皇都とする勅を宣したことは、必ずしも両者の対立状態が背景にあるとはいえない。難波宮滞在中の元正太上天皇の行動は、紫香楽宮における聖武天皇の行動との関連が見られ、聖武天皇との対立を想定しなくても説明できるのである。特に元正太上天皇の和泉国行幸には、大仏造立に協力をした行基集団との関係も指摘できる。従って、このときの元正太上天皇と橘諸兄による難波宮滞在と皇都宣言は、聖武天皇の紫香楽宮での大仏造立とも連動する動きであったと考えられる。

このように、天平十六年前半の紫香楽宮と難波宮の関係は、大仏造立事業が進行する中で、その機能を補完し合うものであり、天皇と太上天皇との対立や太政官の分裂を想定しなくても、説明できることを明らかにした。

第五章　孝謙太上天皇と「皇帝」尊号

第三章に関連して、八世紀の太上天皇が天皇大権を行使したことの根拠とされる、孝謙太上天皇に関して、その地位の特殊性を明らかにした。ここでは『続日本紀』天平宝字二年（七五八）八月庚子朔条にある、孝謙太上天皇に対する皇帝尊号（宝字称徳孝謙皇帝）奉献記事の検討を中心として、孝謙太上天皇の行動の根拠は、太上天皇であったからではなく、「皇帝」尊号にあることを明らかにした。

孝謙太上天皇への「皇帝」尊号奉献は、八世紀全般の基調である草壁皇統による皇位継承が不可能になろうとしたときに試みられた、藤原仲麻呂政権下における中国風（唐風）政策に基づく、新たな皇統形成の動きに求められるものである。またこれは、藤原仲麻呂が推進した政策の一環であり、日本には馴染みの薄かった唐風の尊号制度の導入により新しい権威の形成を試みたものである。

第五章附論　『続日本紀』天平宝字二年八月庚子朔条「上臺」考

第五章において孝謙太上天皇の身位を論じた際、『続日本紀』天平宝字二年八月庚子朔条にある「上臺」という表現を重視した。この記事では、光明皇太后を「中臺」とするとともに、孝謙太上天皇を「上臺」と称している。「上臺」の語句は『続日本紀』の諸註釈書で「天子」（天皇）を指すと簡単に説明されているとはいえ、第五章の論旨に関わることなので、改めて検討したものである。ここで「上臺」は、用例を中国の南朝期の諸史料に求めることができ、主として東宮（皇太子）との対比で皇帝を指す語句であること、また史書や律令の継受から日本に導入された過程を考察した。そして日本においては孝謙太上天皇期のみに用例があり、後世には定着しなかったことを述べた。

第六章　藤原仲麻呂の大師任官

第五章に関連して、藤原仲麻呂が、孝謙太上天皇・淳仁天皇の時期である天平宝字四年（七六〇）に、大師（太政大臣）となったことの意義を論じた。

ここでは、まず唐制との比較から太政大臣の地位の検討を行い、藤原仲麻呂が任命された大師は、令制下の太政大臣以上の地位であるとした。そして藤原仲麻呂の大師任官の目的は、令制下最高の官職として太政官を統率することだけではなく、孝謙太上天皇・淳仁天皇の後見を意図したものであり、そこには光明皇太后の意向が強くあったことを論じた。

第三部　平安時代の太上天皇

第七章　平安時代初期の太上天皇

太上天皇の位置づけが変化を迎えた九世紀初頭、桓武天皇期以降の太上天皇を論じた。始めに桓武天皇期の早良親王への崇道天皇号追贈の問題から、天皇位の安定が皇位継承に直接関わらない天皇号追贈を可能としたことを述べた。また従来から研究が多い弘仁元年（八一〇）の平城太上天皇の変（薬子の変）に関して、平城太上天皇の平城宮機構の考察から、平城太上天皇の平城宮は国政に関与する規模・機構を持たなかったことを指摘した。そして嵯峨太上天皇に関して、まず弘仁十四年（八二三）の嵯峨天皇譲位時に見られる、平城太上天皇・嵯峨太上天皇・淳和天皇三者間で交わされた上表文の内容検討などから、嵯峨太上天皇が強い影響力を保持する一方で、天皇を頂点とする秩序が形成されることを論じた。さらに『令集解』諸説に見る太上天皇と上表との関係から、桓武天皇期以降の太上天皇の変化との関係を論じた。

第八章　清和太上天皇期の王権構造

清和天皇は、幼帝としての存在や、在位中に藤原良房を摂政とした点において、注目されることが多い。しかし陽成天皇に譲位後の太上天皇としての存在は、重視されることは少ない。本章は譲位後の太上天皇としての清和天皇の位置づけを、考察の対象とした。

第七章でみたように、嵯峨太上天皇・淳和天皇期は、太上天皇と天皇が相互に上表を行っていた。しかし清和太上天皇の場合、陽成天皇と摂政藤原基経の両者は清和太上天皇に上表を行っているものの、清和太上天皇は「勅」で返答する事例がみられる。これらの検討から、清和太上天皇は国政に直接介入することはないものの、陽成天皇に対して大きな影響力を有していたことを明らかにした。また清和・陽成天皇期から、中国的礼制を意識しつつ、父子の義が重視されるようになることを述べた。しかし、その一方で清和太上天皇の崩御と入れ替わりに藤原基経が太政大臣になるなど、次第に外戚としての藤原氏が天皇補佐の役割を強め、天皇もまたそれに依存するようになる過程を考察した。

補論　古代日本における公卿上表と皇位

第七・八章で扱った「上表」に着目し、特に公卿が連名して行う公卿上表と皇位との関係を論じた。臣下から君主に対する上申文書である上表は、時代が下るにつれて官職や位階の辞表が主となり、また文章も修飾語を多用する傾向にあるので、形式的な行為とされることが多い。しかし上表は、臣下から君主に上申するという点において、その君臣関係を確認する行為であり、上表の意義や、上表が行われた実例を分析することは、古代国家内の秩序を明らかにすることになる。

公卿上表によって示される「臣下の意思」は、天皇と臣下の合意形成のための手段であり、皇位継承者（皇太子）やその生母たる皇后などの正当性・正統性を臣下の側から確認する実質的意味を持っていた。また時として、上表による「臣下の意思」は天皇や法皇の意思を掣肘することもある。本章はこうした事例を検討し、九世紀の平城天皇・文徳天皇即位に際して、公卿上表が新天皇の正当性確認の意味を持っていたこと、また仁明天皇の場合は、皇太子の地位確認や改元に際して公卿上表が行われたことを指摘し、公卿上表が皇位継承問題に影響力を持つことを明らかにした。

さらに、十世紀の藤原師輔の日記『九暦』にみえる憲平親王立太子記事の検討から、このような「公卿の総意」による皇位の正当性確認は、十世紀の半ばにはその意義が薄れ、藤原摂関家の意向が皇位継承に関わるようになることを指摘した。

太上天皇とは、譲位した天皇のことをいい、本来草壁皇統への確実な皇位継承を期するために、創出された存在である。当初の太上天皇の存在意義は、存命中に皇位を継承予定者に伝え、その後は皇位を伝えたことをもとに、在位中の天皇の正当性を保証し、また前天皇として新天皇を後見することであった。この点において太上天皇の位置づけは、世界史上にみられるような、君主が政治上の責任をとり、全てを放棄して退位する事例とは異なる。そのため一見すると天皇と同等の権能を持つ存在であるかのように映る。しかしこれは、太上天皇が天皇と同様の大権を分有する存在であるということではない。本書で検討したように、譲位後の太上天皇は天皇と同等の権能を有するものではなかった。

そもそも日本の王位継承は、古くは群臣推戴によって新王が選ばれる形式であり(1)、あらかじめ後継者を確定する皇太子制は確立していなかった(2)。そうした中、天智天皇の時期、長子である大友皇子が太政大臣となったように、直系継承を指向するようになる。このような直系継承指向は、壬申の乱を経て天武天皇期以降も引き継がれ、草壁皇子―文武天皇―聖武天皇という継承が実現した。このような意味においても、天智天皇の存在は奈良時代の皇位継承に重要な位置づけを持つのである(3)。またその娘である持統天皇から始まる太上天皇の存在、そして元明天皇が即位宣命で持ち出した「天智天皇が定めた不改常典の法」は、八世紀の皇位継承の特色となる。

草壁皇統による皇位継承と密接に関わる太上天皇の存在は、不改常典の法によって即位し、また男帝では最初に譲位した聖武太上天皇、そして皇帝尊号を奉られた孝謙太上天皇の段階を経て、桓武天皇の即位を境として大きく変化する。桓武天皇はそれまでの草壁皇統とは無縁であり、また桓武天皇自身、そしてその次代である平城天皇も皇太子から即位したように、すでに皇太子制が機能する時期となっていた。つまり桓武天皇の時期には、当初想定されていた太上天皇の存在意義は、失われていたのである。

しかし、太上天皇の存在が否定されたのではなく、天皇が譲位して太上天皇となることは可能である。平城天皇の譲位、そしてその後の平城太上天皇の変（薬子の変）は、こうした太上天皇の存在意義の変化がもたらした事象であったといえる。また平城太上天皇の変は、官人たちにとっては、どちらの側につくか選択を迫られる局面でもあった。太上天皇は、天皇と同等の権能を有していないとはいえ、前天皇としての権威は持っており、官人たちは、太上天皇が在位中には君臣関係を結んでいた。在位中の天皇よりも、前天皇である太上天皇との間に近い関係を持っていた事例は、元正太上天皇と橘諸兄との関係のように奈良時代からあり、平城太上天皇の変の場合にも、そして清和太上天皇と藤原基経との関係にも見られるものである。ただし、これは「王権の分裂」という言葉だけで説明すべきことではない。官人たちは、あくまでも太政官のもとでの官人であり、官僚機構は太上天皇ではなく天皇のもとで機能していたからである。

平安時代の太上天皇の画期としては、まず嵯峨太上天皇が挙げられよう。嵯峨太上天皇は譲位にあたって、太上天皇号を辞退する姿勢をとり、太上天皇よりも天皇を上位とする秩序を形成した。これ以降の太上天皇は、天皇を頂点とする構造のなかで[4]、次期皇位継承者の即位を早めるために譲位するようになる。また、承和の変によって仁明天皇の皇太子が、恒貞親王から道康親王（文徳天皇）に交替して以降、直系継承が続いたため、父子関係が重視されるようになった。さらに、その後の太上天皇の位置づけからすると、清和太上天皇の時期はもう一つの画期性を持つ。清和天皇の譲位は、幼帝の存在を可能としたと同時に、天皇の後見・補佐を藤原氏に依存する契機となった。こののち天皇の後見・補佐は、藤原摂関家に委ねられるようになる。醍醐天皇がほぼ最後まで譲位せずに「親政」を行ったのは、摂政・関白となるべき藤原時平の早世が背景にある[5]。本書はこうした太上天皇と天皇、そして藤原氏などの公卿との関係を、清和太上天皇の存在や、平安時代の公卿上表の問題から説き、十世紀の段階まで及んだ。

さて太上天皇といえば、日本の歴史上においては院政が想起されるであろう。本書で扱った時期から院政期を論ずるためには、十一世紀前後の摂関家との関係を見通す必要がある。これは今後の課題として残しておきたいが、若干の見通しを述べると、同じ太上天皇であっても、院政期の太上天皇は、摂関期までの太上天皇とは性格が異なる[6]。院政は、清和太上天皇以降強くなる天皇との父子関係を基盤としつつ、院の近臣を駆使して、太上天皇の意思を天皇・太政官に伝達する方式を形成し、太政官行政を掌握したところに特色がある。これは一度摂関政治を経た上での、外戚となることに失敗した藤原摂関家の弱体化によって成り立つ権力構造であり、白河太上天皇の存在が大きいといえる[7]。

今後の展望

本書は太上天皇を中心として考察したために、近年進んでいる摂関制の研究との関連や、[8]母后・皇太子のような、太上天皇と並ぶ天皇の血縁集団との関係にまでは論が及ばなかった。[9]今後は、こうした摂関や母后の存在も視野に含んだ国家構造の研究が課題となる。[10]また十世紀以降の摂関期にも、円融太上天皇のようにある程度政治に影響力を持った例がある。日本の古代国家の特色として、天皇だけではなく、前天皇である太上天皇や、母后の影響力も無視できない点がある。さらに外戚である藤原氏が、天皇と対立することなく、むしろ天皇との血縁に依存しつつ、摂政・関白として天皇大権を分有・補完することも特色である。そしてこのような体制は、摂関政治期を経て院政期へと至り、中世以降も存続し続けた。

序章で述べたように、戦前以来、古代の太上天皇を十一世紀以降の院政の前提として、捉えることが多かった。それに対して近年の研究は、古代（奈良・平安時代）の太上天皇に関する研究が進んでいる。今後さらに進めるべきことは、これも近年進展している平安時代の国家機構研究の中に、太上天皇の存在を位置づけ、古代から中世に至る天皇の正当性の解明と、それを支える臣下との関係を明らかにすることである。その際に意識しなければならないのは、天皇の正当性は、いかにして保証されるかということである。血統によってその正統性を有していても、個々の天皇が「正しい」君主として認められるか否かは、その時々の臣下との関係などによることがある。しかし、臣下と天皇が入れ替わることはない。これらの問題の解明は、これからの課題とするところである。

（1）　吉村武彦「古代の王位継承と群臣」（『日本古代の社会と国家』岩波書店、一九九六年。初出一九八九年）参照。
（2）　荒木敏夫『日本古代の皇太子』（吉川弘文館、一九八五年）、遠藤みどり「七、八世紀皇位継承における譲位の意義」

（『日本古代の女帝と譲位』塙書房、二〇一五年所収。初出二〇〇八年）参照。
（3）今泉隆雄「天智天皇」（鎌田元一編『古代の人物①　日出づる国の誕生』所収、二〇〇九年）参照。
（4）坂上康俊『日本の歴史05　律令国家の転換と「日本」』（講談社、二〇〇一年）参照。
（5）今正秀「摂関政治史研究の視覚」（『日本史研究』六四二、二〇一六年）参照。
（6）院政の理解については、橋本義彦『平安貴族社会の研究』（吉川弘文館、一九七六年）や美川圭『院政の研究』（臨川書店、一九九六年）参照。
（7）美川圭『白河法皇』（日本放送出版協会、二〇〇三年）参照。
（8）近年の成果として、今前掲註(5)論文がある。
（9）近年の成果として、遠藤前掲註(2)書がある。
（10）末松剛「即位式における摂関と母后の高御座登壇」（『平安宮廷の儀礼文化』吉川弘文館、二〇一〇年所収。初出一九九九年）参照。

〔史料出典〕

（本文中で言及したものも含む）

『日本書紀』……日本古典文学大系本、新編日本古典文学全集本

『続日本紀』……新日本古典文学大系本（宣命文の訓読は、便宜上新日本古典文学大系本の訓に従って表記した場合がある）

『日本後紀』……訳註日本史料本、新訂増補国史大系本

『続日本後紀』・『日本文徳天皇実録』・『日本三代実録』・『類聚国史』『日本紀略』・『令義解』・『令集解』・『類聚三代格』・『弘仁格式』・『法曹類林』・『朝野群載』・『扶桑略記』……新訂増補国史大系本

『養老令』……『日本思想大系3　律令』（岩波書店、一九七六年）

『延喜式』……新訂増補国史大系本・神道大系本

『唐律疏議』・『養老律』……律令研究会編『譯註日本律令　律本文篇』（東京堂出版、一九七五年）

唐令……仁井田陞『唐令拾遺』（東京大学出版会、初版一九三三年。復刻版一九六四年）・仁井田陞著・池田温編集代表『唐令拾遺補』（東京大学出版会、一九九七年）

『懐風藻』・『菅家文草』……日本古典文学大系本

『日本霊異記』・『大鏡』……新編日本古典文学全集本

『東大寺要録』……筒井英俊校訂『東大寺要録』（国書刊行会、一九七一年）

『水鏡』……『新典社校注叢書7　校注水鏡』（新典社、一九九一年）

『本朝文粋』・『江談抄』……新日本古典文学大系本

『都氏文集』・『古今和歌集目録』……群書類従本

『九暦』……大日本古記録本
『李部王記』……史料纂集本
『中右記』……増補史料大成本
『西宮記』・『北山抄』……神道大系本・故実叢書本
「二十四史」・『資治通鑑』・『通典』……中華書局標点本
『大唐六典』……広池千九郎訓点・内田智雄補訂『大唐六典』(広池学園出版部、一九七三年)を基本とし、中華書局標点本・陳仲夫点校『唐六典』(中華書局、一九九二年)を参照。
『文選』……中国古典文学叢書(上海古籍出版社)本
『説文解字』……丁福保編『説文解字詁林及補遺』(台湾商務印書館)
『独断』……陳栄編「漢魏叢書」(台北新興書局影印本)
『周礼』……中華書局本『周礼正義』

〔初出一覧〕

第一部　天智天皇と不改常典

第一章　奈良時代の天智天皇観――皇統の問題から――　『教育・研究』第一一号、一九九七年

第二章　不改常典試論　『国史談話会雑誌』第五〇号、二〇一〇年

第二部　奈良時代の太上天皇

第三章　八世紀太上天皇の存在意義　『ヒストリア』第一九一号、二〇〇四年

第四章　天平十六年難波宮皇都宣言をめぐる憶説　続日本紀研究会編『続日本紀と古代社会』塙書房、二〇一四年

第五章　孝謙太上天皇と「皇帝」尊号　『日本歴史』第六四九号、二〇〇二年

第五章附論　『続日本紀』天平宝字二年八月庚子朔条「上臺」考　『歴史』第一一〇輯、二〇〇八年

第六章　藤原仲麻呂の大師任官　『史聚』第四七号、二〇一四年

第三部　平安時代の太上天皇

第七章　平安時代初期の太上天皇　『花園史学』第三一号、二〇一〇年

第八章　清和太上天皇期の王権構造　新稿。二〇〇五年史学会大会報告を原稿化

補　論　古代日本における公卿上表と皇位　『史学』第八〇巻第一号、二〇一一年

〔本書で扱った期間の太上天皇〕

太上天皇名	在位年	譲位年月日／ 太上天皇尊号宣下年月日	太上天皇の期間／ 崩御年月日	譲位した天皇とその続柄／ 太上天皇期間中の在位天皇
持統太上天皇	六九〇～六九七	持統天皇一一年（六九七）八月一日 ／	六九七～七〇二／ 大宝二年（七〇二）一二月二二日（五八歳）	文武天皇（孫）／ 文武
元明太上天皇	七〇七～七一五	和銅八年（七一五）九月二日／	七一五～七二一／ 養老五年（七二一）一二月七日（六一歳）	元正天皇（子）／ 元正
元正太上天皇	七一五～七二四	養老八年（七二四）二月四日／	七二四～七四八／ 天平二〇年（七四八）四月二一日（六九歳）	聖武天皇（甥）／ 聖武
聖武太上天皇	七二四～七四九	天平感宝元年（七四九）七月二日／	七四九～七五六／ 天平勝宝八歳（七五六）五月二日（五六歳）	孝謙天皇（子）／ 孝謙
孝謙太上天皇	七四九～七五八 七六四～七七〇	天平宝字二年（七五八）八月一日／	七五八～七六四／ 神護景雲四年（七七〇）八月四日（五三歳）	淳仁天皇（六親等）／ 淳仁
光仁太上天皇	七七〇～七八一	天応元年（七八一）四月三日／	七八一・四～一二／ 天応元年（七八一）一二月二三日（七三歳）	桓武天皇（子）／ 桓武
平城太上天皇	八〇六～八〇九	大同四年（八〇九）四月一日／	八〇九～八二四／ 天長元年（八二四）七月七日（五一歳）	嵯峨天皇（弟）／ 嵯峨・淳和
嵯峨太上天皇	八〇九～八二三	弘仁一四年（八二三）四月一六日／ 弘仁一四年四月二三日	八二三～八四二／ 承和九年（八四二）七月一五日（五七歳）	淳和天皇（兄弟）／ 淳和・仁明
淳和太上天皇	八二三～八三三	天長一〇年（八三三）二月二八日／ 天長一〇年三月二日	八三三～八四〇／ 承和七年（八四〇）五月八日（五五歳）	仁明天皇（甥）／ 仁明
清和太上天皇	八五八～八七六	貞観一八年（八七六）一一月二九日／ 貞観一八年一二月八日	八七六～八八〇／ 元慶四年（八八〇）一二月四日（三一歳）	陽成天皇（子）／ 陽成
陽成太上天皇	八七六～八八四	元慶八年（八八四）二月四日／ 元慶八年二月四日	八八四～九四九／ 天暦三年（九四九）九月二九日（八二歳）	光孝天皇（大叔父）／ 光孝・宇多・醍醐・朱雀・村上
宇多太上天皇	八八七～八九七	寛平九年（八九七）七月三日／ 寛平九年七月一〇日	八九七～九三一／ 承平元年（九三一）七月一九日（六五歳）	醍醐天皇（子）／ 醍醐・朱雀
醍醐太上天皇	八九七～九三〇	延長八年（九三〇）九月二二日／	九三〇・九／ 延長八年（九三〇）九月二九日（四六歳）	朱雀天皇（子）／ 朱雀
朱雀太上天皇	九三〇～九四六	天慶九年（九四六）四月二〇日／ 天慶九年四月二六日	九四六～九五二／ 天暦六年（九五二）八月一五日（三〇歳）	村上天皇（弟）／ 村上
冷泉太上天皇	九六七～九六九	安和二年（九六九）八月一三日／ 安和二年八月二五日	九六九～一〇一一／ 寛弘八年（一〇一一）一〇月二四日（六二歳）	円融天皇（弟）／ 円融・花山・一条・三条
円融太上天皇	九六九～九八四	永観二年（九八四）八月二七日／ 永観二年九月九日	九八四～九九一／ 正暦二年（九九一）二月一二日（三三歳）	花山天皇（甥）／ 花山・一条

あとがき

本書は、二〇〇六年三月に東北大学大学院文学研究科に提出し、同年七月十三日付で学位を授与された博士論文「古代日本における太上天皇と皇位継承」をもとにして、その後に公表した論文も含めて補訂したものである。既発表の論文については、表記や語句の修正、全体の統一を行った箇所はあるものの、註記したものを除いて、論旨の変更はない。なお本書の出版に当たっては、二〇一六年度花園大学出版助成を受けている。

博士論文は、東北大学大学院文学研究科の今泉隆雄教授（主査）、大藤修教授（副査）、川合安教授（副査）、柳原敏昭助教授（副査）、安達宏昭助教授（副査）（職階はいずれも当時）に審査をしていただいた。口述試問の場では、各先生から多くのご意見をいただいた。厚くお礼を申し上げる。

歴史を学ぶことの前の段階として、「昔のこと」に興味を持ったのは、小学校前後のころからだったであろうか。当時同居していた母方の祖父母（船場徳男・キツヱ）から、昔の話（祖父母の実体験）を聞くのを楽しみにしていた。そんな小学校一年生の孫を、祖父は夏休みに青森県立郷土館や、今は無き歴史民俗博物館の稽古館へと連れて行ってくれた。県立郷土館や稽古館の展示を見て回るのを面白がった辺り、歴史に関心を持つ兆しがあったのかもしれない。その頃から、日本の歴史の中でも特に「古い時代」に興味があったようで、小学校五年生（一九八三年）の夏休みには両親と京都を、中学校二年生（一九八六年）の夏休みには父と奈良を訪れた。私自身は嬉しくて、平城宮跡などを走り回っていただけであるが、今になって思うと、まだ若かった両親にとっては仕事の合間の、しかも今ほど旅行の手配が容易ではなかった時代の引率には、大変な苦労があったのではないだろうか。

そして中学校から高等学校の時期には、もう大学は史学科に進みたいと考えるようになっていた。また高校二年生から三年生のころ、一九八九年から九〇年にかけて、昭和天皇から今の天皇への代替わりの過程や、東ドイツ・東欧諸国で社会主義体制が崩壊していくのを目の当たりに見たことは、君主制や国家の支配機構というものに関心を持つ動機となり、その後研究課題を考えることになった際、少なからず影響があったと思う。

大学は慶應義塾大学に進み、文学部史学科日本史学専攻では三宅和朗先生など諸先生方の教えを受けた。また多くの友人や先輩に恵まれ（一人だけ、名前を挙げるとすれば、同じく三宅先生のもとで古代史を専攻することになった村上史郎さん）、右も左も分からぬままに地方から東京の大学に進んだ身には、毎日が刺激的な日々であった。

三宅先生からは古代史研究の初歩を学び、史料の読み方の基礎を教えていただいた。学部三年生の三宅先生の史料講読で担当した『続日本後紀』の記事中に、「先太上天皇（嵯峨太上天皇）」が出てきたのが、卒業論文で太上天皇を取り上げる契機となり、今に到っている。三宅先生は二〇一六年三月につつがなく定年を迎えられた。先生のますますのご健勝を願ってやまない。

学部卒業後は、東北大学大学院に拾っていただいて、進学をすることができた。東北大学の日本史研究室は、落ち着いた雰囲気のもとで研究に専念できる環境であり、修士課程・博士課程、そして研究室の助手・助教と通算九年間の日々をここで過ごした。日本史研究室でも、多くの先輩や同期のみなさんのお世話になったが、お名前を挙げ始めると切りが無いので、一人だけ挙げるとすれば、同郷の先輩でもあり、また本書出版の仲介の労を執っていただいた鹿内浩胤氏には、お礼を申し上げたい。鹿内さんとは、古代史研究のことのみならず、クラシック音楽の趣味（特にドイツの指揮者ヴィルヘルム・フルトヴェングラーの音楽）などでも一致するところがあり、お世話になっている。

東北大学では特に、今泉隆雄先生から教えを受けた。先生の史料講読や演習の指導は非常に厳密なものであり、まさに「一字一句ゆるがせにしない」というものであった。『類聚三代格』の演習では、報告中に先生からの鋭い指摘に絶句してしまい、先生が無言のまま私の返答を待ち続ける、ということもあった（演習の時間中、先生からの指摘に長い間絶句していたのは、続く後輩諸氏が優秀だったこともあり、私が最後であったかと思う）。

その一方で先生は、授業の場を離れると暖かい先生であり、日本史研究室にある古文書室という名の談話室などで、よく私たちと「雑談」に興じてくれた。また先生とは、宮城県周辺の城柵遺跡を歩いたり、春には「お花見」や多賀城散策も共にした。先生は、私たちのことをよく注意深く、気にかけてくれていて、例えば私が仕事を辞めて博士後期課程に入りたい、などという無謀な相談をした時も、暖かく受け止めてくれた（「先生との面談」『国史談話会雑誌』第五六号、二〇一五年参照）。先生とは学生としてだけではなく、日本史研究室の助手・助教として、さらに先生が室長であった東北大学百年史編纂室員としても接する機会があり、教育者としてのあり方だけではなく、仕事に向き合う姿勢にも学ぶことが多かった。しかし今泉先生は、二〇一三年十二月三十一日に、この世を去られてしまった。その日近畿大学の鈴木拓也さんから、先生が亡くなられたとの知らせを受けて、呆然となった瞬間のことは忘れられない。先生の生前に本書をお見せすることが叶わず、我が身の不明と怠惰を悔やむのみである。

現在は、二〇〇九年以来京都の花園大学に奉職しながら、関西の續日本紀研究会や日本史研究会にも関わっている。長く東日本側で暮らしてきた身には、関西の研究者のみなさんの活発な議論は新鮮なものがあり、新たな経験である。また古代史研究に携わる身にとって、日々京都や奈良の地を体感しながら思考することは、得がたい体験となっている。

本書の出版に当たっては、思文閣出版の田中峰人氏・井上理恵子氏に、当初の原稿に丁寧に目を通していただき、様々な助言をいただくなど大変お世話になった。また校正作業の遅れや、本の構成内容をめぐっては、何かとご迷惑をかけたかと思う。ここに厚くお礼を申し上げたい。

最後に、今も北の地にあって、いつも私を暖かく見守ってくれている父喜代治・母純子に、感謝の言葉とともに本書を捧げたい。

中野渡　俊治

二〇一七年一月三十日

索　引

◎著者略歴◎

中野渡　俊治（なかのわたり・しゅんじ）

1972年青森市生まれ.
1995年慶應義塾大学文学部史学科卒業，1997年東北大学大学院文学研究科博士前期課程修了，2005年同博士後期課程単位取得退学．博士（文学）（東北大学）.
中央大学附属高等学校教諭，東北大学大学院文学研究科助手・助教，東北大学百年史編纂室教育研究支援者などを経て，現在，花園大学文学部日本史学科准教授.
〔主要業績〕
『小右記註釈　長元四年』（共著，2008年）
「法人化と将来構想」（『東北大学百年史二　通史二』，2009年）
「朝覲行幸と父子の礼・兄弟の礼」（『国史談話会雑誌』第56号，2015年）

古代太上天皇《こだいだいじょうてんのう》の研究《けんきゅう》

2017（平成29）年3月15日発行

著　者　中野渡俊治
発行者　田中　大
発行所　株式会社　思文閣出版
〒605－0089　京都市東山区元町355
電話075－533－6860（代表）

装　幀　白沢　正
印　刷
製　本　亜細亜印刷株式会社

ISBN978-4-7842-1887-5　C3021